Svegliatevi Figli Miei!

Conversazioni con
Sri Mata Amritanandamayi

Volume 6

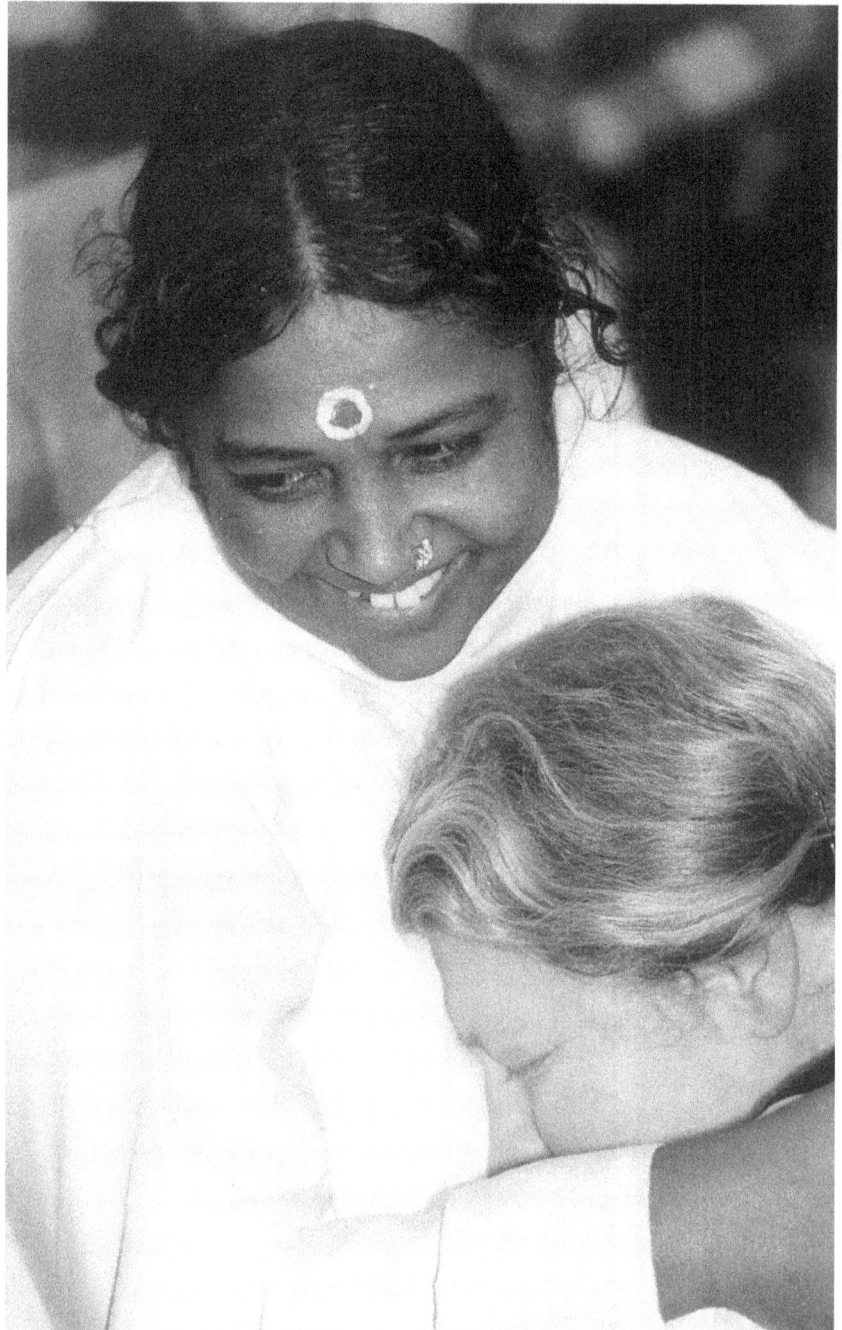

Svegliatevi Figli Miei!

Conversazioni con
Sri Mata Amritanandamayi

Volume 6

Swami Amritaswarupananda

Mata Amritanandamayi Center, San Ramon
California, Stati Uniti

Svegliatevi Figli Miei! – Volume 6
di Swami Amritaswarupananda Puri

Pubblicato da:
Mata Amritanandamayi Center
P.O. Box 613
San Ramon, CA 94583
Stati Uniti

——————— *Awaken Children Volume 6 (Italian)* ———————

Copyright © 2019 Mata Amritanandamayi Center, P.O. Box 613
San Ramon, CA 94583, Stati Uniti

Tutti i diritti riservati. Ogni riproduzione, archiviazione, traduzione o diffusione, totale o parziale, della presente pubblicazione, con qualsiasi mezzo, con qualsiasi scopo e nei confronti di chiunque, è vietata senza il consenso scritto dell'editore.

Edizione riveduta: aprile 2019

In Italia:
www.amma-italia.it
info@amma-italia.it

In India:
inform@amritapuri.org
www.amritapuri.org

Questo libro è un umile omaggio ai
Piedi di loto di Sri Mata Amritanandamayi
la fulgida Luce che dimora
nel cuore di tutti gli esseri

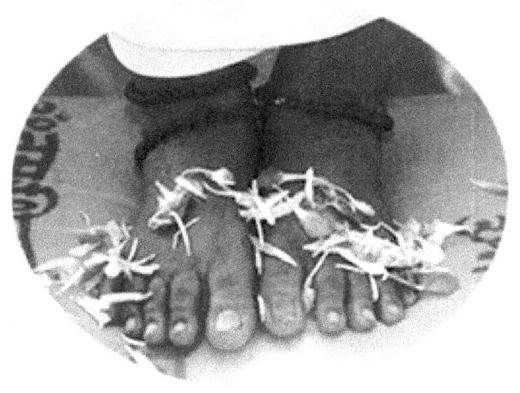

*Vandebam-saccidānandam-bhāvatīvam jagatgurum
Nityam-pūrnam-nirākāram-nirgunam-svātmasamsthitam*

M'inchino al Maestro dell'universo che è *Sat-Cit-Ananda* (Pura Esistenza-Coscienza-Beatitudine), Colui che trascende ogni differenza ed è eterno, completo, privo di attributi e di forma e che dimora stabilmente nel Sé.

*Saptasāgaraparyantam-tīrthasnāphalam-tu-yat
Gurupādapayōvindōh-sahasrāmsena-tatphalam*

Qualunque merito acquisito attraverso pellegrinaggi e bagnandosi nelle acque sacre, comprese quelle dei sette mari, non eguaglia nemmeno la millesima parte del merito derivato dal bere l'acqua dell'abluzione dei Piedi del Guru.

Guru Gita 157, 88

Indice

Capitolo 1 — 9
    Una grande guaritrice di cuori — 9
    L'arte di morire — 18

Capitolo 2 — 31
    Accecato dall'ego — 31
    L'amore di una madre — 52
    Lo studio delle Scritture — 55

Capitolo 3 — 59
    La gemma onnisciente — 59
    La teoria del karma — 65
    La fede — 80
    Abbandonarsi per affrontare il karma — 84

Capitolo 4 — 93
    Vivere nell'attesa di Dio — 95
    Come comportarsi quando si ricevono insulti — 104

Capitolo 5 — 109
    Un indimenticabile viaggio in barca — 109
    Dio, l'ospite non invitato — 121

Capitolo 6 — 127
    Vivere nella contentezza — 127
    Umiltà e rinuncia — 131
    Siate soddisfatti di ciò che avete — 142

Capitolo 7 — 154
    Avere rispetto per tutte le forme di vita — 157
    Non siate egocentrici — 161
    Un Mahatma non può distruggere — 168

Capitolo 8   **177**
  Amma si ricorda di tutti   177
  L'altruismo e l'intelletto   182

Capitolo 9   **197**
  Uno stato trascendentale di coscienza   197
  Satya e dharma, la verità e la giustizia   201
  La paura di Dio   207

Capitolo 10   **214**
  Non paragonatevi agli altri   214
  Il bambino che è in noi   219
  Il bambino innocente e pienamente cosciente   223
  Perdonare e dimenticare   227

Glossario   **238**

Capitolo 1

L'ashram di Amritapuri è situato su una stretta penisola della costa sudoccidentale dell'India. Delimitato dal Mar Arabico da un lato e dalle famose *backwater* (acque della laguna) del Kerala dall'altro, oggi l'ashram della Madre è noto persino a chiunque partecipi a uno dei tour giornalieri lungo la laguna. Quando venne ufficialmente registrato nel 1981, l'ashram consisteva in un piccolo appezzamento di terra appartenente alla famiglia di Amma. Dove adesso sorge un tempio variopinto, che si staglia sopra le palme di cocco e dove ora vivono centinaia di devoti e di discepoli, una volta c'erano soltanto poche capanne abitate da qualche residente, vicino al tempietto tutt'ora esistente. A quei tempi i residenti godevano di pochissime comodità o servizi, ma nessuno di loro sembrava darvi importanza: l'amorevole presenza della Madre Divina aveva creato un rifugio valido e sicuro.

Una grande guaritrice di cuori

Lunedì 16 luglio 1984

Un giovane malato di mente venne all'ashram accompagnato dalla famiglia. Quando arrivò, gridava e strepitava, piangeva e subito dopo rideva. Un momento faceva commenti strani e contraddittori e il momento dopo si metteva a urlare correndo di qua e di là. La moglie e il fratello maggiore lo seguivano per tutto il tempo badando che non si ferisse. Era evidente che il ragazzo fosse in preda a un grande tormento e sofferenza mentale. Anche i familiari piangevano, incapaci di alleviare la pena del loro caro. Prima di venire da Amma, avevano provato diverse terapie, senza nessun risultato. Avendo sentito parlare di Amma da un lontano parente, i genitori del ragazzo avevano deciso di incontrarla, con la speranza che potesse aiutare il figlio. Era la prima volta che venivano all'ashram.

Tutta la famiglia aspettava l'arrivo della Madre in fondo alla rampa di scale che portava alla sua camera. Poiché stava per arrivare, i familiari tenevano stretto il giovane per timore che fuggisse; il ragazzo continuava a ridere, piangere e borbottare tra sé e sé.

Infine Amma arrivò e la madre e la giovane moglie del malato caddero ai suoi piedi, pregandola tra le lacrime di alleviare la sofferenza del ragazzo. Il padre spiegò ad Amma cos'era successo al figlio: il ragazzo aveva perso un'enorme quantità di denaro facendo affari con gente senza scrupoli. Aveva dato loro fiducia ed era stato talmente scosso dalla grave perdita economica subita che non era più riuscito a riprendersi.

Sebbene la famiglia piangesse dinanzi ad Amma, il ragazzo rimaneva tranquillo e a un certo punto disse: "Sai, Amma, ho perso tutto. Puoi aiutarmi? Puoi salvarmi?". E poi cominciò a singhiozzare.

Mentre osservava il suo stato pietoso e ascoltava queste parole accorate, gli occhi di Amma si riempirono di lacrime. Con immenso amore e compassione, la Madre consolò tutti i familiari e poi, volgendosi verso il malato, gli strofinò la fronte e il petto con l'amore e la cura che una madre ha verso il proprio figlio. Mentre gli appoggiava il capo sulla spalla, Amma disse: "Figlio non preoccuparti. Rilassati, tutto si sistemerà. Sii paziente", e poi continuò ad accarezzargli per un po' la schiena, tranquillizzandolo con dolci parole.

Amma restò ancora qualche minuto con questa famiglia prima di dirigersi verso la capanna del darshan. Non aveva fornito nessuna istruzione o consiglio particolare ai familiari e, mentre si allontanava, essi erano ancora accanto alla scala, un po' perplessi. Ma la loro confusione durò poco perché, proprio prima di entrare nella capanna, Amma si girò e disse: "Figli, aspettate fino al termine del darshan. Amma tornerà da voi".

Mentre si svolgeva il darshan, la famiglia aspettò all'aperto e il malato rimase seduto per tutto il tempo vicino alla capanna, sorprendentemente calmo. I suoi cari erano molto contenti nel vedere questo cambiamento.

Appena Amma uscì dalla capanna si diresse verso il giovane, lo prese per mano e lo portò verso il lato nord dell'ashram. Era una scena molto tenera vederlo camminare dietro Amma, come un bambino piccolo che segue fedelmente la sua mamma. A un certo punto lasciò la mano di Amma e cercò di scappare, ma in un lampo lei lo riprese. Quando arrivarono vicino a un rubinetto d'acqua, Amma chiese a qualcuno di andare a prendere un secchio e una piccola caraffa e poi disse al ragazzo di sedersi. Sebbene inizialmente rifiutasse, di nuovo le parole piene di compassione e le carezze amorevoli della Madre rassicurarono il giovane, che infine si sedette sotto il rubinetto d'acqua; ma non appena Amma lo aprì, l'uomo balzò in piedi tentando ancora di fuggire. Questa volta, però, lei lo trattenne con fermezza per la spalla e disse: "No, figlio mio. Siediti e stai calmo, non scappare. È per il tuo bene, ti farà stare meglio. Non vuoi stare bene? Desideri poter lavorare e aiutare la tua famiglia, non è vero? Siedi tranquillo". Le parole di Amma sembrarono confortare il giovane, che si calmò.

Nel frattempo qualcuno aveva portato il secchio e la caraffa. Amma riempì il secchio con l'acqua e iniziò a versarla sulla testa del giovane mentre un sorriso le rischiarava il volto; palesemente contenta, continuò a lungo a versare l'acqua su di lui. Alla fine chiuse il rubinetto e disse: "Basta così". Il giovane seguitava però a restare seduto. Poi disse: "Figlio, adesso puoi alzarti". Il ragazzo si alzò immediatamente. Qualcuno porse un asciugamano ad Amma e lei gli asciugò il volto, il petto e la schiena. Rivolgendosi alla famiglia che aveva assistito a tutta la scena, la Madre disse: "Cambiategli il *dhoti*, ma non asciugategli i capelli. Si asciugheranno da soli".

Mentre Amma era con loro figlio, i genitori non avevano distolto lo sguardo da lei neppure per un istante. Era evidente che fossero profondamente commossi per il modo in cui la Madre si prendeva cura di lui e per come l'aveva lavato, inondandolo di amore infinito. Ora che Amma stava prestando loro attenzione, scoppiarono a piangere, non riuscendo più a controllare le lacrime che avevano trattenuto per così tanto tempo. Prendendoli tra le braccia e facendogli appoggiare il capo sulla sua spalla, Amma li abbracciò e asciugò le loro lacrime.

A questo punto anche i vestiti di Amma erano bagnati. Una *brahmacharini* glielo fece notare e Amma rispose: "Non importa. C'è stato un tempo in cui gli abiti di Amma erano sempre bagnati quando trasportava l'acqua, compresa quella di cottura del riso, alle mucche, attraversando la laguna alla ricerca delle anatre e sbrigando le faccende di casa. Amma era solita rimanere nell'acqua della laguna e sotto la pioggia per ore. È abituata. Quindi questo per lei non è un problema".

Amma si trattenne con la famiglia ancora qualche minuto e poi si allontanò, dopo aver raccomandato loro di rimanere nell'ashram per alcuni giorni. L'indomani la Madre lavò di nuovo il giovane, che questa volta rimase calmo e tranquillo. Ormai era già molto cambiato.

Questo episodio è un esempio lampante dell'umiltà e dell'amore della Madre, ma ce ne sono innumerevoli altri che testimoniano il suo amore infinito e la sua compassione e pazienza. Alla fine degli anni '70, molte persone con disturbi mentali vennero a stare con Amma. Lei soleva prendersi cura di loro, li lavava, li nutriva e li accudiva come fossero figli suoi. Tuttavia, a quei tempi, non sempre i familiari di Amma approvavano questi suoi modi compassionevoli. Il terreno di loro proprietà era molto piccolo, poco più di quattrocento metri quadrati, e oltre alla casa di famiglia, alla stalla e al tempietto non c'erano altre strutture che offrissero riparo dalla pioggia e dal sole. Questo fazzoletto di terra era inoltre circondato dall'acqua e quindi costituiva un campo giochi pericoloso per queste persone alterate che solevano gridare, urlare e correre qua e là. Tentarono persino di assalire Amma.

Mentre lei sopportava pazientemente tutto questo e continuava a servirle con amore e pazienza, alla fine il padre e il fratello maggiore di Amma chiamarono i parenti di questi malati chiedendogli di portarli a casa. Non solo la loro presenza era motivo di disturbo, ma non era neppure possibile offrire a tutti una sistemazione sicura e adeguata. Sebbene triste per la loro partenza, la Madre non si oppose perché era ben consapevole della mancanza di servizi idonei e delle difficoltà che creavano alla sua famiglia.

Anche se i malati non poterono vivere con Amma, la stretta vicinanza con lei ebbe un effetto profondo su di loro. L'essere nutriti, lavati e accuditi dalla Madre come se fosse la loro madre biologica e ricevere le sue cure amorevoli e potenti migliorò tantissimo la loro condizione.

Innumerevoli persone sono guarite miracolosamente per grazia di Amma, ma un caso è particolarmente memorabile: riguarda un lebbroso di nome Dattan, che era solito venire al *Devi Bava* darshan ogni martedì, giovedì e domenica. Durante queste tre notti, Amma seguiva una particolare routine: poco prima di entrare nel tempio danzava estatica, tenendo una spada in una mano e un tridente nell'altra. Muovendosi attorno al tempio, talvolta smetteva di danzare per benedire le persone con un tocco della spada. Dattan si sistemava proprio dietro il tempio, in attesa, con alcune caraffe d'acqua e un asciugamano stretto in vita. Amma interrompeva sempre la danza per versare l'acqua delle brocche sul capo dell'uomo; lo lavava in questo modo tre volte la settimana finché Dattan guarì dalla lebbra.

La vita di Amma è sempre stata imperniata sul sacrificio e ogni suo istante è dedicato ad alleviare la sofferenza altrui.

Amma stessa dice: "Fino al suo ultimo respiro, anche quando al suo corpo sarà rimasta poca energia, Amma continuerà ad accarezzare le persone con amore, a consolarle e ad asciugare le loro lacrime – questo è il desiderio sincero di Amma". L'impegno incessante e la compassione infinita che prodiga in ogni istante della sua vita sono una dimostrazione concreta del significato di queste parole.

Il malato si rimise e dopo qualche mese tornò all'ashram assieme alla famiglia. I suoi cari dissero che, quando il ragazzo era tornato a casa, ogni disturbo mentale era gradualmente scomparso. Nei giorni in cui rimasero all'ashram, la Madre chiese al giovane di sospendere tutte le medicine.

Convinta che la guarigione del giovane fosse un dono della grazia della Madre, l'intera famiglia era sopraffatta dalla gioia e dalla gratitudine. Una volta guarito, il ragazzo riuscì a recuperare il denaro perso e avviò un'attività in proprio. Rispondendo ai loro fervidi ringraziamenti, Amma disse sorridendo: "Figli, ora che siete felici, non dimenticate Dio. RicordateLo e pregateLo anche nei momenti felici. In genere le persone ricordano Dio e Lo invocano solo quando sono nel dolore, come se il Signore fosse un antidolorifico. Non comportatevi così, fate in modo che la preghiera e il ricordo di Dio diventino parte della vostra giornata. Amma è sempre con voi".

Quella notte tutti si riunirono di fronte al tempio per i *bhajan* e Amma guidò il canto *"Devi Sharanam"* mentre tutti rispondevano ripetendo la stessa strofa.

Devi Sharanam

Donami rifugio, o Dea,
donami rifugio.
O Madre, gli esseri celesti
esaltano la Tua forma divina.
Omaggi a Te,
suprema Energia primordiale!

Fonte di ogni prosperità,
l'universo esiste in Te
e da Te tutto è generato.
Certamente ogni cosa si dissolverà
solo in Te.

O Madre, prostrato ai Tuoi piedi,
con fervore esprimo questa sola preghiera:
"Che questa Tua forma pura e luminosa
risplenda per sempre nel mio cuore,
che la mia lingua gusti sempre
la dolcezza della ripetizione del Tuo nome".

Le miriadi di esseri viventi
sono parte del Tutto,
come onde dell'Oceano.
Questo universo è stato ideato
per condurre tutte le creature
alla Liberazione.

*Quando si comprenderà
che la nostra stessa vita
non è altro che Te,
ci distaccheremo dal mondo,
come l'attore che si toglie il costume
alla fine di una bella interpretazione.*

Al termine dei *bhajan*, Amma restò seduta nella veranda del tempio. Il canto aveva trasportato tutti su un altro piano e ogni persona presente era piena di devozione e d'amore. Alcuni residenti meditavano, altri guardavano Amma che era appoggiata al muro, dimentica di questo mondo. Dopo un po', si mosse e si sdraiò a terra. Come la limatura di ferro che si muove seguendo il più lieve movimento di un forte magnete, tutti si avvicinarono a lei. Mentre era sdraiata, la Madre sollevò entrambe le mani e gridò: "Shivane...". Il momento successivo la si poté udire mentre diceva a se stessa: "Non ti può sentire. Che tipo senza testa. Non ha cervello…"

Subito dopo Amma si mise seduta e cantò *Shiva Shiva Hara Hara*.

Shiva Shiva Hara Hara

*O Fonte di ogni buon auspicio,
Distruttore di ciò che è irreale,
vestito di nuvole,
il Tuo aspetto è incantevole,
e suoni il damaru (tamburello).*

*Impugni il tridente
e accordi grazie e l'assenza di paura;
i Tuoi capelli sono arruffati
e il Tuo corpo è cosparso di cenere.*

*Adorno di una ghirlanda di cobra
e di una collana di teschi,
porti sulla fronte una falce di luna crescente
e i Tuoi occhi sono pieni di compassione.
O Fonte di ogni buon auspicio,
Distruttore di ciò che è irreale,
o Dio Supremo.*

I devoti si unirono con entusiasmo a questo canto vivace che proseguì per un bel po'; sembrava che fosse iniziata la seconda parte dei *bhajan* serali. Quando terminò, Amma ritornò al suo consueto stato.

Un devoto iniziò a parlare della nipotina di quattro anni e disse, indicandola: "Amma, questa bambina ti ama tantissimo e ha per te un'enorme devozione. A volte si copre la testa con della stoffa bianca, va nella stanza della *puja* e canta dei *bhajan*, dondolandosi avanti e indietro e a destra e a sinistra come fai tu. Al termine dei canti ci chiama e distribuisce la cenere sacra dicendo che è Vallikkavilamma. È una bambina davvero straordinaria!".

Amma chiamò la piccola e le chiese: "Figliola, quando sarai grande avrai sempre così tanta *bhakti* come ora? Sarai ancora così innocente?".

La bimba annuì. Evidentemente fiero della nipotina, il nonno esclamò tutto emozionato: "Figlia, di' ad Ammachi chi è la tua mamma". Senza la minima esitazione, la bimba rispose: "La mia mamma non è Girijamma (la madre biologica), la mia mamma è Vallikkavilamma".

"Figlia, perché ami Amma?" domandò la Madre.

La risposta della bambina fu immediata: "Perché Amma è Dio".

Queste parole piacquero moltissimo ad Amma, che scoppiò a ridere forte e abbracciò la piccola cullandola tra le sue braccia. Poi la fece sedere sulle ginocchia e con fare scherzoso la supplicò di cantare un *bhajan*. Con voce esitante la bambina cantò la prima strofa di *Kamesha Vamakshi*.

Kamesha Vamakshi

*Rendo omaggio a Shakti, la Grande Dea
accessibile attraverso la devozione.
Omaggi al Seme, all'unica Verità,
all'infinita e perfetta Coscienza.*

Amma era così contenta della bambina che le diede un bacio sulle guance e poi la dondolò avanti e indietro, mentre entrambe sorridevano e ridevano allegramente. Pian piano questa euforia si affievolì e presto si sentì un gatto miagolare nel buio. "Qui Chakki, qui Chakki", esclamò Amma. Guardando in direzione del miagolio, continuò a chiamarlo: "Qui Chakki. Dove sei? Vieni qui".

In pochi secondi il gatto sbucò da una via laterale ed entrò correndo nella veranda del tempio. Dirigendosi subito verso Amma, iniziò a strusciare il corpo contro il suo braccio, poi le saltò in grembo cercando un modo per riuscire ad accoccolarsi confortevolmente. Poiché la bambina era ancora seduta sulle ginocchia di Amma, le manovre del gatto divertirono tutti. "Chakki è molto geloso", commentò la Madre provocando un altro scoppio di risa.

Un *brahmachari* esclamò, irruente: "Se gli animali sono gelosi, perché sorprendersi se anche noi lo siamo? Visto che anche gli animali amano stare sulle tue ginocchia, non dovresti rifiutarci questo piacere".

Di nuovo le risa riempirono l'aria.

L'arte di morire

L'atmosfera si fece più seria quando un *brahmachari* pose questa domanda: "Amma, più volte ti abbiamo sentito dire che sia i

Mahatma che le Scritture dichiarano che uno dovrebbe sentire l'urgenza di realizzare il Sé e spezzare le catene del mondo. Cosa intendi per urgenza?".

Facendo scendere la bambina dalle ginocchia, la Madre rispose: "Si tratta dell'urgenza di conoscere Dio o il Sé. Immaginate che vi abbiano diagnosticato una gravissima malattia e che i dottori vi dicano che dovete immediatamente cominciare a prendere un farmaco. Cosa farete? Cercherete in ogni modo di procurarvelo subito. Potreste scoprire che è molto costoso, ma accetterete la cosa senza badare al costo; se la medicina non è disponibile dove abitate, la cercherete altrove e, se non la trovate, andrete nella città più vicina. Potreste perfino dover andare in un altro Paese per seguire la terapia o sottoporvi a un intervento chirurgico. Compirete quindi tutti questi passi necessari senza esitare. È vero che non tutti possono permettersi di fare tutto questo, ma la maggior parte delle persone cercherà in ogni modo di procurarsi la cura. Perché? Perché si tratta di una malattia che minaccia la loro vita e nessuno vuole morire. Non volete lasciare questo bellissimo mondo e tutto quello a cui tenete, non volete abbandonare le persone e le cose che amate e il solo pensiero della morte vi fa tremare.

Provate a immaginare come sarà quando sarete morti: il corpo così prezioso per i vostri cari, per vostra moglie, per i vostri figli e per i vostri genitori verrà portato al cimitero. Nessuno vorrà tenerlo con sé né lo vorrà guardare, la sola vista gli incuterà paura. Tutti desidereranno liberarsene al più presto. La vostra salma sarà quindi trasportata al camposanto, oppure qualcuno appiccherà il fuoco alla pira funeraria e scomparirete per sempre. Il pensiero che, quando non ci sarete più, il mondo continuerà senza di voi vi fa tremare. Il mondo andrà avanti senza di voi e voi perderete tutte le cose belle: la casa, gli amici, una moglie giovane e graziosa, i figli, i fiori del giardino e il loro profumo. Pensare che tutto ciò vi sarà precluso, che non vedrete più il viso dolce e sorridente di vostro figlio o che perderete tutto ciò che amate, vi rattrista. La natura e tutta la sua bellezza - i fiumi, le montagne e le pianure, il sole e la luna, le stelle e gli oceani – spariranno dalla vostra vista. Le feste, le ricorrenze, le parole amorevoli e confortanti di vostra moglie o di vostro marito, le carezze affettuose del vostro amato: tutto andrà perduto. Non sapete dove andrete, ma presumete che sarete avvolti dall'oscurità e che non potete fare nulla al riguardo. Riuscite a immaginare tutto questo? Il solo pensiero della morte vi spaventa. Soltanto immaginare la condizione d'impotenza in cui vi troverete al momento del trapasso può suscitare il desiderio pressante di salvare la vostra vita. Questo senso di urgenza è l'anelito ad abbracciare quel principio che salva la vostra vita: la Verità suprema. È la brama di realizzare il Sé immortale.

Molte persone non vogliono meditare perché la quiete sperimentata durante questa pratica dà loro la sensazione che stanno per morire. Sugunanandan Acchan (il padre di Amma) provava sempre molta paura quando Amma meditava e pensava che, se sua figlia avesse meditato per molte ore, sarebbe morta. Per impedirle di morire, la scuoteva violentemente o le versava secchi d'acqua sulla testa. Povero Acchan! Non aveva idea di cosa fosse la meditazione, ignorava che è il principio salvifico che rende immortali ed eterni e fa andare oltre il ciclo di morte e rinascita: è l'ambrosia. Di fatto, la meditazione protegge dal timore della morte, rimuove l'ego e conduce a uno stato di non-mente. Una volta che avete trasceso la mente, non potete morire. La meditazione e le pratiche spirituali vi danno la forza e il coraggio di sorridere alla morte. La meditazione vi aiuta a vedere tutto come uno spettacolo piacevole, così che ogni esperienza, compreso il momento del trapasso, è piena di beatitudine.

Quindi, figli, questo senso di urgenza compare quando tutte le vostre speranze e i vostri sogni sono crollati. Crolleranno per forza perché state cercando la felicità nel posto sbagliato, dove non potete trovarla.

Un uomo stava in ginocchio e sembrava stesse cercando qualcosa. Vedendolo a carponi, il vicino gli chiese: 'Cosa stai cercando?'.

'La mia chiave', rispose.

Il vicino s'inginocchiò e si mise anche lui a cercarla. Dopo un po' il vicino domandò: 'Dove l'hai persa?'.

'In casa'.

'Santo cielo', esclamò il vicino, 'perché allora la stai cercando qui?'

'Perché qui c'è più luce'.

Analogamente, la felicità è dentro di voi, ma la cercate all'esterno e per questo motivo vi sentite frustrati e cominciate ad avere la sensazione che la vostra vita è in pericolo e che potete fare affidamento soltanto su Dio o su un Potere universale. La paura che la morte possa spogliarvi di tutto, vi porta a cercare una soluzione e questa ricerca vi conduce infine sul vero cammino, il cammino spirituale. La ricerca di come vincere la morte vi guida al vostro vero Sé.

L'uomo vuole vivere per sempre, nessuno vuole morire. 'Sono la vita e l'amore, non la morte, l'istinto che pulsa in ogni creatura. Gli esseri umani vogliono vivere e vivere e ancora vivere; hanno l'impulso ad aggrapparsi a qualsiasi cosa, persino all'universo intero, non vogliono lasciar andare nulla. In tutto il mondo, molte persone hanno ideato un'infinità di modi e di tecniche per aiutarci a vivere. Per indurci a comprare il loro metodo che promette la felicità e l'appagamento, lo pubblicizzano con slogan quali: 'Come soddisfare il desiderio del proprio cuore in dieci mosse'. Che tristezza! Nessuno, tranne il ricercatore spirituale, scoprirà il vero cammino. Non c'è alcun posto al mondo in cui è possibile apprendere come morire, come morire al proprio ego, agli attaccamenti, alla collera, alla paura e a tutti gli ostacoli che ci impediscono di ottenere e gustare la pace perfetta. L'uomo non sa che, nel possedere, nel padroneggiare e nel guadagnare, si sta inconsciamente smarrendo ed è sempre più vicino il momento in cui subirà un'enorme ed irrecuperabile perdita. L'uomo perderà la possibilità di trascendere il ciclo di morte e rinascita, il solo scopo della vita in questo corpo umano. A volte è sufficiente il pensiero: 'Sto perdendo, non sto assolutamente guadagnando nulla', per farci avvertire l'urgenza di realizzare il Sé e di intraprendere il cammino spirituale".

Tutti sedevano ascoltando pieni di meraviglia le parole di Amma.

"Figli", proseguì Amma, "voi tutti conoscete il grande santo Tulsidas[1]. Certo, adesso sappiamo che è un santo, ma prima d'intraprendere la sua ricerca spirituale, era un uomo d'affari. Era follemente innamorato della moglie e il suo attaccamento, l'intenso desiderio fisico che provava per lei, gli impediva persino di recarsi a lavorare. Un giorno in cui la moglie andò a trovare i genitori, il desiderio di Tulsidas per lei crebbe a tal punto da indurlo a uscire e a camminare a lungo nella notte, sotto la pioggia e in balìa del vento, per raggiungerla. Era così determinato che, scambiando un cadavere per un tronco, lo utilizzò per attraversare un fiume impetuoso. Era ormai passata la mezzanotte quando arrivò a destinazione, ma tutte le porte della casa erano già chiuse. Poiché la stanza della moglie si trovava al piano superiore, dovette arrampicarsi per raggiungerla. Scambiando un pitone per una fune, lo usò per introdursi nella sua camera. Dopo tutte queste peripezie, si aspettava che la moglie fosse contenta di vederlo. Al contrario, la donna si vergognò talmente di questo suo irragione-

---

[1] Tulsidas compose il *Ramanacharita Manas*, un'altra versione del *Ramayana*, l'epopea scritta da Valmiki.

vole attaccamento che esclamò: 'Se avessi per il Signore la stessa brama che hai per me, avresti realizzato Dio già da molto tempo'.

Quelle parole scossero profondamente Tulsidas, colpendo duramente il suo ego; dovette provare una profonda vergogna per un attaccamento talmente stupido e insensato, e ne avvertì tutto il peso. Così, il suo intero essere, ogni cellula, ogni atomo del suo corpo, ogni battito del cuore, ogni respiro, ogni poro della pelle, si ritrasse interiormente. In quel momento l'uomo prese coscienza dell'insopportabile fardello che aveva portato in nome dell'amore. Per un attimo il suo cuore smise di battere per liberarsi da questo peso e poi venne inondato dall'amore per Dio. Fu allora che Tulsidas decise di morire alla coscienza corporea e di vivere nella consapevolezza di Dio. Lasciò la moglie e la sua casa e divenne un asceta errante. In seguito diventò il santo noto a tutti noi con il nome di Tulsidas".

Dopo alcuni istanti la Madre continuò: "Il momento della rivelazione di cui hanno fatto esperienza le Grandi Anime può accadere anche a voi. Tutti veniamo preparati a giungere allo stadio ultimo, in cui si abbandonano i legami del mondo e l'ego. Un giorno o l'altro vi arriveremo perché è l'ultimo stadio dell'evoluzione. Impossibile sfuggirlo. Consapevolmente o inconsapevolmente, forse oggi state cercando di sottrarvi a questa esperienza, ma presto o tardi lascerete andare tutto: beni, ricchezze, il corpo, tutto ciò che pensate vi appartenga. Credete di avere ancora tantissimo tempo da vivere ma, anche se non ve ne rendete conto, la consapevolezza sta crescendo sempre più dentro di voi. Il destino ultimo di ogni anima è lasciar andare ogni impedimento alla pace e alla contentezza. A quel punto si abbandona l'ego e si smette di lottare. Non si protesta né ci si ferma a pensare se si debba lasciar andare la presa oppure no, ma ci si inchina semplicemente, abbandonandosi. Nel suo intimo, ogni anima attende che avvenga questa grande resa. La maggior parte delle persone non ne è consapevole perché dimora in un livello di coscienza molto basso, ma un giorno avvertirà questa urgenza".

Un *brahmachari* chiese: "Amma, hai detto che non c'è nessun posto nel mondo dove è possibile apprendere come morire. È possibile imparare a morire? Potresti spiegarti meglio?".

Amma rispose:

"Sì, la morte è un'arte da imparare e praticare, e la si può praticare solo lasciando cadere l'ego. L'unico modo per apprenderla è meditare.

Poiché la morte è la minaccia suprema, la nostra paura più grande e il colpo più duro per l'ego, ad ogni istante gli esseri umani si sforzano di nascondere o di dimenticare tale paura rincorrendo i piaceri del mondo. Per evitare di pensare alla morte, la gente si dedica alla gratificazione dei sensi e decide di godersi la vita creando e realizzando i propri desideri.

Figli, ogni compleanno ci avvicina di un passo alla morte. Questo giorno non ricorda solo la nostra nascita, ma anche la nostra morte. L'anniversario della nostra nascita ci rammenta il giorno fatale in cui lasceremo questo corpo. Non volendo pensarci, festeggiamo il compleanno come il giorno in cui siamo venuti al mondo e organizziamo una grande festa, invitiamo amici e parenti per cantare 'Tanti auguri a te' o augurare 'Mille di questi giorni…'

Pensiamo solamente alla vita escludendo completamente la morte perché la vediamo come il totale annientamento, la completa distruzione e la dissoluzione di tutto ciò che pensiamo di essere. Non vogliamo pensare a questa dissoluzione, ma il ricordo della morte ritorna in continuazione e più cerchiamo di scacciarlo, più riappare insistentemente. Più pensiamo alla morte e alla sua imprevedibilità, più aumenta la paura. E questa paura ci priva della pace interiore. Quando diventiamo consapevoli dell'inevitabilità della morte, avvertiamo l'urgenza di cercare la pace interiore e la vera felicità. Ecco perché, per trovare la vera felicità e il vero appagamento, bisogna imparare a morire. Purtroppo non sappiamo come morire in pace.

In tutto il mondo, la gente muore nella sofferenza, provando grande dolore e amarezza. La morte è una delle sofferenze più atroci e nessuno vuole soffrire. È per questo che la gente teme di morire. Tutti vogliono rimanere aggrappati a questo mondo magnifico, al corpo, alla ricchezza, agli amici, alla casa, e così via. L'idea che la morte glieli strapperà via, che eliminerà tutto, è estremamente penosa e le persone muoiono quindi nella sofferenza e nell'amarezza perché non sono pronte ad abbandonare tutte queste cose. Desiderano restare aggrappate a questa vita e tale attaccamento crea una grande lotta interiore. Questo conflitto causa parecchio dolore durante il trapasso perché rifiutano di lasciare la presa. In punto di morte, molti sono incoscienti; durante l'agonia stavano vivendo una lotta interiore, un conflitto, una battaglia disperata contro la morte.

Figli, non lasciate che la morte vi sorprenda incoscienti, imparate a morire consapevoli. Se ci riuscirete, potrete decidere chi sarete nella prossima vita e anche quando, dove e come essa sarà. Se volete, potete anche scegliere di non tornare in questo mondo. Avete anche questa possibilità.

Ad Amma hanno raccontato di un *Mahatma*, morto avvelenato, che accettò il veleno sorridendo, ascoltando le istruzioni della guardia che gli spiegava come bere il veleno. Le mani dell'uomo non tremavano, il *Mahatma* non provava nessuna apprensione né timore di fronte alla morte e sorseggiò tranquillamente il veleno recitando una preghiera. Mentre era sdraiato aspettando di morire, descrisse persino gli effetti del veleno sul suo corpo. Morì coscientemente. Questo è il vero modo di morire. Il processo del morire consiste nell'osservare la morte del proprio corpo. Per chi è in grado di farlo, la morte diventa un'esperienza reale. L'essere umano è pura coscienza e in quanto tale deve imparare a vivere e a morire nella consapevolezza".

Le parole di Amma sul morire consapevolmente ricordano l'episodio in cui, durante il *Devi Bhava*, Sugunanandan (il padre di Amma) chiese alla Devi di lasciare il corpo della figlia. Come molti abitanti del villaggio, all'inizio anche lui ignorava che Amma aveva raggiunto l'unione completa con l'Assoluto; pensava che fosse posseduta da Krishna e dalla Devi tre giorni la settimana, durante i *Bhava Darshan,* e che per il resto del tempo fosse pazza. "Rivoglio mia figlia!" urlò alla Madre durante il *Devi Bhava*. La Madre rispose: "Se ti restituisco tua figlia, non riceverai altro che un cadavere che presto si decomporrà e dovrai seppellirla!". Sugunanandan insistette nella sua richiesta e infine la Madre disse: "Se questo è quello che desideri, ecco tua figlia. Prendila!". Immediatamente la Santa Madre cadde a terra immobile. Il suo cuore smise di battere: non respirava più, era morta. Pieno di rimorso, Sugunanandan implorò la Madre Divina di riportare in vita sua figlia. Profondamente addolorati, i devoti venuti per il darshan pregavano ardentemente. Trascorsero otto ore prima che vi fosse un leggero movimento nel corpo di Amma e lei tornasse in vita.

Ecco l'esempio di una morte cosciente e di un ritorno cosciente nel corpo mostratoci da Amma stessa. Una volta che avete imparato a morire, potete scegliere quando nascere e quando morire. Sono entrambi sotto il vostro controllo".

"Figli, imparate a morire nella beatitudine", continuò Amma, "Proprio come celebrate il vostro compleanno, fate in modo che anche la morte diventi un momento di grande festa e di beatitudine. Imparare a morire in beatitudine è meditare, e questo è possibile a una sola condizione: smettere di attaccarsi agli oggetti di questo mondo finché si è ancora in vita. Attraverso la meditazione, potete esercitarvi a non aggrapparvi, a lasciar andare ogni appiglio. Tutta la vostra vita dovrebbe essere una preparazione a una morte felice perché non è possibile vivere felici senza aver imparato ad affrontare con letizia la morte. A quel punto scoprirete che la morte, come la vita, è una verità che, invece di annientarvi completamente, vi libera dalla morsa dell'ego.

Figli, imparate ad accettare la morte, ad accoglierla, a darle il benvenuto. Siate gentili con lei e la morte diventerà vostra amica. Quando saprete accoglierla, tutte le vostre paure spariranno e potrete finalmente vivere nella vera pace.

Il futuro non ci appartiene, solo il presente è nostro. La vera vita consiste nel vivere nel presente, lasciando andare il passato e dimenticando il futuro. Non sappiamo se il prossimo istante ci troverà ancora in vita. Potrebbe non esserci più un'inspirazione dopo una nostra espirazione. Chissà se domattina ci sveglieremo. I grandi santi e saggi hanno tutti vissuto momento per momento, non hanno mai fatto piani per l'avvenire.

Solo chi vive nel momento presente può essere completamente libero dalla paura e abbracciare la morte rimanendo in pace. È possibile vivere momento per momento solo attraverso la meditazione e altre pratiche spirituali. Finché esiste l'ego, si ha paura della morte: una volta trasceso, l'ego scompare insieme alla paura della morte. Chi ha raggiunto questo stato considera la morte un momento di grande festa. Per chi vive momento per momento, la morte non è un'esperienza terrificante, al contrario, diventa un'esperienza di pace e d'amore.

Al momento della morte siamo impotenti. Ricordare costantemente l'eventualità della morte è la maniera migliore per imparare l'umiltà. L'umiltà è abbandono di sé, inchinarsi a tutta l'esistenza; a quel punto l'ego non ha più motivo di esistere e, quando si è privi di ego, la morte non esiste più. Una persona senza ego non può morire perché non è più il corpo. È pura coscienza. Solo chi è identificato con il corpo muore".

Il *satsang* profondo di Amma sul vivere momento per momento, sul modo di morire e di trasformare l'istante della morte in un'esperienza straordinaria, piena di beatitudine, ci ricorda questa grande affermazione delle *Upanishad*: "*Eha atraiva*", ovvero "La Realizzazione del Sé è possibile qui, ora, in questo istante".

Un devoto pose un'altra domanda: "Amma, qual è il modo migliore per liberarsi dall'ego e abbracciare la morte con amore?".

Amma rispose:

"Avere fiducia. Confidare, semplicemente, nell'esistenza del Guru. Solo la fiducia in un Maestro realizzato vi aiuterà a lasciar andare l'ego e i pensieri egocentrici e potere così abbracciare la morte con amore. Vivete in bellezza. La bellezza che permea la vostra vita si manifesterà nella bellezza della vostra morte; ma questa bellezza nella vita è possibile solo abbandonandosi a un Maestro autentico. Abbandonarsi a lui equivale ad abbandonarsi a tutta l'esistenza.

Un vero Maestro vi insegna ad accettare tutto quello che si presenta nella vita. Vi aiuta a essere grati nei confronti del bene e del male, del giusto e dell'ingiusto, del nemico e dell'amico, verso chi vi ferisce e verso chi vi aiuta, verso chi vi imprigiona e verso chi vi libera. Il Maestro vi aiuta a dimenticare le tenebre del passato e le brillanti promesse del futuro per vivere nel momento presente, in pienezza. Vi insegna che tutta la natura, tutti gli oggetti e tutte le creature, compreso il vostro nemico, vi aiutano ad evolvervi e a raggiungere la perfezione.

Chi è grato per ogni cosa abbandonerà tutto, per accogliere la morte con un sorriso soave sulle labbra. Per lui, la morte è stupenda e, lungi dall'essere un nemico terribile, diventa la sua migliore amica.

È impossibile conoscere la morte senza conoscere la vita. Per chi non ha veramente conosciuto la vita, per non l'ha vissuta nella sua pienezza, la morte è buia e rappresenta la fine; ma per colui che ha conosciuto la vita, la morte è il cuore stesso dell'esistenza. La vita fiorisce nella morte ed è per questo che i grandi maestri poterono morire con il volto illuminato da un grande sorriso, pieno di beatitudine, benché il loro corpo soffrisse intensamente. Essi avevano abbracciato la vita con un cuore traboccante d'amore. Avendo abbracciato la vita intera e tutte le esperienze, buone e cattive, poterono abbracciare anche la morte.

Si può imparare l'arte di morire solo affidandosi interamente a un vero Maestro. Egli vi aiuta, aiuta il vostro ego a morire in lui e quindi vi aiuta a vivere.

Non abbiamo nessuna sicurezza riguardo al futuro, al prossimo istante. L'unica cosa certa del futuro, del momento che sarà, è la morte. L'istante presente vi appartiene, il prossimo potrebbe, chissà, condurre alla morte. Vivete dunque bene questo istante. Vi è garantito solo questo momento, da cui nascerà il successivo".

Alle undici meno un quarto, Amma chiese a tutti di meditare per alcuni minuti prima di alzarsi. Infine si diresse nella sua stanza, seguita da Gayatri e Kunjumol. I *brahmachari*, gli altri residenti e i visitatori rimasero seduti ancora per un quarto d'ora, in un'atmosfera piena di beatitudine. Le parole profonde della Madre avevano scosso le anime, inducendole a immergersi nelle grandi profondità del loro cuore. Infine, un po' alla volta, tutti si dispersero a eccezione di pochi, che rimasero a meditare davanti al tempio.

Capitolo 2

Accecato dall'ego

Giovedì 19 luglio 1984

Man mano che la Santa Madre e il suo ashram acquisivano sempre maggiore fama, un numero crescente di ricercatori spirituali si recava a ricevere il darshan di Amma. Alcuni di loro appartenevano ad autorevoli istituzioni spirituali. A volte dei visitatori impartivano un insegnamento ai residenti, come se la Madre li avesse fatti arrivare all'ashram a quello scopo. Il 19 luglio giunse un visitatore che aveva un atteggiamento e un comportamento inusuali per un *sadhak*. Si trattava di un *sannyasi* di un altro gruppo spirituale, venuto a informare Amma di una campagna di raccolta fondi promossa dalla sua organizzazione per costruire un complesso scolastico. Il gruppo era partito da Kanya Kumari, la punta estrema a sud dell'India, e si stava dirigendo a nord. Passando vicino all'ashram, i partecipanti alla marcia desideravano ricevere il *darshan* di Amma e la sua benedizione per un esito positivo della loro missione. Lo *swami* che aveva preceduto il gruppo per organizzare i pasti e l'alloggio non aveva buone maniere: parlava e agiva in modo altezzoso e non era né umile né cortese.

In un primo momento i residenti pensarono che l'orgoglio che mostrava fosse solo apparente e che la loro comprensione difettosa li portava a ritenerlo una persona piena di sé, ma le parole e i modi dell'ospite dimostrarono a poco a poco la sua grande superbia. Era molto esigente verso i residenti dell'ashram e aveva un atteggiamento di sufficienza nei confronti dei *brahmachari*[2] che cercavano di servirlo. Poiché aveva in programma di restare per la notte, chiese una stanza in cui dormire da solo, ma l'ashram era formato solo da poche capanne che offrivano pochissimo comfort. Ciò nonostante i residenti fecero del loro meglio per offrirgli la capanna migliore.

Vedendo la semplicità dell'alloggio, lo *swami* protestò a gran voce: "Cosa? Dovrei dormire in questa capanna umida? Non posso stare qui!" e uscì infuriato. Sbigottiti da questa reazione, i residenti si domandarono come una persona che aveva consacrato la propria vita alla spiritualità potesse comportarsi in questo modo. Era stato insegnato loro a non dare alcuna importanza a cose futili come il luogo in cui si dorme, e ora si trovavano in un grande dilemma. Dove ospitarlo? Non esistevano 'stanze confortevoli' nell'ashram; in effetti non c'erano proprio stanze, ma solo capanne. I residenti e i visitatori dormivano su semplici stuoie di paglia stese sul pavimento, e capitava spesso che la sera i *brahmachari* dovessero cedere le loro capanne e persino le loro stuoie ai visitatori e andare a dormire all'aperto, sulla sabbia. Erano

---

[2] Il *brahmachari* è colui che ha fatto voto di castità e conduce una vita di austerità, focalizzata sullo studio delle Scritture e sulla pratica spirituale al servizio del Guru. In questo modo è in grado di costruire le basi per la sua vita spirituale. Questa persona può decidere di rimanere per tutta la sua vita un *brahmachari*, oppure di sposarsi o di diventare un *sannyasi* - colui che ha rinunciato a ogni tipo di legame - quando ha raggiunto il grado di distacco richiesto. Il *brahmachari* indossa una veste gialla, che gli ricorda la natura caduca del corpo, che diventa giallo quando la forza vitale lo abbandona. Il *sannyasi* è colui che ha preso i voti monastici definitivi di rinuncia e di castità e si sforza di mantenere un atteggiamento di unione con *Brahman*, la Realtà Assoluta, il sostrato dell'esistenza fenomenica nel tempo e nello spazio. Indossa vesti color ocra, a indicare che ogni tipo di legame che potrebbe portarlo ad identificarsi con il corpo è stato bruciato.

quindi sconcertati nel vedere un aspirante spirituale, e soprattutto un *sannyasi*, mostrarsi così pretenzioso.

Alla fine, con il permesso dei genitori di Amma, i residenti riservarono per lui una piccola stanza nella casa della famiglia di Amma e vi collocarono un letto. Tuttavia lo *swami* non era soddisfatto nemmeno di questa sistemazione. Quando la vide, fece una faccia scura e lasciò la stanza; brontolando, si diresse verso la capanna dove Amma stava dando il *darshan*.

Amma era seduta su un tappetino steso per terra. Subito venne steso un altro tappetino per lo *swami*, in modo che potesse sedersi di fronte a lei. Lo *swami* non mostrò alcun rispetto o riverenza nei confronti di Amma, non si prostrò e non porse nemmeno i suoi saluti come ogni altra persona sul cammino spirituale avrebbe fatto al cospetto di un Maestro. Come sempre il viso di Amma era illuminato da un sorriso luminoso. Gli *ashramiti* che si erano occupati di preparare un alloggio per lui erano curiosi di vedere come questa persona egocentrica si sarebbe rivolta ad Amma. Andarono alla capanna e si accostarono alla porta laterale e a quella posteriore per ascoltare la conversazione.

Dandosi molta importanza, lo *swami* disse: "Rappresento un gruppo di *sannyasi* che ha intrapreso una marcia per raccogliere fondi. Sono arrivato prima del gruppo per informarti che gli altri arriveranno tra qualche giorno. Il gruppo desidera rimanere qui per un intero giorno. Abbiamo bisogno di buon cibo e di un alloggio confortevole".

"Figlio", disse Amma, "hai espresso il desiderio dei figli del tuo gruppo di alloggiare e ricevere cibo nell'ashram. Perfetto. Amma è più che felice di servirvi, ma non è appropriato esigere comodità e buon cibo. Chi cerca la Verità non dovrebbe pretendere nulla. Non dovrebbe chiedere comodità e piaceri. Un *sadhak* dovrebbe essere soddisfatto di tutto quello che gli giunge. Un ricercatore spirituale è colui che ha abbandonato tutto per Dio e quindi non dovrebbe aspettarsi alcun trattamento di favore. Dovresti considerare questo viaggio come un'opportunità per imparare la rinuncia. Cercare i piaceri e le comodità non dovrebbe essere lo scopo del cammino spirituale".

"Non sono d'accordo con il principio che i piaceri e le comodità siano proibiti ai ricercatori spirituali", replicò il monaco.

"Se il tuo scopo è realizzare Dio, uno stile di vita privo di disciplina è inappropriato", rispose Amma, "L'autocontrollo è indispensabile per un aspirante spirituale. Tu consideri importante studiare le regole e i principi della vita spirituale, ma a cosa serve studiare se non sei capace di mettere in pratica ciò che hai appreso? Quelle parole prendono vita solo attuandole ogni giorno. Se sei sempre focalizzato su di te e dai importanza solo ai tuoi bisogni, come puoi servire? Per servire gli altri disinteressatamente è necessario avere un atteggiamento di abbandono di sé e di rinuncia. È allora che ogni azione diventa un atto di adorazione".

"Tu sei una persona che ha rinunciato a tutto?" chiese lo *swami* ad Amma.

Questa osservazione fece infuriare i *brahmachari* e i devoti, che già avevano molta difficoltà a tollerare l'uomo, ma essendo alla presenza di Amma riuscirono a controllarsi e a rimanere impassibili e in silenzio.

Amma rise di gusto a questa domanda e disse: "Amma non si definisce *sannyasi* e non indossa una veste particolare. Amma non afferma nulla. Non le importa che la si accetti o la si rifiuti, che le si mostri rispetto o no. Per contro, tu esigi che gli altri ti rispettino e ti riconoscano. Indossi abiti color ocra e dichiari di essere un *sannyasi*, ecco perché Amma ti parla in questo modo. Dovresti essere di esempio agli altri. Chiedere se Amma ha rinunciato a tutto non risolve il tuo problema. Quello a cui Amma ha o non ha rinunciato non riguarda te. Trarrai beneficio dalla tua vita spirituale soltanto se cambi e, se cambi, anche gli altri ne gioveranno".

Poiché lo *swami* non replicò, Amma continuò raccontando una storia: "C'era una volta un uomo anziano che stava ripensando alla vita appena trascorsa. Si sedette in un caffè con i suoi amici e raccontò loro la sua storia. 'Quando ero giovane, ero arrogante e credevo di avere capito tutto. Avevo l'impressione di poter fare qualsiasi cosa e volevo trasformare le persone: pregavo Dio di darmi la forza di cambiare il mondo. Gli anni passarono e un mattino, quando mi svegliai, mi resi conto che metà della mia vita era già trascorsa. Non avevo realizzato nulla e non avevo cambiato nessuno. Così pregai Dio di darmi la forza di cambiare le persone che mi erano vicine poiché ne avevano tanto bisogno. Ma ora che sono vecchio, la mia preghiera è molto semplice: 'Dio, ti prego, dammi la forza di cambiare almeno me stesso'".

Tutti risero ad eccezione dello *swami*, che impallidì e divenne sempre più inquieto. Dopo una breve pausa, Amma riprese: "Non cercare di cambiare il mondo e le persone senza prima cambiare te stesso. Se provi a cambiare gli altri senza mutare il tuo atteggiamento, non otterrai alcun risultato. Figlio, tu porti queste vesti colorate non per rendere più attraente la tua personalità né per sembrare più bello. Questo colore dovrebbe ricordarti costantemente il fine più alto della vita umana, non ha lo scopo di gonfiarti l'ego, ma di aiutarti a dissolverlo. Sei fiero di essere un *sannyasi*, ma la parola stessa '*sannyasi*' significa rinuncia, la rinuncia al falso senso d'orgoglio e all'egocentrismo. Cerca di portare rispetto per l'abito che indossi comportandoti umilmente. Sforzati di avere un maggiore controllo della tua mente".

Lo *swami* era ostinato. "Non sono d'accordo con nessuna di queste idee, ma non voglio neppure discutere con te. Ora, mi darai una stanza oppure no?"

Amma sorrise e disse: "D'accordo, non hai capito quello che ho detto. Amma non ti biasima". Chiamò quindi *brahmachari* Srikumar e gli diede istruzioni di preparare per lo *swami* la camera in cui lei abitava. I residenti non erano d'accordo e protestarono, non volendo che la stanza di Amma fosse profanata da qualcuno che per loro era l'arroganza in persona.

Per consolare i *brahmachari*, Amma disse: "Figli, che importa se trascorre una notte nella camera di Amma? O forse i vostri ego lo ritengono intollerabile? Dopotutto è venuto a portare un messaggio: è stato mandato per informarci di una buona causa. Dobbiamo trattarlo bene. Che parli o si comporti in modo arrogante, non dovrebbe interessarci. Qualunque cosa succeda, dobbiamo attenerci alle regole di comportamento conformi alle nostre aspirazioni spirituali[3]".

Sebbene tutti fossero molto infastiditi dall'egocentrismo sfacciato dello *swami*, Amma non era affatto turbata e non perse la sua serenità. Con riluttanza, alcuni *brahmachari* mostrarono allo *swami* la stanza di Amma. Appena lui si sistemò, chiese che gli fosse servita la cena. Seguendo le istruzioni di Amma, i *brahmachari* lo assecondarono. Terminata la cena, chiese che la prima colazione gli fosse servita alle sette in punto, precisando persino quello che desiderava mangiare.

---

[3] A quel tempo la stanza di Amma era in costruzione. Fino ad allora, Amma aveva dormito all'aperto, sotto gli alberi o in una capanna di foglie di palma da cocco intrecciate. Con il crescente aumento dei visitatori, i devoti sentirono che fosse giusto che Amma avesse un po' di privacy e costruirono una casa di mattoni di un piano. Il piano terra era adibito a sala di meditazione per i *brahmachari*, mentre il primo piano, che consisteva in una veranda, una camera e un bagno, era riservato all'uso personale di Amma. Per molti anni questa fu l'unica costruzione in mattoni; il resto dell'ashram era composto solo da capanne. Anche quando la costruzione della casa fu terminata, Amma non andò subito ad abitarci, la usò solo occasionalmente per circa un anno, fino a quando ci si trasferì definitivamente.

Non riuscendo a sopportare oltre questo atteggiamento, uno dei *brahmachari* protestò e disse: "*Swami*, non dimentichi che lei rappresenta la tradizione dei grandi santi e saggi dell'India; dovrebbe essere per noi un esempio di umiltà e di rinuncia. Invece non fa che sfoggiare il suo ego e il suo orgoglio".

Allibito, il monaco non rispose subito, ma non appena raccolse le forze ribatté con forza: "Ehi, non sai con chi stai parlando? Non sai come ci si comporta di fronte a un *sannyasi*? Dovresti approfondire la tua comprensione del *dharma*. Il tuo Guru non ti ha insegnato nulla? Suppongo che nessuno di voi abbia studiato le Scritture. Dite al vostro Guru che dovrebbe organizzare delle lezioni a riguardo. Avete bisogno di qualcuno come me che vi introduca alla conoscenza dei testi sacri".

I *brahmachari* non riuscirono più a tacere: "Swami, se studiare le Scritture sarà così nocivo a noi come è evidente che lo è stato per lei, preferiamo non studiarle affatto".

A questo punto, lo *swami* alzò la voce: "Mi state prendendo in giro?".

"No, non la stiamo prendendo in giro", rispose colui che aveva iniziato la protesta, "ma ci è difficile comprenderla. Lei dice che dovremmo studiare le Scritture per avere una migliore comprensione del *dharma*, afferma di averle studiate, ma non vediamo nessuna rettitudine nel suo modo di agire. Lei non mette in pratica quegli *achara* (norme tradizionali) e questo atteggiamento ci confonde".

"Io sono al di là delle Scritture e degli *achara*", rispose lo *swami*.

Scioccati e sconvolti da tanta sfacciataggine, i *brahmachari* rimasero in silenzio. Come poteva affermare di essere superiore alle Scritture? Dopo una lunga pausa, uno dei *brahmachari* prese la parola: "*Swami*, sappiamo che lei ha un maestro spirituale. Lo considera un'anima elevata e ritiene che le sue parole siano valide come le affermazioni delle sacre Scritture?".

"Certamente", rispose lo *swami*, "È il mio Guru ed è un'anima elevata. Devo avere fede nelle sue parole".

Senza aggiungere altro, il *brahmachari* corse fuori dalla capanna e ritornò qualche minuto dopo con una lettera in mano. Porgendola allo *swami* disse: "Abbia la bontà di leggere questa lettera. È del suo Guru".

Tutti speravano che questo scritto avrebbe modificato un po' l'atteggiamento dello *swami*, perché si trattava di una lettera che il suo Guru aveva inviato a un *brahmachari*, esprimendo la piena ammirazione e rispetto per Amma. La lettera terminava così: "Tutto è un *lila* di Amma. Mi prostro umilmente ai suoi piedi".

Speranzosi, i *brahmachari* osservavano lo *swami* mentre la leggeva. L'uomo impallidì, ma subito dopo, fra la sorpresa generale, alzò la testa e disse: "Sono superiore persino al Guru".

Che shock! I *brahmachari* erano senza parole. Sconcertati da questa vergognosa affermazione, non trovarono nulla da dire e lasciarono la stanza in silenzio. Camminando lentamente in gruppo, si diressero verso il tempio dove Amma stava dando il *Devi Bhava* darshan. Lo *swami* rimase in camera tutta la sera e non scese per andare nel tempio e ricevere il *darshan* di Amma.

Venerdì 20 luglio 1984

La mattina successiva, quando Amma arrivò nella capanna del *darshan*, lo *swami* si fece strada sgomitando e chiese di poterle parlare. Amma sorrise e amorevolmente distese un tappeto per terra, invitandolo a sedersi. Con aria severa, l'uomo prese posto, mentre la Madre si sedeva all'altra estremità del tappeto di fronte a lui. Tutti i presenti erano incantati dall'umiltà e dalla serena divinità che lei irradiava. Ma lo *swami* era un osso duro e, come a voler sfidare l'immensa presenza di Amma, fece nuovamente sfoggio della sua arroganza.

Lo *swami* iniziò il discorso affermando: "Come sai, faccio parte di una rinomata organizzazione spirituale. Ho studiato il *Vedanta* nella sede della Missione e, al termine dei miei studi sulle Scritture, sono stato iniziato al *sannyasa* dal mio Guru. Da allora viaggio insegnando il *Vedanta*. Innumerevoli persone sono state illuminate dai miei discorsi spirituali e molti hanno intrapreso il cammino spirituale ispirati dai miei insegnamenti. Eppure, sembra che questi ragazzi non mi abbiano compreso; non si rendono conto del mio livello spirituale avanzato e non mi hanno onorato mostrandomi il dovuto rispetto".

Queste vanterie suscitarono stupore e al tempo stesso collera nei residenti. Una tale dimostrazione di orgoglio ed arroganza era inaudita, specialmente di fronte alla Madre Divina. Tutti guardarono Amma, ma il suo atteggiamento calmo e impassibile ricordò loro il dovere di stare zitti.

Amma sorrise allo *swami* come se stesse ascoltando le chiacchiere senza senso di un bambino sciocco. Con molta gentilezza e dolcezza, rispose:

"Figlio, calmati. Rilassati. Hai studiato le Scritture e sai cosa signifìchi essere spirituale, ma i santi e i saggi da cui hanno tratto origine i *Veda* e le *Upanishad* erano completamente senza ego. Essere davvero spirituali vuol dire essere privi di ego. Questi maestri non hanno mai affermato la propria superiorità né proclamato la loro grandezza. Non hanno mai preteso che gli altri li venerassero, onorassero o persino li rispettassero. Sono state la loro estrema umiltà e rinuncia ad avere indotto le persone a ricordarli ancora oggi e a venerarli. Se smetti di esigere il rispetto e l'onore, li riceverai senza doverli chiedere. Sforzati solo di essere umile e di avere pazienza, e vedrai come le cose intorno a te cambieranno. Cerca di essere te stesso. Quando avrai smesso di pretendere, la gente inizierà ad onorarti e a venerarti anche se non ti importa, anche se non lo vuoi.

Figlio, parli in modo così infantile. La gente ti prende in giro e ti considera ignorante ed immaturo, non presta nessuna attenzione né dà importanza alle tue parole e pensa che tu sia uno sciocco. Le tue parole arroganti e il sentirti così fiero di te stesso screditano il tuo Guru e l'organizzazione a cui appartieni, dandole una cattiva reputazione. Tu sei lo specchio su cui si dovrebbe riflettere la grandezza del tuo Guru e della tua organizzazione. Fa' che le tue parole e le tue azioni aggiungano splendore e gloria al tuo Guru e alla sua opera.

Sforzati di essere come un bambino. Soltanto allora potrai imparare e crescere. Credere di essere oramai adulto o importante non ti aiuterà ad apprendere: solo l'umiltà ti aiuterà a crescere. Un bambino cresce emotivamente ed intellettualmente perché non ha un ego che protesta e crea impedimenti. La conoscenza fluisce liberamente in lui, senza incontrare ostacoli. Ma appena si delinea l'ego dell'adulto, compare il senso dell'io e del mio, che blocca ogni possibilità di crescita interiore.

Figlio, dichiari di appartenere a una grande organizzazione spirituale, ma la grandezza non sta nelle dimensioni o nel numero. Un'organizzazione spirituale può essere vasta, ma la sua vera grandezza è nell'umiltà, nella pazienza e nella rinuncia delle persone che ne fanno parte. Qualunque sia il gruppo, spirituale o meno, a cui si appartiene, si dovrebbe essere sempre umili e pronti ad adattarsi. Solo così si può davvero crescere.

Nulla è completamente maturo appena nasce. Qualunque cosa, chiunque, deve completare la fase iniziale prima di giungere alla maturità. Una crescita sana avviene in questo modo. Qualsiasi organismo, che sia una pianta, un animale, un'istituzione o una nazione, deve inevitabilmente passare attraverso le diverse fasi di sviluppo. Ogni cosa ha necessariamente un passato, un presente e un futuro perché tutto si svolge nella dimensione temporale, perciò non ha importanza se la tua organizzazione spirituale ha parecchi membri o esiste da tanti anni. Ciò che conta è che i suoi componenti imparino a praticare i suoi insegnamenti, soprattutto se si tratta di ricercatori spirituali che hanno studiato le Scritture. Figlio, non hai forse detto di averle studiate? Cerca quindi di essere di esempio per questi ragazzi. Ispirali con la tua pazienza, umiltà e rinuncia; altrimenti potrebbero sviluppare un'avversione verso lo studio dei testi sacri. Sono solo dei principianti. Se tu sei senza ego, ti accetteranno e proveranno ammirazione per te, saranno ispirati dal tuo esempio e cercheranno di seguirlo".

Lo *swami* replicò: "Io sono al di sopra di ogni regola e ingiunzione, sono addirittura al di là delle Scritture, e non sono certo venuto qui per essere di esempio a questi principianti". L'espressione severa del suo viso non era cambiata.

Amma proseguì:

"Figlio, quelli che sono al di là di tutto non hanno nulla da dire, sanno che questa sublime esperienza va oltre le parole. Non hai forse studiato questo principio importante? Credi che le Scritture siano mere parole scritte molto tempo fa da persone che non avevano nient'altro da fare? Se credi veramente nella Verità di cui i grandi Maestri hanno fatto l'esperienza, se hai davvero fede nelle loro parole e desideri rendere un po' di giustizia a questa grande tradizione spirituale e alle vesti ocra che indossi, cerca di mettere in pratica i principi che enunciano.

Questi figli che Amma sta aiutando a crescere dovrebbero imparare l'umiltà, la pazienza e la rinuncia da persone come te; ma le tue azioni e le tue parole li hanno confusi. Quando te ne sarai andato, tempesteranno Amma di domande e di dubbi. Già ieri sera mi hanno chiesto: 'Come può uno *swami* insistere così tanto per avere del buon cibo e un alloggio confortevole? Come può dormire nella stanza di Amma sapendo che è quella in cui abita? Non avremmo mai pensato che un ricercatore spirituale potesse comportarsi così. Ci sentiamo persino restii a studiare le Scritture se questo ci porterà ad avere un ego così forte come il suo'.

In qualche modo Amma è riuscita a rassicurarli, dicendo che non dovrebbero guardare i difetti degli altri perché sarebbe un ostacolo al loro progresso spirituale. Ha anche aggiunto: 'Perché dovreste giudicare un intero lignaggio spirituale dagli errori di una sola persona? Se costui agisce in modo strano, è solo colpa sua. Come potete biasimare i santi e i saggi che sono assolutamente puri? Come potete incriminare l'intera classe medica per la prognosi sbagliata di un solo dottore?'".

Dopo qualche minuto di silenzio, la Madre continuò a rivolgersi allo *swami* dicendo: "Figlio, comportati pure come ti pare, ma ti rendi conto del male che causano le tue parole ed azioni? Hai le tue teorie e concetti personali. Mi sta bene. Mantienili se ci sei così affezionato, ma perché confondere gli altri diffondendo simili idee? Questo è un grande peccato che dovrai pagare prima o poi. Amma insegna ai suoi figli *tyaga* e non *bhoga*, insegna a rinunciare e non ad assecondare i desideri a ogni costo".

Un quieto silenzio avvolse la capanna. Nessuna emozione traspariva dallo *swami*. Tutti guardavano ed ascoltavano con grande attenzione. Quando infine il visitatore parlò, le sue parole giunsero come un fulmine: "Mi hai chiamato ripetutamente *figlio*; forse, allora, io dovrei chiamarti *figlia*!".

L'insolenza dello *swami* era andata troppo oltre e, non riuscendo più a controllarsi, uno dei residenti cominciò a protestare, ma Amma lo trattenne con un gesto della mano. Voltandosi rapidamente verso questo devoto, disse: "Cosa ti succede? Amma non vuole che nessuno interferisca. Restate in silenzio fino alla fine della conversazione. Se pensate di non riuscirci, uscite dalla capanna".

Se solo lo *swami* avesse avuto gli occhi per vedere e il cuore capace di comprendere, gli sarebbe stato sufficiente osservare Amma per coglierne la grandezza, l'incrollabile pazienza e la profonda umiltà senza traccia di ego. Tutti segni innegabili di uno stato spirituale elevato, evidente in ogni parola e azione della Madre. Ma lo *swami* era troppo chiuso, troppo cieco. Il suo atteggiamento arrogante è ben descritto in questo celebre verso della *Bhagavad Gita*:

"Non conoscendo la Mia natura suprema di Grande Signore di tutti gli esseri, gli stolti Mi disprezzano quando assumo sembianze umane".

Gita 9, 11

Rivolgendosi al monaco, Amma disse sorridendo: "Amma non ha mai chiesto a nessuno di chiamarla Madre (Amma). Non ha mai fatto questa richiesta, ma poiché tutti la chiamano 'Madre', lei risponde chiamando tutti 'Figli'. Amma non si è mai curata di come la chiami la gente. I devoti e le persone spirituali la chiamano Amma, altri con il nome che le hanno dato i genitori. Gli atei e le persone che le sono ostili la indicano usando appellativi scortesi o irriverenti. Tutto questo non la tocca. Le persone vedono le cose secondo le loro *vasana*. La sorella di una persona è la figlia di un'altra e la cugina, la zia o l'amica di tante altre persone ancora. Quante nascite, quanti corpi, quanti grembi e quanti nomi e forme abbiamo avuto prima di arrivare alla vita attuale? Quante volte e per quante persone siamo stati padre, madre, fratello, sorella, parente o amico? Quindi non preoccuparti, figlio, questa cosa non ha nessuna importanza. Il corpo è mutevole e non è reale. Chiama questo corpo come vuoi. A *questo* (indicando se stessa) non interessa".

L'umore di Amma sembrò cambiare e si mise a parlare dal punto di vista di chi è un tutt'uno con l'Infinito: "*Questo* viene dall'Assoluto". Indicando di nuovo se stessa, disse: "*Questo* non aveva un corpo. *Questo* ha assunto una forma e si è manifestato in questo corpo. Alcuni lo chiamano Amma, altri Sudhamani, altri Amritanandamayi e altri ancora con nomi diversi. Ma *questo* rimane lo stesso, immutato, imperturbabile. Nessuno può svelare il mistero di questo Essere".

Lo *swami* sembrò essere toccato dalle parole incisive e dallo stato elevato di Amma. Impallidì, incapace di parlare. La forza delle parole della Madre e la profondità delle sue affermazioni, provenienti da altezze spirituali inimmaginabili in cui lei dimora, lo ammutolirono.

Fece del suo meglio per nascondere il suo stupore, ma dopo pochi istanti riprese a mostrare la sua arroganza e cercò di rimediare alla sciocchezza che aveva detto chiamando Amma 'figlia'. Mentre parlava, la sua voce era piatta e flebile. "Non m'interessa come tu mi chiami. Perché dovrebbe interessarmi? Io sono *Brahman*".

Questa ridicola affermazione provocò uno scoppio generale di risa. A ognuno dei presenti vennero in mente le parole di Amma: "Le persone egocentriche si comportano a volte come gli sciocchi".

In risposta alla sua affermazione, Amma disse semplicemente: "Anche un cane pazzo è *Brahman*, ma ha forse un briciolo di discernimento?". Poi chiuse gli occhi e rimase profondamente assorta per un po' di tempo. Quando tornò allo stato di coscienza ordinario, lo *swami* ripeté, come se nulla fosse successo: "Bene, puoi quindi fornire cibo e alloggio ai *sannyasi* e ai *brahmachari* che passeranno di qui durante la loro marcia di raccolta fondi?". Ridendo, Amma rispose: "Figlio, la tua richiesta è già stata accettata, ma è tua responsabilità trasmettere il messaggio in modo adeguato e appropriato. Puoi usare il tono che vuoi con Amma; lei è pronta a perdonare e a dimenticare, ma non ti puoi comportare così con gli altri. La gente e le organizzazioni danno molta importanza alle norme e ai regolamenti. Non puoi dire e fare quello che vuoi in una stazione di polizia: ci sono leggi e regole di comportamento da seguire, sia che tu ti trovi in una stazione di polizia, in un tribunale, in una chiesa o in un tempio. Devi attenerti alle norme di quel posto. Non ti puoi comportare seguendo i tuoi capricci e umori. L'istituzione da cui provieni ha sicuramente delle norme e dei regolamenti, non è così? E tu li rispetti, giusto? Non sai che ogni luogo ha il proprio *dharma*? Ogni cosa ha una sua natura. Come puoi pretendere che un luogo o qualsiasi altra cosa cambi la propria natura e si allontani dal suo *dharma*? Ti sembra giusto chiedere a qualcosa o a qualcuno di cambiare il suo corso naturale solo perché non ti piace come funziona? Non puoi chiedere a un commissariato di polizia di diventare un luogo di mercato, o pretendere che in un tempio vi sia la stessa atmosfera di un bar. Non puoi aspettarti che un ashram sia un hotel a cinque stelle. Ogni luogo funziona in un modo particolare, a seconda della sua natura, del suo *samskara*. Se viene snaturato, diventa qualcos'altro.

Questo è un ashram che ha le proprie regole. Amma è molto lieta di accogliere e prendersi cura di chiunque chieda ospitalità, e invita cordialmente tutti i partecipanti alla raccolta fondi a fermarsi da noi e condividere i pasti dell'ashram. Ci hai avvisato del loro arrivo e Amma è grata di averlo saputo in anticipo. Ma, figlio, questo è un ashram, non un hotel o una struttura che offre vitto e alloggio eccellenti. Non li puoi trovare qui. La semplicità e l'umiltà sono le qualità a cui si ispira un ashram e un vero aspirante spirituale. Non puoi aspettarti che ti si offra un menù di sette portate o un alloggio lussuoso. Se rimani qui, tutto quello che troverai sarà semplice. È sconveniente esigere i servizi che offre un hotel ed è contro il *dharma* di un ashram. Un ashram è un luogo in cui vivono i ricercatori spirituali, persone che si sforzano di condurre una vita di rinuncia. Chi ne è consapevole non si aspetterà di trovare alloggi raffinati perché sa che lo scopo principale di questo luogo è nutrire l'anima. In un ashram, nutrire il corpo è un'esigenza secondaria".

"So già tutto questo. Non ti ho detto che ho studiato il *Vedanta* per tre anni?" replicò lo *swami*.

Prendendolo gentilmente in giro, Amma ripeté quanto lo *swami* aveva detto: "So già... ho studiato il *Vedanta*... sono importante..." e poi lo ammonì: "Figlio, hai un 'io' così grande. Questo è il tuo problema: questo 'io' che ha studiato tanto e che tu continui ad alimentare. In tal modo l'io, l'ego, si espande sempre di più, mentre il tuo vero 'io' non riceve nessun nutrimento. Che peccato! Hai studiato le Scritture e adesso continui a ripetere come un pappagallo ciò che hai appreso senza coglierne il vero significato; anzi, non provi neppure a capirlo. Conosci questa storia?

Un uomo ricco aveva una magnifica collezione di uccelli rari che mostrava orgogliosamente a ogni suo ospite. Un giorno, mentre faceva vedere la voliera ad alcuni amici, uno di loro commentò: 'Ma non hai un pappagallo parlante!'. Non appena gli invitati se ne andarono, l'uomo andò in un negozio che vendeva animali domestici e domandò: 'Avete un pappagallo che parla?'. 'Certamente', ripose il commesso, mostrandogliene uno in una gabbia. 'Parla?' Il pappagallo stesso rispose: 'Non c'è alcun dubbio'. Pazzo di gioia, l'uomo comprò il pappagallo, senza fare attenzione al venditore che tentava di avvertirlo.

Ansioso di mostrare il suo nuovo acquisto alla persona che aveva fatto notare l'assenza di un pappagallo parlante nella sua collezione, l'uomo invitò nuovamente gli stessi amici. Vedendo il pappagallo, uno di loro chiese: 'Questo pappagallo parla?'. 'Non c'è alcun dubbio', rispose il pappagallo. Sorpreso dalla risposta, un altro amico chiese: 'Come ti chiami?'. Il pappagallo disse: 'Non c'è alcun dubbio' e continuò a ripetere 'Non c'è alcun dubbio' ad ogni domanda che gli veniva posta. Comprendendo che l'uccello sapeva dire solo quella frase, gli ospiti iniziarono a ridere e a prendere in giro il padrone di casa. Irritato e sdegnato, costui aprì la gabbia dicendo: 'Che sciocco sono!' e, mentre volava via, il pappagallo rispose: 'Non c'è alcun dubbio!'".

Tutti scoppiarono a ridere e lo *swami* si guardò attorno chiedendo: "Vi state prendendo gioco di me?". Dopo un attimo di silenzio, guardò Amma e le chiese: "I *sannyasi* devono rinunciare ai piaceri della vita?".

Amma scoppiò a ridere fragorosamente e poi disse: "Figlio, è grazie all'atteggiamento di rinuncia dei *sannyasi* e alla semplicità del loro modo di vivere che il resto del mondo può godere dei piaceri materiali. L'esistenza stessa del mondo dipende dall'energia spirituale generata dai sinceri *sadhak* con il loro *tapas*.

In ogni ambito della vita, gli errori di alcuni vengono rettificati da altri, consentendo così alla ruota dell'esistenza di compiere il suo giro. È così che la società funziona evitando una distruzione completa. Il male è sempre compensato dal bene, il vizio dalla virtù, gli insulti dagli elogi, la distruzione dalla creazione, il godimento e l'attaccamento dalla rinuncia, dall'astinenza e dal distacco. Mentre quelli che vivono nel mondo sperperano la loro energia negli eccessi e nella ricerca del piacere, i ricercatori spirituali conservano la propria energia astenendosi dall'indulgere nei piaceri e dallo sviluppare un attaccamento esagerato. Da un lato tutte le energie sono dissipate, dall'altro sono conservate. Economizzare permette di spendere. Come si può spendere se non si dispone di nessun risparmio? Il *tapasvi*, il ricercatore spirituale che pratica austerità e conserva la sua energia, si trasforma, grazie alle rigorose pratiche spirituali, in una sorgente inesauribile di forza spirituale. Diviene una fonte infinita di energia. Per contro, coloro che si dedicano solo ai piaceri del mondo hanno aspettative, sogni e speranze infinite e costruiscono castelli in aria, consumano tutte le loro energie e alla fine crollano. A chi si rivolgono a quel punto?

Chi li può aiutare a riacquistare la loro energia e vitalità? Il loro unico sostegno è una persona spirituale che ha accumulato una vasta quantità di energia e può permettersi di dare in abbondanza attingendo alle sue infinite riserve. Costui conserva l'energia per il bene degli altri, per il bene del mondo e aiuta chi ha bisogno".

Dopo una breve pausa, la Madre continuò:

"Un *sannyasi* è colui che, avendo rinunciato a ogni attaccamento, è sempre pieno di beatitudine in tutte le circostanze. È al di sopra di ogni cosa. Ha immensa pazienza, tolleranza, perseveranza e capacità di perdonare. Dimorando nel proprio Sé, non è influenzato dal tempo e dallo spazio e trova la felicità dentro di sé. Potrebbe dimorare nel peggiore degli inferni ed essere tuttavia felice, oppure vivere in una foresta popolata da bestie feroci senza perdere la beatitudine.

Non hai studiato il *Ramayana*? Rama rinunciò a tutto il suo regno con il sorriso sulle labbra, senza provare alcun sentimento di odio o rabbia verso le persone che avevano complottato contro di lui. La notte in cui lasciarono Ayodhya, Rama, Sita e Lakshmana dovettero dormire all'aperto senza alcun riparo: ciò nonostante, Rama non ebbe alcun problema a dormire sulla nuda terra, anzi, fu l'unico a dormire come un ghiro. Lakshmana e Sita erano così inquieti che non riuscirono a chiudere occhio. Rama era un vero *sannyasi*. Ricorda che, prima di partire in esilio, Rama era un principe e poteva concedersi ogni lusso, ma non ebbe nessuna difficoltà a rinunciare ai piaceri regali e accettare una situazione estremamente penosa. Riusciresti a fare lo stesso? Hai domandato se un *sannyasi* può godersi la vita. Certamente, perché no? Ma la tua mente è abbastanza matura, hai sufficiente distacco per essere in grado di rinunciare a tutto in ogni momento e di accettare e abbracciare ad ogni istante tutti gli imprevisti? Se la risposta è sì, allora puoi davvero apprezzare i piaceri della vita.

Figlio, questa non è la prima volta che un *sannyasi* visita l'ashram. Molti *sannyasi* e persone spirituali sono venute qui. I figli che vivono qui li hanno sempre serviti e hanno provveduto ai loro bisogni, sono felici di servire gli ospiti e provano grande riverenza per i *sannyasi*. Rispettano la veste color ocra. Ma il tuo modo di fare è strano e inaudito per un *sannyasi*, e ha confuso la loro mente. Non sono anime perfette, si aspettano che persone come te diano il buon esempio e hanno bisogno di suggerimenti ed esperienze che li aiutino a crescere interiormente. Il tuo comportamento insolito e le tue parole egoiste li hanno sconvolti. L'abito color ocra che porti dovrebbe ricordarti di praticare l'umiltà e la pazienza in ogni tua azione e parola. Se la gente non vede in te queste qualità, ti ignorerà e ti riterrà inadatto alla vita spirituale".

Visibilmente agitato, lo *swami* rimase in completo silenzio. Amma chiuse gli occhi e rimase assorta per un po' nel suo mondo interiore. Per la vergogna, lo *swami* era seduto con la testa china e guardava per terra; ma ogni tanto alzava leggermente il capo per guardare il volto radioso di Amma, forse attratto dalla beatitudine, dallo stato estatico in cui lei dimora. Infine Amma aprì gli occhi. Come se avesse compreso quello che lo *swami* stava provando, come se sapesse della lotta interiore con il suo ego, gli sorrise amorevolmente e riprese a parlare.

"Figlio, una volta che un seme è divenuto un albero possente carico di frutti, non ha bisogno di proclamare al mondo: 'Guardatemi, guardatemi tutti! Sono un albero magnifico, pieno di frutti. Venite, venite! Riposatevi all'ombra dei miei rami, godete la fresca brezza che soffia attraverso le mie fronde, gustate i miei frutti deliziosi!'. Senza nessuna pubblicità, la gente accorrerà numerosa per godere l'ombra dell'albero, trovare ristoro nella brezza e assaporarne i frutti. Ma proprio come è necessario che il guscio si rompa perché possa spuntare il germoglio, così bisogna uscire dal duro guscio dell'ego. Proprio come il seme sprofonda nella terra per poter crescere e diventare un giorno un albero, così, se vuoi evolvere e realizzare il tuo Sé divino, devi inchinarti davanti all'esistenza intera in assoluta umiltà.

Prendi un fiore, ad esempio. Quando è un bocciolo, il colore incantevole dei suoi petali e il suo dolce profumo rimangono nascosti; nessuno può ammirarli. Sono potenzialmente presenti nel fiore, anche se non ancora manifesti, giacciono dormienti. Quando il fiore si apre, il bel colore dei petali diventa visibile e la sua fragranza si diffonde nell'aria. Allo stesso modo, la divinità è in te. Tu sei il Divino non ancora manifesto. La bellezza eterna e la fragranza divina esistono potenzialmente dentro di te ma, come un bocciolo, il tuo cuore è attualmente chiuso dalla tua vanagloria. Ecco perché non hai ancora compreso che esisti nella Coscienza divina. Attraverso le pratiche spirituali, un giorno i petali del tuo cuore si apriranno e allora realizzerai la tua identità con la Coscienza suprema.

La foto di una mucca non ti fornirà del latte da bere e il disegno di un fiume non placherà mai la tua sete. Allo stesso modo, non potrai mai fare l'esperienza dell'*Atman* leggendo le Scritture. Studiarle è come utilizzare una mappa per trovare il giusto cammino. Bisogna vedere se hai capito bene le indicazioni. Se le fraintendi, potresti cadere in errore. Per quanto riguarda il *Vedanta*, la probabilità di un'interpretazione errata è molto superiore a quella di un'interpretazione corretta. Il più delle volte, lo studio del *Vedanta* porta soltanto a gonfiare l'ego. Non è possibile cogliere il vero significato delle *Sruti*, dei *Veda* e delle *Upanishad* senza avere prima rimosso l'ego. L'unico consiglio che Amma può darti è di cominciare a intraprendere delle pratiche spirituali, mettendo da parte la vanità di essere un grande studioso; altrimenti perderai il tuo tempo. Man mano che progredirai nelle pratiche spirituali, comprenderai la verità delle parole di Amma.

Un'ultima cosa: Amma sa che non sei stato iniziato all'ordine dei *sannyasi* e che hai indossato le vesti color ocra di tua iniziativa".

Le parole di Amma colpirono lo *swami* come un fulmine. Era chiaramente troppo sconvolto per parlare e rimase seduto a lungo senza dire una parola. Stava riflettendo sulle parole di Amma? Si era reso conto del suo comportamento sciocco con la Madre e con gli altri? Provava vergogna? Tutti erano in totale silenzio, aspettando di vedere cosa sarebbe successo. Senza dire una parola, lo *swami* si alzò e se ne andò.

Anche se i residenti dell'ashram non lo rividero più, ricevettero la conferma che costui non aveva ricevuto l'iniziazione come *brahmachari* e che non era assolutamente un *sannyasi*. Questa notizia non sorprese nessuno. Si venne anche a sapere che aveva smesso di viaggiare e di tenere discorsi per ritirarsi in solitudine e praticare la *sadhana*. Quindi la Madre aveva forse avuto su di lui un impatto maggiore di quanto si fossero immaginati tutti nell'ashram. Sebbene la sua costante arroganza avesse irritato e persino fatto arrabbiare le persone, tutti provarono simpatia per lui quando appresero queste notizie.

Dopo la partenza dello *swami*, Amma si rivolse ai *brahmachari* e disse: "Figli, quel figlio era proprio arrogante, ma potete imparare molto da lui. Ricordando i sentimenti che vi ha suscitato, cercate di non comportarvi mai con superbia. Anche quando un giorno avrete studiato le Scritture e la gente vi mostrerà rispetto, non allontanatevi mai dal sentiero della rinuncia e dell'umiltà. Non dovreste mai considerare gli altri inferiori e pretendere che vi servano e vi rispettino". Dopo una breve pausa, Amma continuò: "Le vostre menti sono agitate, non è vero? Cerchiamo di ritrovare la calma prima di parlare ancora o di fare qualsiasi cosa". Chiese quindi a *brahmachari* Pai di cantare un *bhajan*. Il *brahmachari* intonò *Verumoru Pulkkodi*.

Verumoru Pulkkodi

Madre, non sono che un semplice filo d'erba.
Non sono nulla senza la tua Grazia.
O Madre di luce dorata,
effondi la Tua compassione su di me.
Non sono che una forma costituita dall'ego
e dalla Tua potente maya.
Ti prego, Madre, liberami dai miei peccati,
e vieni a dimorare nel mio cuore.

Il canto toccò profondamente il cuore di tutti. Ascoltando attentamente le sue parole, i *brahmachari* rifletterono sulla propria insignificanza e sul fatto che ciò che erano riusciti a compiere nella vita era frutto della Grazia della Madre. Amma non cantò. Era seduta con gli occhi chiusi, immobile. Quando il canto terminò, ci fu un lungo e profondo silenzio che nessuno desiderava rompere. Passarono alcuni minuti prima che Amma aprisse gli occhi e sorridesse guardando i presenti. Il suo sorriso incantevole rivelava la sua natura: nulla poteva colpirla o turbarla. Come potrebbe la Madre, costantemente radicata nel suo Sé, essere disturbata da qualcosa?

L'amore di una madre

Sabato 21 luglio 1984

Sebbene lo *swami* fosse partito il giorno prima, la sua visita era ancora presente nella mente di tutti. Il suo comportamento era stato così memorabile che i residenti dell'ashram l'avrebbero ricordato per mesi, addirittura anni.

Amma aveva terminato per quel giorno il *darshan* ed era seduta nel boschetto delle palme da cocco, circondata dai residenti e da qualche visitatore. Uno dei *brahmachari* colse l'occasione per porle una domanda che riguardava lo *swami*: "Amma, come hai fatto a rimanere così paziente e calma di fronte all'arroganza dello *swami*? La mancanza di rispetto che ti ha dimostrato mi ha infuriato e penso che tutti si siano sentiti così".

La Madre rispose: "Come Amma può arrabbiarsi con uno dei suoi figli solo perché è un po' testardo e birichino? Amma ha provato solo compassione per lui. Anche se non lo sa, anche lui è uno dei figli di Amma. A volte un bambino scalcia e colpisce la mamma e capita anche che le dica brutte parole, ma la madre sopporta pazientemente. Non reagisce né lo colpisce a sua volta, sa che il bambino è ignorante e privo di discernimento. A volte, mentre lo allatta al seno, il piccolo la morde. Come reagisce la madre? Non lo stacca dal seno e non monta in collera né punisce il bambino per ciò che ha fatto. Sopporta il dolore e continua ad allattarlo con amore. Grazie alla compassione e all'amore che nutre per lui, la madre si mostra paziente e comprensiva.

Quando sei mamma, non puoi fare a meno di amare i tuoi figli. Puoi solo provare compassione, puoi solo perdonare e dimenticare. È per questo che tutto ciò che rivela le qualità dell'amore e della pazienza viene chiamato 'madre'.

Chiamiamo la Terra 'nostra Madre Terra'. Perché? Per la sua pazienza. Gli esseri umani sono crudeli con la Terra, non provano alcun interesse né amore nei suoi confronti e la sfruttano malgrado i suoi meravigliosi doni. Ciò nonostante la Terra sopporta pazientemente e benedice l'umanità accordandole immensa prosperità e ricchezza. Così, chiamiamo la Terra 'Madre Terra' e la natura 'Madre Natura'. I fiumi che scorrono sulla faccia della Terra, in particolare il fiume Gange, sono una grande benedizione per il genere umano. Anch'essi sono nostra madre, eppure rechiamo loro molto danno, li sfruttiamo e li inquiniamo; malgrado ciò, sono pazienti e amorevoli nei nostri confronti. Allo stesso modo, l'oceano continua a benedirci con le sue risorse e la sua immensa ricchezza, nonostante le nostre azioni scellerate. L'oceano si comporta dunque come una madre con noi. In India, anche la mucca è considerata una madre. Migliaia di mucche vengono uccise in tutto il mondo da uomini malvagi e avidi, eppure non smettono di darci il latte. E Dio è la più grande di tutte le madri perché è Lui, il Principio sia maschile che femminile, che governa l'intero universo. Grazie al Suo totale amore e alla Sua compassione per noi esseri umani, il Signore ispira e istruisce tutte le creature della terra a essere pazienti e misericordiosi con l'umanità, anche se noi non ricambiamo l'amore ricevuto.

Ecco perché, figli, Amma non può andare in collera con nessuno in quanto tutti sono figli suoi. Amma non vede differenze, percepisce tutto come il suo stesso Sé, un'estensione di se stessa in diverse forme.

Figli, il comportamento egocentrico di questo figlio non dovrebbe suscitare in voi disagio né collera né turbamento. La collera è estremamente distruttiva. Se osservate un uomo irascibile, noterete che per la maggior parte del tempo è arrabbiato. A volte l'ira è più evidente, ma dentro di lui è sempre in ebollizione, impedendogli di vedere e apprezzare i lati positivi degli altri. Anche se qualcuno compie un buon lavoro, un tale individuo non è capace di congratularsi con lui. Essendo chiuso e rigido, non può mostrare né esprimere amore. Non riesce nemmeno a mostrarsi amichevole. Alla minima occasione, ha uno scatto d'ira. Anche le persone gelose si comportano in modo simile, sempre pronte a trovare un pretesto che giustifichi la loro gelosia, sebbene infondata. Se non ci sono motivi per essere gelosi o arrabbiati, ne creeranno uno loro, anche futile.

Un marito collerico o una moglie gelosa possono distruggere l'armonia della famiglia e anche la vita dei figli. Il veleno della loro collera o gelosia contaminerà chi si relaziona con loro. I litigi e il sospetto sono le caratteristiche di queste persone. Ascoltate questa storia:

Una moglie era così sospettosa del marito che litigava con lui ogni giorno. Non appena lui tornava dal lavoro, frugava nelle tasche dei pantaloni e nel taschino della camicia, ispezionava attentamente tutti i suoi indumenti e li annusava. Ogni giorno lo guardava dritto negli occhi per capire se provava timore o aveva la coscienza sporca. Leggeva ogni pagina dell'agenda del marito e, quando le capitava di trovare un nuovo numero di telefono o un capello lungo sulla sua camicia, gli chiedeva subito, insospettita, a chi appartenesse il nuovo numero di telefono o il capello. Tale comportamento scatenava un litigio con accuse, urla e pianti. Queste scenate finirono per diventare quotidiane.

Un giorno la donna non trovò nulla sugli abiti del marito, nemmeno un capello. Continuò a cercare a lungo, senza risultato. Alla fine crollò e scoppiò a piangere. Il marito chiese: 'Beh, perché piangi oggi? Non hai trovato nemmeno un capello sul mio cappotto!'. Tra le lacrime, la moglie rispose: 'Ora te lo dico. Piango perché ho capito che hai iniziato una relazione con una donna calva. Sapevo che sarebbe successo!'".

Vi fu un'esplosione di risate e anche Amma si unì alle risate dei devoti.

Lo studio delle Scritture

Un capofamiglia che abitava nell'ashram disse: "Amma, se studiare le Scritture è capace di generare così tanto ego e collera in una persona, non le voglio studiare. Non voglio fare del male alla società covando dentro di me la collera".

Amma rispose:

"Non è lo studio delle Scritture a ingrandire il tuo ego. È una loro comprensione errata. Lo studio dei testi sacri non è una mera raccolta di concetti che riguardano l'*Atman* o il Sé. Non è possibile ottenere informazioni su qualcosa che è oltre le parole, trascende la mente ed è incomprensibile. Si possono acquisire nozioni su persone, oggetti, luoghi o sull'esercizio di attività quali programmare un computer, che sono il prodotto della mente umana. Ma non è possibile raccogliere informazioni sulla Coscienza. Potete comprendere la Pura Coscienza solo se rinunciate all'intelletto e alla ragione. Lo studio delle Scritture deve aiutarvi a lasciar andare l'ego e ad andare oltre le spiegazioni e le interpretazioni, in modo che capiate quanto le parole siano incapaci di spiegare appieno questo stato. Il loro studio serve a darvi un'idea della spiritualità e vi illustra i benefici della vita spirituale. Le Scritture contengono solo spiegazioni e conclusioni. Ricordate però che tutte le loro dichiarazioni e affermazioni sono state fatte da persone che avevano trasceso l'ego. Per conoscere la verità delle affermazioni delle Scritture bisogna abbandonare l'ego.

Le informazioni e la conoscenza impediscono alla mente di percepire la Verità. La mente e il flusso dei pensieri sono un ostacolo a una reale esperienza. Immagina di voler fare esperienza della bellezza di un fiore. Per riuscirci, devi porre fine alle tue interpretazioni mentali e guardare semplicemente il fiore, cogliendone la bellezza. Allo stesso modo, il significato reale delle Scritture si rivela solo nel silenzio della mente; solo allora è possibile acquisire la vera e completa conoscenza di quei testi. La vera comprensione avviene quando si riesce a fermare la mente dal suo continuo giudicare. Non pensare che lo studio delle Scritture sia superiore a ogni altra cosa. Il loro studio dev'essere accompagnato dalle pratiche spirituali. Non è possibile spiegare o interpretare la Verità. La Verità è un'esperienza. Se si coltiva questo atteggiamento, non si corre nessun pericolo nello studiare i testi sacri. Studiali, ma cerca al tempo stesso di restare ignorante come un bambino. Solo allora crescerai interiormente".

Dopo un breve silenzio, Amma chiese: "Conoscete questa storia? C'era una volta un *Mahatma* che, dopo aver accettato un giovane come suo discepolo, gli disse di scrivere tutto quello che sapeva sulla vita spirituale. Il *Mahatma* gli disse: 'Cerca di scrivere tutto quello che sai sulla religione e sulla spiritualità. Questo sarà per te un ottimo esercizio'. Ubbidiente, il discepolo fece come gli era stato chiesto. Gli occorse più di un anno per terminare quel compito e appena lo finì si presentò al Maestro con un grosso volume sottobraccio. Mentre consegnava il libro, il discepolo disse: 'Mi sono impegnato a fondo per un anno intero, cercando di scrivere tutto quello che mi veniva in mente sulla spiritualità e sulla religione. Il mio lavoro è lungi dall'essere completo, ma ho pensato che sarebbe stato bene mostrarti ciò che ho fatto finora'.

Il maestro diede una scorsa al mucchio di pagine e disse: 'Vedo che hai lavorato molto. La tua esposizione è convincente, chiara e precisa, ma è troppo lunga. Prova a vedere se riesci a sintetizzare'. Il giovane si allontanò e lavorò sul testo per i successivi cinque anni. Quando ritornò, il libro era la metà di quello precedente. Il Guru lo lesse e per incoraggiarlo disse: 'Molto bene. Hai incluso i concetti fondamentali e sei entrato nel cuore della questione. La tua esposizione è chiara e rigorosa, ma è ancora troppo lunga. Cerca di ridurre lo scritto ancora un po' in modo da raggiungere la vera essenza'.

Sebbene un po' triste nel sentire queste parole, il discepolo accettò il suggerimento del Guru e riprese a lavorare sodo e a lungo per cogliere l'essenza. Questa volta impiegò dieci anni e quando ritornò dal Maestro si inchinò profondamente e offrì in tutta umiltà cinque pagine dicendo: 'Questa è la quintessenza della mia conoscenza spirituale, il cuore della mia vita. Queste pagine racchiudono la mia ragione di vita, quello che la religione significa per me. Ti sono infinitamente grato per avermi dato questo insegnamento'.

Questa volta il maestro lesse attentamente tutto il documento. 'Eccellente!', esclamò, 'Sei arrivato a questo livello attraverso un duro lavoro spirituale, ma non è ancora del tutto perfetto. Manca la spiegazione conclusiva'.

Passarono anni, e un giorno, mentre il Guru si stava preparando a lasciare il corpo, il discepolo arrivò. Inchinandosi di fronte al Maestro, gli porse un unico foglio bianco e chiese la sua benedizione. Felice, il Maestro pose le mani sul suo capo e gli accordò la grazia suprema della Realizzazione dicendo: 'Ora hai veramente capito. Adesso sai'. Il discepolo sedette in silenzio ai piedi del Guru che stava per abbandonare questo involucro mortale e intraprendere il suo viaggio verso la dimora finale".

Dopo qualche istante di silenzio, Amma disse: "Figli, solo l'atteggiamento 'Io non sono nulla, io non so nulla' vi aiuterà a conseguire lo stato ultimo e ad attrarre la grazia del Guru. Accostatevi alle Scritture con questo atteggiamento e le comprenderete. E anche dopo averle studiate, cercate di mantenere questo atteggiamento: 'Non ho studiato nulla; non so nulla'. L'esserne convinti vi permetterà di raggiungere la meta. Sforzatevi di conservare l'innocenza di un bambino nella vostra vita e imparerete veramente. Studiate le Scritture con questo atteggiamento".

Capitolo 3

La gemma onnisciente

Lunedì 20 agosto 1984

Gli inizi dell'ashram furono un periodo speciale per tutti quelli che ebbero la fortuna di poter stare vicino alla Madre. Per il primo gruppo di *brahmachari* fu un'epoca ricca di esperienze uniche e toccanti, custodite nel profondo del cuore assieme a ricordi indimenticabili. Folli d'amore per lei, questi giovani esprimevano il loro struggimento nei canti che componevano e cantavano con grande fervore. Allo stesso tempo, però, molti ostacoli impedivano loro di avere con Amma quella vicinanza tanto desiderata. L'opposizione dei genitori di Amma verso i *brahmachari* intensificava il loro desiderio di stare alla sua presenza. Pertanto, tutte le loro composizioni erano piene di significato ed esprimevano l'anelito del loro cuore.

All'inizio i genitori di Amma pensavano che la figlia Sudhamani (il nome che avevano dato ad Amma) fosse momentaneamente impazzita. Si preoccupavano della reputazione della famiglia e di quello che avrebbe potuto dire la gente perché avevano intenzione di accasarla un giorno e, quindi, questi ragazzi che volevano sempre stare con Amma, li allarmavano. Ritenevano che i devoti e i *brahmachari* dovessero presentarsi solo nei giorni del *Bhava Darshan* e insistevano affinché andassero via subito dopo la fine del darshan. Non appena i genitori di Amma vedevano i *brahmachari* vicino alla figlia, si inquietavano e cercavano in tutti i modi di allontanarli. A volte li mandavano a casa senza nemmeno permettere loro di vederla.

Mentre il comportamento dei genitori era dettato dalla preoccupazione di preservare l'onore della famiglia, alcuni devoti più anziani cercavano di allontanare i *brahmachari* per gelosia, temendo che l'amore di Amma sarebbe diminuito se questi giovani le fossero sempre rimasti vicini. Alla fine diventò così difficile per i *brahmachari* aprire il loro cuore alla presenza di Amma che scrissero canti in cui esprimevano la loro amarezza. Il seguente canto dà un'idea della profondità della loro sofferenza.

Karuna Nir Kadale

O Madre,
Oceano di misericordia;
se non mostri compassione verso di me,
chi altri mi offrirà rifugio?

O Madre,
il mio cuore resta sempre in Tua attesa.
Anche questo giorno passerà invano?
Anche questo giorno passerà invano?

Fa' che questa mia nascita trovi compimento.
Fa' che possa venire lambito dalle fresche acque del Risveglio,
rimuovi la mia coscienza corporea
e fa' che mi dissolva nella luce del Tuo sorriso soave.

O Madre compassionevole,
se infine perirò
senza avere ottenuto la Tua visione,
le generazioni future concluderanno
che la Tua compassione è inutile.

Con il tempo, i genitori di Amma e i devoti finirono per capire meglio lo stato di coscienza trascendente di Amma e, gradualmente, iniziarono ad accettare la presenza dei *brahmachari*. Ma questo non placò il desiderio dei *brahmachari* di esprimere nei canti la loro più profonda aspirazione.

Il numero dei ricercatori spirituali che giungevano da Amma aumentò e i suoi genitori si resero conto che occorreva più spazio per ospitare i visitatori e acquistarono così dell'altro terreno. La famiglia si trasferì in una casa che sorgeva su un vicino appezzamento e la vecchia abitazione della famiglia di Amma, composta da due piccole camere da letto, un soggiorno, una cucina e un ripostiglio, venne intestata all'ashram. La camera vicino al soggiorno fu adibita a biblioteca. Quel mattino i *brahmachari* Balu e Srikumar si trovavano in biblioteca a comporre la musica di un canto. Era ormai tradizione cantare ad Amma un *bhajan* inedito durante il *Devi Bhava* e quasi sempre le veniva offerto un nuovo canto in quella notte.

Srikumar era all'armonium, mentre Balu cercava di comporre la melodia. Avevano finito il ritornello e stavano cercando d'impararlo a memoria quando Amma entrò inaspettatamente nella stanza. Restò ferma per qualche minuto e poi, quando capì cosa stessero facendo, assunse improvvisamente il comportamento di una bambina. Piena di eccitazione e innocenza esclamò: "Ehi, state scrivendo un nuovo canto senza chiamarmi?", e mentre parlava iniziò a pestare i piedi per terra come una bimba cocciuta. I *brahmachari* si scambiarono uno sguardo e sorrisero, divertiti dal suo *bala bhava* (stato d'animo infantile). Come per placare la collera di una bambina, risposero: "Ma Amma, abbiamo appena iniziato, siamo riusciti a comporre solo la musica del ritornello!". Completamente identificata con l'umore di una bimba, Amma ripeteva: "No, no, non vi credo! Avete fatto apposta a non chiamarmi! Non parlerò più con voi! Non parlerò più con voi!". Mentre continuava a ripetere queste parole, si sedette a terra e poi si sdraiò senza più aprire bocca.

Sebbene nel loro cuore sapessero che tutto questo non era che un gioco divino, poiché Amma è l'incarnazione del distacco, i due giovani cominciarono a impensierirsi e a rattristarsi. All'unisono chiamarono: "Amma... Amma... Amma...", senza alcun risultato. Le promisero che non avrebbero mai più fatto una cosa del genere, ma le loro suppliche e appelli non ebbero alcun effetto e così finirono per tacere. Allora Amma si alzò e cominciò a tirarli per un braccio e a spintonarli. Prese dalle mani di Balu il foglio con il canto, gettò il giovane a terra e poi si mise a cantare il *bhajan*. Con loro grande sorpresa, la Madre cantò la melodia del ritornello proprio come l'avevano composta. Non solo, iniziò a cantare il primo verso e poi un altro fino alla fine su una magnifica melodia, in perfetta armonia con il ritornello.

In pochi minuti aveva compiuto ciò che Balu e Srikumar stavano cercando di fare da tanto tempo. Il nome del canto è *Idamilla Tala Yunna*.

Idamilla Tala Yunna

In questo mondo sono un viandante
senza dimora né un tetto dove trovare riparo.
O Madre, dammi rifugio
e conducimi a Te.
Non lasciare che venga trascinato nelle acque profonde,
tendimi la mano e conducimi a riva.

Come burro versato nel fuoco,
la mia mente sta bruciando in questo mondo.
Se un uccello dovesse cadere,
la terra sarà pronta a riceverlo,
ma io non ho nessuno che mi accolga.
Tu sola sei il mio sostegno.

*O Madre,
ardo dal desiderio di giungere ai Tuoi Piedi di loto.
Non ho recitato il Tuo nome?
Non avrei mai pensato
che avresti abbandonato questo bimbo innocente.
Avevo torto?
Non lo so, Madre.*

*Benedicimi accordandomi la visione dei Tuoi piedi.
Mi struggo dal desiderio di potermici accostare.
O Madre dell'universo, non merito almeno questo?
Dimmi, quando la Tua presenza illuminerà la mia mente?*

Come tantissimi altri episodi avvenuti con la Madre, anche questo convalida la seguente affermazione delle *Upanishad*: "Quella conoscenza attraverso cui ogni cosa è conosciuta". Il Guru è infinito. Anche la sua conoscenza è infinita. Un celebre verso esalta la gloria del Guru dichiarando: "Non occorre studiare ogni ramo della conoscenza poiché l'intera conoscenza e il suo significato si rivelano spontaneamente quando si ottiene la grazia del Guru. Mi inchino umilmente ai piedi del Guru".

In quel periodo, Balu ebbe un'altra esperienza che illustra molto bene tale verità. Il giovane desiderava ardentemente suonare l'armonium per accompagnare i suoi canti perché aveva la sensazione che avrebbe potuto immergersi più profondamente nella devozione e nell'amore. Fece diversi tentativi, ma riuscì soltanto a imparare a suonare la scala maggiore e quella minore. Una mattina, mentre era seduto nel tempio e stava esercitandosi all'armonium, Amma si diresse verso di lui e gli disse: "Ti insegnerò io". Si sedette vicino al giovane e, come una maestra che insegna a scrivere l'alfabeto a un bambino, tenne affettuosamente le dita di Balu tra le sue e poi le premette sui tasti dello strumento. Dopodiché si alzò dicendo: "È sufficiente".

Balu pensò che si trattasse di un'altra delle sue burla, un altro episodio incantevole con la Madre. Non avrebbe mai immaginato che la sua unica "lezione", durata solo pochi minuti, avrebbe fatto miracoli. Il giorno dopo Balu sentì l'ispirazione di comporre un canto. Mentre scriveva le parole, la melodia apparve nella sua mente. Quando terminò, provò il vivo desiderio di suonarlo all'armonium. Aveva come la sensazione che qualcuno gli dicesse di suonare. Portò lo strumento nella sua stanza, si sedette e iniziò a suonarlo. Sbalordito, Balu scoprì che stava producendo spontaneamente le note giuste. Non poteva credere che tale abilità si fosse sviluppata in così breve tempo, sapeva che era la grazia di Amma a fluire nelle sue dita. La benedizione divina di Amma gli aveva permesso di suonare, soddisfacendo così un suo ardente desiderio. E a partire da quel giorno fu in grado di accompagnare i canti all'armonium.

Ecco il *bhajan* che Balu scrisse, il primo che suonò all'armonium.

Nilambuja Nayane

O Madre dagli occhi di loto blu,
non presterai ascolto al pianto di questo cuore afflitto?
Se adesso erro solitario in questo mondo
è a causa delle azioni commesse nelle nascite precedenti?
Prima di nascere in questo corpo ho attraversato tante ere.

Ti prego, attirami a Te, tra le Tue braccia materne.
Lascia che come un bimbo mi accoccoli sul Tuo grembo.
Madre, forse non Ti merito,
ma è questo un motivo per abbandonare Tuo figlio?
Vieni e tienimi stretto a Te.
Avvolgimi con il Tuo sguardo compassionevole.

La teoria del karma

Mercoledì 22 agosto 1984

Un pomeriggio, un gruppo di uomini e donne istruiti che si riunivano regolarmente per il *satsang*, vennero a far visita ad Amma. Erano tutti seduti intorno a lei nella capanna. Uno di loro chiese: "Amma, la scienza della spiritualità si basa sulla teoria del karma. Crediamo che ognuno raccoglierà prima o poi i frutti delle sue azioni, ma non è facile capire fino in fondo questa teoria. Amma, puoi parlarci del karma e di come funziona?".

"Figlio", rispose Amma, "prima di tutto devi tenere a mente che la teoria del karma è un mistero e come tale non è semplice da comprendere. Possiamo darne infinite spiegazioni che non cambieranno nulla: il karma resterà sempre un mistero. Questa teoria non si presta ad analisi intellettuali e non la si può dimostrare in laboratorio usando strumenti scientifici.

Puoi ascoltare e parlare del karma per giornate intere senza riuscire a coglierne l'essenza. Fare o ascoltare discorsi intellettualmente convincenti è come prendere una droga, rischiamo di sviluppare una dipendenza; può diventare un'abitudine. Stai dunque molto attento.

Figli, analizzare la legge del karma non è poi così importante. Ciò che conta è uscire, andare oltre il ciclo del karma, causato dall'ignoranza.

Esiste un'altra difficoltà quando cerchiamo di spiegare correttamente la legge del karma. Le azioni negative commesse in passato non portano immediatamente frutto e lo stesso accade con le buone azioni. Potremmo incontrare qualcuno senza nessuna buona qualità che conduce una vita apparentemente felice e poi una brava persona che soffre senza una ragione apparente. Questo sembra contraddire la legge del karma e potreste anche arrivare a pensare che essa non esiste. Per coglierne il significato, bisogna esaminarla e valutarla da una prospettiva più alta, da un livello superiore di coscienza, altrimenti rischiereste di schernirla e ignorarla, ritenendola una sciocchezza che non ha senso. Per elevarsi e considerare la legge del karma da un livello superiore di coscienza, è necessario compiere pratiche spirituali e avere fede. Il metro di riferimento non è l'intelletto ma il cuore.

Potete sollevare innumerevoli obiezioni contro la legge del karma e discuterne all'infinito, potete persino riuscire a provare che è pura invenzione. Ciò nonostante, continuerà a influenzare la vostra vita. Siete sotto il suo controllo. Per contro, potete dimostrare che essa esiste citando avvenimenti ed esperienze. Ma l'avete davvero compresa? No.

Uno scettico non crede nella teoria del karma. Forse crede alla legge di causa-effetto in quanto teoria scientifica, ma non come fede religiosa. Per esempio, i suoi genitori sono la causa e lui è l'effetto; il sole è la causa e la luce è l'effetto. La sua fede nella teoria di causa-effetto si basa solo sugli oggetti che può percepire, sui fatti. Costui crede esclusivamente in ciò che è manifesto, non confida nell'Assoluto, in quello che non è visibile ai suoi occhi. Avere fede nella teoria del karma significa credere alla mano invisibile di Dio, credere che il potere nascosto di Dio è la causa di ciò che è manifesto.

Qual è l'origine di questa esistenza, di questo stato attualmente manifesto? Potreste rispondere che le *vasana* della vostra nascita precedente sono la causa della vostra vita attuale, ma né la vostra precedente incarnazione né le *vasana* ad essa correlate sono fatti visibili; sono semplici supposizioni basate sulla fede. Così, prima di fare questa affermazione è necessario credere in una vita passata e in una precedente. E di nuovo, dopo questa vita ce ne sarà un'altra e, dopo quella, tante altre ancora. Così la catena continua. Eppure non ricordiamo le nostre vite precedenti né siamo in grado di predire quelle future. Quindi cos'è dunque tutto questo se non pura fede? A meno che non si consideri la legge del karma partendo da un livello superiore di coscienza, è impossibile accettarla. Ecco perché Amma ha detto che è una pura questione di fede.

Tutta la vita si muove ciclicamente, l'intero universo è ciclico. Come la Terra compie ogni anno, ciclicamente, un'orbita intorno al Sole, così anche la Natura si muove seguendo uno schema ciclico. Le stagioni si susseguono in modo ciclico: primavera, estate, autunno, inverno e poi di nuovo la primavera e così via. Dal seme nascerà il futuro albero che produrrà a sua volta dei semi che, germogliando, diventeranno una pianta. È un cerchio. La stessa cosa accade con le fasi della vita: nascita, infanzia, giovinezza, vecchiaia, morte e di nuovo nascita. È un cerchio continuo. Il tempo scorre ciclicamente, non lungo una linea retta. Il karma e i suoi risultati verranno inevitabilmente sperimentati da ogni essere vivente finché non cessano i moti della mente e si trova appagamento nel proprio Sé.

I cicli si ripetono all'infinito come azione e reazione. Il tempo scorre ciclicamente, ma gli avvenimenti non accadono esattamente nello stesso modo. È piuttosto il *jivatman* (il sé individuale) che assume molteplici forme a seconda delle sue *vasana*. Le reazioni sono i risultati delle azioni compiute in passato e questo processo prosegue all'infinito. La morte non è la fine di tutto, ma l'inizio di un'altra vita. Man mano che gira la ruota della vita, le azioni del passato portano i loro frutti. Non possiamo sapere quando comparirà il frutto, come sarà e come arriverà. È un mistero noto solo al Creatore. Se avrete fede ci crederete, altrimenti lo negherete. Che ci crediate o no, i frutti maturano comunque, la legge del karma è all'opera. Ma non cercate di analizzare come o quando, perché il ciclo karmico è misterioso quanto Dio. Anche il karma non ha un inizio, ma termina quando una persona si libera dall'ego, realizzando il Sé.

L'uomo si evolve in Dio. In essenza, ogni essere umano è Divino. L'evoluzione dell'essere umano verso Dio è un processo lento, che richiede numerosi interventi di taglio, levigatura e rimodellamento; necessita d'infinita pazienza, non può essere fatto in fretta. Le rivoluzioni sono rapide, ma uccidono e distruggono. L'uomo è rivoluzionario, Dio 'evoluzionario'.

La ruota della vita gira lentamente perché la vita è evoluzione. L'estate arriva prendendo il suo tempo, non è mai di fretta. Le altre stagioni, l'inverno, la primavera e l'autunno, necessitano tutte del loro tempo. Il ciclo è lento e regolare. Ma non cercate di analizzare il ciclo della vita, non ci riuscirete. Le stagioni vanno e vengono, sono reali nel mondo empirico, ma rimangono comunque un mistero, un'esperienza. Dietro a questo mistero c'è l'invisibile potenza di Dio, impossibile da analizzare. Abbiate fiducia in questo potere.

Cercate di dimenticare il ciclo del karma. Non serve a nulla pensare al passato: è un capitolo chiuso. Quel che è fatto è fatto. Preparatevi piuttosto ad affrontare il presente. Non rimuginate sul passato o sulle azioni passate. Quel che conta è il presente poiché il vostro futuro dipende da come affrontate il presente. Solo quando la presenza costante del Divino riempirà la vostra intera vita, starete vivendo nel presente. Fino ad allora, starete vivendo nel passato o nel futuro.

Il potere del karma nasconde la nostra vera natura e al tempo stesso fa nascere in noi il desiderio ardente di scoprire la Verità; ci aiuta a ritornare alla nostra vera esistenza. Se avete gli occhi per vederlo, vi accorgerete dell'immenso potere di trasformazione racchiuso nella legge del karma e di questo suo importante messaggio: 'Questa vita è la conseguenza delle tue azioni passate. Sii dunque vigile, perché ciò che fai nel presente determina il tuo futuro. Se fai del bene, verrai ricompensato di conseguenza, ma se compi errori o atti malvagi, essi ti ritorneranno indietro colpendoti con uguale potenza'. E questo è il nobile messaggio rivolto al vero ricercatore spirituale: 'È meglio che tu faccia cessare questo ciclo. Chiudi i conti e sii libero per sempre'. Le descrizioni e le spiegazioni sul karma hanno lo scopo di trattenere gli uomini dal nuocere ad altri o a se stessi e di impedire che si allontanino dalla loro vera natura, da Dio".

Amma smise di parlare, chiuse gli occhi e iniziò a canticchiare tra sé e sé. Continuò così per un po', mentre tutti cercavano di sentire la sua dolce voce. Ma ben presto riaprì gli occhi e chiese ai *brahmachari* seduti vicino a lei di ripetere lo stesso canto, *Oru Nimisham Engilum*.

Oru Nimisham Engilum

O uomo,
mentre rincorri i piaceri del mondo,
trovi mai un momento di vera pace?

Senza avere compreso la Verità
o i principi su cui si basa la vita,
inseguito e illuso dalle ombre di maya,
perirai certamente nel dolore,
come una falena nel fuoco ardente.

Nel corso di un lungo processo di evoluzione
hai assunto numerosi e svariati corpi,
divenendo insetto, verme e rettile,
pianta e animale, prima d'incarnarti come essere umano.

O uomo,
rifletti lucidamente e usa il discernimento!
Qual è lo scopo di questa vita umana?

> *Certamente non dev'essere sprecata*
> *alla ricerca dei vuoti piaceri del mondo.*
> *Ricorda, la nascita umana*
> *è un'opportunità preziosa*
> *e una grande responsabilità.*
>
> *O uomo,*
> *se non rinunci al tuo falso orgoglio,*
> *al desiderio di acquisire e di possedere,*
> *di godere e d'indulgere nei piaceri,*
> *se non conseguirai lo stato di unione eterna*
> *con il supremo Brahman,*
> *la pace e la beatitudine non saranno mai tue.*

Qualche istante dopo la fine del canto, Amma aprì gli occhi. Uno dei devoti era impaziente che lei riprendesse a parlare del karma e così, rompendo il silenzio, disse: "Amma, mi sembra che tu non abbia finito di spiegare la legge del karma. Per favore, parlacene ancora".

"Figli", rispose la Madre, "Amma vi racconterà una storia. C'era una volta un vecchio che aveva lavorato sodo tutta una vita per poter costruire una fattoria per i figli e i nipoti. L'aveva realizzata dissodando terreni incolti ed era riuscito a sopravvivere a periodi di siccità, alle tempeste e alle epidemie. Dopo aver lavorato duramente nei campi ed essersi preso cura dei raccolti per molti anni, decise che era arrivato il momento di ritirarsi e di trascorrere il resto dei suoi giorni seduto sotto il portico a contemplare l'universo. Suo figlio aveva formato una sua famiglia e non vedeva l'ora di essere finalmente proprietario della terra. Così il padre si fece da parte, contento di potere finalmente rilassarsi sulla sua poltrona preferita sotto il portico, dopo tutti quegli anni in cui si era spaccato la schiena lavorando.

In un primo momento il figlio fu orgoglioso di essere il padrone della fattoria. Anche lui non si risparmiava e trascorse lunghi giorni e anni a lavorare nei campi e a lottare contro gli elementi della natura. Poi, a poco a poco, cominciò a sentirsi sempre più irritato dalla pigrizia del padre, che trascorreva tutto il giorno a guardare il cielo o a far saltare i nipotini sulle sue ginocchia. Il suo astio cresceva ogni giorno e oramai vedeva il suo genitore solo come un'altra bocca da sfamare; più ci pensava, più si convinceva che quel vecchio era solo un peso. 'Che importanza ha se ha lavorato sodo per tutti questi anni?', pensava, 'I tempi sono cambiati. Ora ho la mia famiglia da mantenere e di cui prendermi cura. Perché dovrei occuparmi di lui?' La sua collera crebbe a tal punto che nella stagione del raccolto non volle più continuare a nutrire 'quel vecchio fannullone sotto il portico'. In effetti aveva deciso che era arrivato il momento di liberarsene una volta per tutte.

Così costruì una grande bara di legno, la mise su una carriola e la portò dal padre, chiedendogli di entrarci. Senza dire una parola, il padre abbassò il capo e ubbidì. Il figlio si assicurò che il coperchio della bara fosse ben chiuso stringendo con cura le viti di ottone, mise il feretro sulla carriola e si diresse verso un dirupo. Proprio mentre stava per gettarlo nel vuoto, sentì bussare dall'interno.

'Cosa vuoi?', gridò. La voce del padre era dolce e affabile: 'Capisco sai come ti senti. Vuoi liberarti di me, lo capisco perfettamente. Pensi che io non sia che un uomo inutile ma, prima di gettarmi nel dirupo, fammi uscire e poi puoi spingermi nel precipizio. Se io fossi in te, terrei la bara. Un giorno i tuoi figli potrebbero averne bisogno'".

La storia fece scoppiare tutti a ridere e anche Amma rise assieme ai suoi figli. Poi, quando le risa si furono calmate, la Madre riprese a parlare con tono serio:

"Figli, che siamo credenti o scettici, le nostre azioni prima o poi ci torneranno indietro. L'essere umano è vittima del suo karma o del suo destino, chiamatelo come volete. Potete discutere su questo, sollevare obiezioni o perfino riuscire a convincere altri che, da un punto di vista logico, la legge del karma non ha senso. Però tutte queste vostre acrobazie verbali e speculazioni non ostacoleranno il suo corso.

Amma ha sentito parlare di un'arma chiamata boomerang, che vola in aria e poi ritorna da chi l'ha lanciata. Il karma è come un boomerang che il più delle volte non riuscite a riafferrare cosicché vi colpisce. L'unica differenza è che il boomerang del karma non sempre torna indietro immediatamente, potrebbe impiegare più tempo. Questo è quello che il vecchio ricordò al figlio quando gli disse: 'I tuoi figli potrebbero avere bisogno della bara un giorno'. Stava dicendo al figlio: 'Ricorda figlio mio che i tuoi figli un giorno ti faranno pagare questo debito e chiuderanno il conto con te'. Questo regolamento dei conti può avvenire ora, in questa stessa vita, o in qualche altra vita futura. Non possiamo saperlo. Ma indipendentemente dalla vostra filosofia o dalle vostre credenze, accadrà inevitabilmente. Tenete presente che anche l'anziano stava raccogliendo i frutti di quanto aveva seminato in una delle vite precedenti. Probabilmente aveva agito allo stesso modo con suo padre o con qualche altra persona.

Questo ciclo continuerà fino a quando smetterete di reagire al presente, che è l'effetto del passato. Quando sarete in grado di accettare le esperienze del presente come inevitabili, come la conseguenza dei vostri atti, e le affronterete senza alcun pensiero di collera o di vendetta, allora la ruota del karma smetterà di girare.

Avete già creato le circostanze necessarie perché si producano gli eventi che oggi accadono. E in questo momento, con le vostre azioni, state preparando il terreno del vostro futuro. A tempo debito, le vostre azioni porteranno i loro frutti e vi ritroverete inermi sotto i colpi del vostro karma.

Nella vita accadono spesso episodi spiacevoli. Si soffre senza saperne il motivo. Tutti i vostri tentativi di guadagnarvi da vivere potrebbero rivelarsi vani, oppure potrebbero avvenire incidenti inaspettati, morti premature nella vostra famiglia, malattie ereditarie che causano la nascita di bambini con malformazioni o handicap mentali. Ma tutto questo è fortuito? No. Ogni cosa che succede nella vita ha una causa. A volte la causa è evidente e altre volte non lo è. Potrebbe essere collegata a un passato recente oppure a uno lontano. Ad esempio, un grande musicista nasce in una famiglia che nel suo albero genealogico non vanta altri musicisti. Com'è potuto accadere? Per quale ragione un grande musicista nasce in una famiglia che non ha alcuna passione per la musica? Se non dipende dal suo corredo ereditario, allora qual è la causa?

Immaginate di alzarvi una mattina e, mentre state andando in bagno, vi rendete conto di essere estremamente stanchi e deboli. Dopo aver fatto pochi gradini, vi ritrovate senza fiato, vi gira la testa e svenite. Venite subito portati all'ospedale e vi viene diagnosticato un problema renale. Ora, il problema renale è iniziato quella mattina? È sorto senza una causa precisa? No, ovviamente ha una causa. La malattia era già presente, ma allo stato latente. I sintomi si sono manifestati solo quella mattina. Pensate che questa malattia sia un caso? Dev'esserci una ragione, non è vero?

Nulla avviene fortuitamente. La natura non è un caso e nemmeno la creazione. Il sole, la luna, l'oceano, gli alberi, i fiori, le montagne e le valli non sono un caso. I pianeti ruotano intorno al sole senza allontanarsi neppure di pochi centimetri dall'orbita predeterminata. L'oceano copre vaste aree del pianeta senza sommergere la Terra. Se questa stupenda creazione fosse un effetto del caso, non sarebbe così ordinata e sistematica e l'universo sarebbe un caos. Ma guardate la bellezza e l'incanto del creato. Come potete chiamare tutto questo una semplice coincidenza? Il vasto canovaccio di ordine e di bellezza su cui poggia l'intera creazione dimostra chiaramente che una grande intelligenza e un grande cuore sono all'origine di tutto.

Figli, il nostro passato non è solo il passato di questa vita. Non è sufficiente risalire alla nascita di questo corpo. Il nostro passato include tutte le nostre incarnazioni precedenti, nelle quali abbiamo assunto forme e nomi diversi. Non possiamo neppure vedere il futuro, non ne abbiamo il controllo. Non possiamo predire ciò che ci riserva l'avvenire. Più di ogni altra cosa, il karma è dunque una questione di fede.

Dobbiamo essere vigili e prudenti quando agiamo oggi perché non sappiamo che conseguenze avrà domani. Il presente è *adesso* e purtroppo noi non cogliamo mai l'attimo. L'unico modo per fermare la legge del karma è quello di vivere momento per momento in Dio, nel Sé.

Figli, una volta realizzato il Sé, la vostra vera natura, saprete tutto del karma e vi verranno svelate le misteriose nascite precedenti. Scoprirete il segreto dell'intero universo, dell'intera creazione. Fino a quel momento, continuerete a porvi domande sul karma, cercando di giungere a una vostra personale interpretazione e spiegazione. Soltanto la Realizzazione del Sé potrà svelare questo mistero, ma una volta raggiunta la Perfezione, saprete che il vero Sé fu, è e sarà eternamente presente. Saprete che il vero Sé non è mai nato e non morirà mai e che non è mai soggetto alla legge del karma.

Certo, la legge del karma esiste, ma è più un'esperienza di fede che un dato di fatto. Un fatto può essere dimostrato, ma la fede è un sentimento che nasce dal profondo del cuore e non è possibile spiegarlo con la logica".

Dopo questa affermazione, Amma ripeté: "Shiva... Shiva... Shiva... Shiva" disegnando cerchi nell'aria con la mano destra. Poi si sedette in uno stato di totale assorbimento mentre un erudito cantava alcuni versi del *Soundarya Lahari*.

Soundarya Lahari

O Madre,
la sommità dei Veda
porta i Tuoi piedi come corona.
Ti prego, mostrami la Tua misericordia
e degnati di porre i Tuoi piedi anche sul mio capo.

L'acqua offerta ai Tuoi piedi
forma il Gange tra la chioma arruffata di Shiva.
E la brillante polvere rossa che adorna i Tuoi piedi
presta il suo glorioso splendore
ai gioielli incastonati nel diadema di Vishnu.

Cantando le Tue lodi
ci prostriamo ai Tuoi piedi,
che sono una gioia per gli occhi
per la loro lucentezza,
data dallo smalto con il quale sono stati decorati.

Il Tuo sposo, Pashupati (Shiva),
attende impazientemente di essere colpito da quei Piedi
ed è geloso dell'albero Asoka
che si trova nel giardino in cui Ti diletti
perché persino quell'albero
desidera ricevere i calci dei Tuoi piedi.

Quando il canto terminò, un altro devoto chiese: "Amma, a volte un vero ricercatore spirituale deve passare attraverso molte prove e difficoltà. Perché?".

"Figli", rispose Amma, "talvolta vediamo una persona desiderosa di abbandonarsi a Dio e diventare un devoto o un vero discepolo che deve affrontare numerosi ostacoli e problemi. Costui sta attraversando un periodo di purificazione. Tutta la negatività dev'essere rimossa, non solo le impurità visibili in superficie, di cui siete consapevoli, ma anche quelle che non si vedono e di cui non siete coscienti. Quando vi trovate in questo processo di purificazione e lo affrontate con un atteggiamento di abbandono, tutte queste impurità, visibili e invisibili, manifeste o meno, vengono spontaneamente a galla.

Qualche giorno fa uno dei figli occidentali ha raccontato ad Amma che nel suo Paese è possibile depurare e trasformare l'acqua di scarico in acqua potabile. Come ci riescono? Togliendo le impurità. L'acqua reflua contiene ogni tipo di sporcizia e d'impurità. Se non la trattiamo, come può diventare potabile? Allo stesso modo, ora noi siamo come acqua reflua piena di ogni tipo di impurità e negatività. Come l'acqua di scarico viene sottoposta a diversi trattamenti di depurazione, così anche noi abbiamo bisogno di una profonda purificazione. Quando un devoto passa attraverso questa fase, che può essere dolorosa ma che in realtà gli permette di esaurire le sue *vasana*, un miscredente o uno scettico può approfittare della situazione ed esibirla come prova della non esistenza di Dio. 'Se Dio esistesse davvero', chiede costui, 'perché quella persona dovrebbe soffrire così tanto?'

Le sofferenze e i problemi che vedete nella vita di chi sta cercando di vivere come un vero discepolo o devoto servono ad accelerare il suo processo di purificazione. Esaurire le *vasana* visibili e invisibili scioglie i legami karmici. L'aspirante spirituale sincero desidera spezzare le catene che lo legano a questo mondo per essere libero e il suo atteggiamento di totale abbandono fa sì che ciò si realizzi. Un vero ricercatore si sforza di dissolvere la mente e di andare oltre l'intelletto e il corpo. Solo una persona che è stata in carcere a lungo sa apprezzare la beatitudine della libertà. Allo stesso modo, solo un *sadhak* che ha accettato la disciplina impartita dal Guru potrà fare l'esperienza della libertà che dona la realizzazione del Sé.

Questa accelerazione non potrebbe avvenire se un devoto mantenesse gli attaccamenti, i beni, un buon nome e la sua reputazione; la sua evoluzione sarebbe estremamente lenta. Lo vedreste vivere nel lusso e godersi la vita, ma in questo modo non farebbe altro che aggiungere *vasana* a quelle già esistenti e prolungare il ciclo karmico. Inoltre, gli eccessi e i piaceri allungheranno ancora di più la distanza da percorrere per ritornare alla vera fonte dell'esistenza. Per contro, bruciando il proprio karma, un devoto o discepolo autentico si avvicina più velocemente alla sua vera natura, il Sé".

Con tono serio, Amma aggiunse: "L'uomo non può sfuggire al ciclo del karma. La legge del karma costituisce la sua esperienza quotidiana, ma l'essere umano non ci crede e non cerca neppure di trascenderla".

Pieni di stupore, i devoti e i dotti ascoltavano le parole profonde di Amma. Per un attimo vi fu un totale silenzio. In passato, più volte le erano state rivolte domande sul karma o sulla vita dopo la morte senza ricevere risposta. La Madre stroncava ogni tentativo d'intavolare l'argomento dicendo: "Non c'è spiegazione. È pura esperienza. È una questione troppo controversa". Oppure diceva: "Non hai bisogno di una spiegazione. Cerca piuttosto di affrancarti dal ciclo del karma invece di fare congetture su cos'è". Ma ora aveva appena finito di trattare questo tema in dettaglio. Le sue parole, la reale conoscenza che proveniva dall'alto e l'invisibile fiume di verità che sgorgava dalla fonte originaria, fluì come l'acqua viva del Gange e fu raccolta da tutti i presenti. Si aveva l'impressione che quell'insegnamento fosse tangibile e si potesse sentire, assimilare e custodire nel proprio cuore come un dono prezioso e indimenticabile della Madre, un dono da amare, ricordare e contemplare nei momenti difficili.

Per un po' nessuno parlò né si mosse. Era come se quelle incisive e dolci parole di Amma avessero fatto entrare tutti in uno stato di trance.

"Amma, questo è qualcosa d'incredibile", disse infine un visitatore, "Le tue parole ci hanno aiutato a chiarire molti dubbi. Ogni domenica alcuni di noi si riuniscono nella casa di un devoto per trattare diversi argomenti, leggere passaggi delle Scritture, condividere le esperienze avute con te, cantare e meditare. La legge del karma e i suoi effetti sono stati tra i temi principali. Ora la questione è chiara, anche se mi è rimasto ancora un dubbio. Hai detto che l'essere umano è vittima della legge del karma. Significa che non c'è una via di scampo?"

"No, no", rispose Amma, "non è così. Per chi non ha fede in un potere supremo o in un ideale non c'è alcuna via di scampo dalla morsa del karma. Chi crede, consapevole che deve raccogliere i frutti delle sue azioni, svolge pratiche spirituali come il *japa*, la meditazione e la preghiera. Queste pratiche e le buone azioni che compie neutralizzano l'effetto del karma. Le buone azioni del presente annullano gli effetti delle cattive azioni del passato. La fede in Dio o nel Guru gli infonde una forza immensa per poter affrontare il karma inevitabile. Potremmo paragonare la fede nel Guru o in Dio a una corazza, a una forza protettrice. Sebbene la legge del karma continui a operare, gran parte dei suoi effetti vengono attenuati dalla fede del devoto. Mi sto riferendo a chi crede in Dio pur conducendo una vita normale nel mondo e forse non desidera così tanto porre fine al ciclo del karma. Costui potrà reagire alle situazioni, arrabbiarsi e commettere azioni negative, nutrire desideri e voler accumulare ricchezza ma, poiché crede in Dio, compirà anche pratiche spirituali come la meditazione e la preghiera e farà del bene come, ad esempio, distribuire cibo ai poveri. In questo modo le sue azioni si compenseranno e l'equilibrio che si verrà a creare lo aiuterà a superare gli ostacoli nella vita.

Tuttavia il modo in cui un *sadhak*, un vero ricercatore spirituale, affronta il karma non ha nulla a che vedere con l'atteggiamento di un comune credente. Un *sadhak* non si preoccupa di sapere se il suo karma gli riservi esperienze negative o positive e non si cura della buona o della cattiva fortuna a cui andrà incontro. Un ricercatore spirituale sincero utilizza tutta la sua energia per immergersi sempre più profondamente nella sua coscienza e non vuole perdere tempo a pensare ai frutti delle sue azioni. Si abbandona completamente al Divino, si concentra interamente sulle sue pratiche spirituali e lascia semplicemente che gli eventi accadano senza opporre resistenza. Sa che il suo karma è come una freccia già scoccata che colpirà inevitabilmente il bersaglio. Non gli importa se la freccia lo colpisce, lo ferisce o addirittura lo uccide. È come la puntina del giradischi che gira nei solchi di un disco: finché la puntina gira nei solchi e li decodifica, si può ascoltare la canzone registrata sul disco. Lo stesso accade con la puntina della vita che decodifica un disco: la canzone continuerà finché la puntina gira nei solchi. Che quel canto sia bello o terribile, è lui che l'ha prodotto, proviene dalla sua stessa voce. Il *sadhak* sa che deve affrontare da solo il suo destino, anche se doloroso. Non desidera fuggire dal suo karma perché è consapevole che si tratta di un processo di purificazione e che sta pulendo le macchie che lui stesso ha creato in passato, in qualche vita precedente. Vuole velocizzare il processo e sa che lottare o reagire allungherà la catena del karma e quindi rimane calmo. Inoltre, nel caso di un *sadhak*, il karma non opererà con la stessa forza o intensità che nelle altre persone. Il potere delle sue pratiche spirituali creerà uno scudo protettivo intorno a lui. E, soprattutto, il vero ricercatore avrà sempre la protezione e la grazia del Guru e quindi riceverà sollievo e aiuto anche nei momenti più difficili.

Figli, un vero ricercatore spirituale non permette al flusso dei pensieri di dirigersi verso il passato e il futuro e cerca di affrontare il presente intelligentemente e con discernimento. Accetta le circostanze senza reagire. Qualsiasi reazione allungherà solo la catena del suo karma e quindi si sforzerà di rimanere tranquillo. Il suo unico scopo è quello di fermare la ruota del karma e dei suoi frutti.

È possibile trascendere facilmente il karma ottenendo la grazia di un *Satguru*. Obbedire alle istruzioni di un Maestro perfetto vi farà uscire illesi da prove e traversie. La fede nel proprio Guru riempirà il vostro cuore e l'anima di una forza e di un coraggio immensi. Ogni essere umano è destinato a fare certe esperienze, alcune buone e altre cattive, ma se seguite le istruzioni di un *Satguru*, vi ritroverete ad avere superato incolumi ogni travaglio. Persino la morte non potrà toccarvi se avrete la guida e la grazia del *Satguru*".

La fede

"Amma, tutto dipende dalla fede, non è così? Cosa accade allora alle persone che non ce l'hanno?"

"Sì, certamente", rispose Amma, "l'amore e la fede sono necessari per poter avere forza e coraggio; solo la fede può permettere al flusso incessante della grazia del Guru di raggiungerci.

Figli, la fede di molte persone è sciocca. Costoro non hanno una vera fede. Interrogandosi sulla fede, quella vera, risvegliano sospetti e scetticismo e fanno nascere centinaia di dubbi nella mente. Sono incapaci di provare un'autentica fede perché in loro prevalgono la paura e il dubbio invece che l'amore e la fiducia. Eppure non hanno alcun timore o dubbio nei confronti del proprio apparecchio televisivo e di altri oggetti temporali. Anche le persone cosiddette intelligenti ripongono piena fiducia nella loro macchina, nel televisore e nella casa. Sebbene questi beni potrebbero rompersi da un momento all'altro, vengono considerati degni di totale fiducia. Che tristezza! Le persone mancano di fede nell'*Atman* indistruttibile, la loro stessa esistenza.

Provate a chiedere a una di loro di avere fede in un *mantra*, in una preghiera, in una tecnica di meditazione, di confidare in un *Mahatma* o in Dio: vi porrà centinaia di domande e vi esprimerà i suoi dubbi e le sue paure. Le è impossibile avere fiducia nelle pratiche spirituali ed è probabile che esclami: 'Sai, ho davvero poco tempo da dedicare a queste pratiche. Considero il mio lavoro come una *sadhana* e inoltre non credo che esse funzionino davvero. Oggigiorno, le persone spirituali fanno più male alla società di chiunque altro'. L'elenco delle scuse continuerà all'infinito. In realtà, costui non vuole credere; gli basta avere la sua macchina, la sua casa e il suo televisore. La fede che ripone in questi oggetti lo rende felice. Ora, non è forse questa una fede sciocca?

Figli, vi racconterò una storia. C'era una volta un uomo gravemente malato. Un giorno entrò in coma e tutti pensarono che fosse morto. Gli addetti alle pompe funebri presero il suo corpo, lo lavarono e lo misero in una bara. Furono presi accordi per il funerale e un sacerdote celebrò le esequie. Mentre la bara veniva trasportata al cimitero, i portantini sentirono dei colpi provenire dal suo interno. La posarono a terra e l'aprirono. La gente si radunò intorno al 'morto', che improvvisamente cominciò a parlare. 'Non sono morto, non sono morto', diceva, 'lasciatemi uscire'. 'Ci dispiace signore', risposero i portantini, 'ma lei non può essere vivo. Il dottore ha constatato il suo decesso e il sacerdote l'ha confermato'. Perciò chiusero la bara e seppellirono l'uomo come programmato".

Tutti scoppiarono a ridere. Dopo un breve silenzio, Amma continuò: "La fiducia che riponiamo nella nostra televisione e nella nostra macchina e anche la fede che abbiamo verso questo corpo che ci portiamo appresso, sono assurde a meno che non capiamo il posto e il senso che occupano nella nostra vita. Se vi guardate intorno e osservate da vicino la vita della gente, noterete che è questa mancanza di fede la vera causa di tutti i loro problemi. Senza fede, una persona non ha né sentimenti, né cuore, né amore. Questa è una verità universale e vale per chiunque e in qualsiasi luogo. Senza fede, sarete pieni di paura e questa paura vi toglierà forza e vi paralizzerà.

La gente ripone tantissima fiducia nelle 'qualifiche', nei titoli e nelle lauree, crede nei dottori o nelle parole degli scienziati, anche se entrambi si sono arenati nell'intelletto e sono perciò limitati. Poiché un *Mahatma* non ha qualifiche ufficiali, le persone dubitano delle sue parole e della sua autenticità, anche se si è addentrato nei più profondi misteri dell'universo e ha una saggezza e un potere illimitati.

Gli increduli sono eccessivamente sensibili e fragili. Chiunque o qualsiasi cosa può ferirli e basta un semplice sguardo o una sola parola ad avvilirli o rattristarli; tremano davanti alle difficoltà e non riescono a pensare o ad agire con discernimento. In un momento di debolezza, tali persone possono arrivare persino a togliersi la vita, mentre chi crede è sempre di buonumore. In qualunque circostanza si trovi, la sua fede lo protegge. Amma sta ovviamente parlando di una fede incrollabile in Dio o in un Maestro perfetto, un *Satguru*".

"Ma Amma, anche chi non crede nell'esistenza di un Potere Supremo conduce una vita normale, non è vero?"

Amma rispose:

"Puoi incontrare persone non credenti che conducono un'esistenza piuttosto serena, senza troppi problemi o difficoltà, e ti potresti chiedere: 'Questa persona è priva di fede in Dio o in un Principio supremo, eppure nella sua vita le cose vanno bene. Sembra serena e soddisfatta di tutto ciò che ha'. Ma la tua osservazione e il tuo giudizio sono basati solo sulle apparenze. Costui potrebbe sembrare felice ma non sai cosa accade dentro di lui. È probabile che soffra di una certa aridità interiore e manchi di gioia di vivere. Vive con apprensione e non riesce a rilassarsi fino in fondo. Incapace di avere fiducia nelle persone, è spesso di vedute ristrette e gli è impossibile amare. Non sapendo affrontare i suoi stessi problemi, come può fermarsi ad ascoltare quelli della moglie o dei figli? Impaziente con il suo prossimo, entrerà in collera e ferirà facilmente i sentimenti degli altri e nessuno vorrà essere suo amico.

Queste persone continueranno a vivere così finché non si accorgeranno della loro aridità; tale consapevolezza le indurrà a sforzarsi di colmare finalmente il senso di vuoto interiore. Solo l'amore e la fede possono riuscirci. La vita diventa piena e completa solo quando la fede in un Potere supremo riempie il nostro cuore. Fino ad allora, continueremo a cercare un rimedio a questo vuoto interiore. Tutti noi cerchiamo di colmarlo con diversi mezzi, lavorando duramente o aggrappandoci a oggetti che speriamo ci diano gioia. Tuttavia questa sensazione rimane e a volte aumenta.

Ogni oggetto a cui ci attacchiamo, ogni desiderio futile che soddisfiamo sono come una riva su cui pensiamo di poterci riposare e stare in pace. Ricordate però che ogni passo verso questa riva, ogni tentativo di trovare la stabilità nel mondo esterno, accresce in realtà la nostra insoddisfazione e allunga il tempo necessario per approdare alla riva della nostra vera esistenza. Ben presto scopriremo che tutte le sponde su cui speravamo di riposare stanno per sfaldarsi ed essere sommerse. Tutto ciò in cui riponiamo la nostra fede e le nostre speranze, un giorno si rivelerà insignificante e inutile. Prima o poi, quel giorno arriverà. Fino a quel momento la nostra mancanza di fede ci impedisce di sentirci completi e continuiamo a essere scettici e rigidi, ma arriverà il giorno in cui grideremo: 'Mio Dio, non so più cosa fare. Ti prego, salvami. Aiutami! Proteggimi!'. Invocheremo l'aiuto di

Dio quando vedremo che tutte le nostre speranze vengono meno e resta solo la disperazione.

I cosiddetti intellettuali o grandi pensatori, che negano l'esistenza di Dio e confidano soltanto nel potere del loro intelletto, si ritengono spesso superiori agli altri, specialmente a chi crede fermamente in Dio. Ebbene, in realtà sono loro i perdenti, gli sventurati. Non capiscono che questa mancanza di fede gli fa perdere tutta la bellezza, tutto l'incanto della vita. Immaginate di stare camminando e di vedere una pietra preziosa sul lato della strada. Cosa succede se proseguite senza chinarvi a raccoglierla? Perdete l'opportunità di farla vostra, non è vero? Siete voi ad aver perso una grande occasione. La gemma conserverà il suo valore inestimabile e una persona che ne riconoscerà il pregio diventerà ricca raccogliendola. Invece di ammettere il vostro errore, la vostra cecità, vi giustificate dicendo che la pietra preziosa era falsa o che non vi interessava. Gli scettici difendono la loro posizione allo stesso modo. A Dio non importa se gli esseri umani non hanno fede. Quelli che non credono sono i perdenti. Senza amore, queste persone saranno come spente, simili a cadaveri viventi, e non potranno irradiare la bellezza e l'incanto della vita. Nessuno verrà attratto o ispirato dalle loro azioni o da quanto dicono. Nessuno si interesserà a loro. Persino i loro figli e le loro mogli avranno difficoltà a sopportarli. Ma arriverà il giorno in cui anch'essi grideranno: 'Signore, aiutami!'".

Abbandonarsi per affrontare il karma

Un visitatore chiese: "Amma, c'è un momento preciso nella vita di una persona in cui la legge del karma entra in azione? È possibile avere un'indicazione o un segno prima che operi?".

Con un sorriso birichino, Amma rispose: "Nell'istante in cui i sentimenti egoistici di 'io' e 'mio' affiorano, la legge del karma inizia ad agire nella vostra vita. Quando l'ego si manifesta, ci si dimentica di Dio e si parla e si agisce contro le leggi della natura, si degenera da tutti i punti di vista. Tutte le virtù e le buone qualità, come la sollecitudine verso gli altri, l'amore e il perdono, scompaiono. È allora che la legge del karma comincia a operare. Quando si inizia a rimuginare sul passato, a criticare, a insultare e a ritenere gli altri colpevoli delle sventure che ci capitano nella vita, quando si sogna e si pianifica un futuro fatto di promesse e ci si dimentica di vivere il presente, allora la legge del karma entra in gioco. E questo accade all'individuo e alla società, intesa come comunità, quando ci si dimentica di Dio. Le persone entrano nell'ingranaggio del karma quando dimenticano il Divino. Questo corpo e questa vita sono certamente il risultato del karma, ma esiste un modo sano e intelligente di lasciare che il karma agisca nella nostra vita, un modo che ci permetta di condurre una vita soddisfacente e gioiosa nonostante le esperienze karmiche, o inevitabili, che dovremo affrontare".

Un altro visitatore chiese: "Qual è questo modo sano e intelligente di esaurire il karma?".

Amma rispose:

"Non dimenticare mai il tuo vero Sé. Non dimenticare mai che la tua vera esistenza è in Dio e che tutto quello che consideri tuo è effimero. Fa' che questi pensieri diventino le parole d'ordine su cui basare la tua vita quotidiana: ecco la maniera più intelligente per porre fine al tuo karma.

Non dimenticare mai Dio, non dimenticare mai la vera fonte della tua esistenza. Non allontanarti mai dal tuo centro. Puoi farlo? Se ne sarai capace, allora potrai trascendere la legge del karma. Se metti in pratica questi principi, il karma e i suoi effetti non potranno colpirti. La grazia di Dio o del Guru annulla il karma.

Senza la Grazia, è impossibile far fronte al destino. Lo sforzo umano è certamente potente, ma gli esseri umani mancano di discernimento, agiscono spinti dall'egoismo, ed è per questo che le loro azioni non hanno alcuna influenza sul destino. Abbandonati al *Paramatman*, agisci nel mondo senza sentirti fiero del tuo potere; sforzati di avvertire la presenza di Dio in tutto quello che fai, prega affinché tu riesca a farlo e ringrazia il Divino per la Sua Grazia. Questo è ciò che conta. Gli esseri umani credono sia possibile opporsi al destino, ma non è così. Prova a resistergli con tutte le tue forze e il tuo potere: sarai sconfitto, completamente disarmato, schiacciato sotto il suo peso".

Queste parole sollevarono un'altra domanda: "Amma, stai forse dicendo che l'uomo è completamente inerme di fronte al karma o al destino?".

Amma rispose:

"No, non è questo il punto. Bisogna affrontare il karma, fronteggiarlo senza che si insinui l'egoismo e l'orgoglio per il proprio potere personale, invocando Dio e affidandosi a Lui. Puoi invocare il Suo potere solo se ti abbandoni a Lui. Abbandonarsi al Signore significa diventare umili, essere capaci di prostrarsi interamente a Lui. Figli, la strada da seguire è quella dell'umiltà. Inchinatevi e il karma passerà sopra di voi senza riuscire a colpirvi perché voi siete i servitori di Dio, che vi protegge.

Amma desidera raccontarvi due episodi tratti dalla vita del Signore Krishna, avvenuti entrambi sul campo di battaglia di Kurukshetra. Ecco il primo. Quando Drona, il grande maestro d'arme dei Pandava e dei Kaurava, fu ucciso dai Pandava, suo figlio Asvatthama andò su tutte le furie. Era così indignato per l'uccisione sleale del padre che scagliò il Narayanastra, il missile più distruttivo. Sputando fuoco e creando al suo interno centinaia di altre armi mortali, il potente missile devastò l'armata dei Pandava, uccidendo in pochi secondi migliaia di soldati. Il Signore Krishna era il solo a conoscere come evitare di esserne colpiti. Corse immediatamente tra le file dell'esercito dei Pandava e disse a tutti di gettare le armi e di stendersi a terra. Tutti ubbidirono eccetto Bhima, il secondo dei fratelli Pandava, che rimase in piedi gridando e sfidando quell'arma letale. Non voleva arrendersi e rifiutò categoricamente di gettare le armi e di stendersi a terra. Desiderando combattere faccia a faccia contro il Narayanastra, continuò audacemente a sfidare questo ordigno straordinario e a provocare Asvatthama. Bhima, uno degli uomini più forti al mondo, rimase impavido in piedi, di fronte a quella freccia di fuoco. Sfortunatamente essa era estremamente potente e lo travolse. Il fuoco scaturito dalla freccia iniziò ad avvolgere Bhima che, imperterrito, si mise a danzare di qua e di là, urlando e saltando come una palla di fuoco inferocita. Vedendo l'inevitabile pericolo a cui stava andando incontro Bhima, Krishna e Arjuna corsero da lui, gridando e supplicandolo di gettare le armi e stendersi a terra, ma tutte le loro preghiere furono vane. Alla fine, sia Krishna che Arjuna disarmarono Bhima e lo costrinsero a stendersi a terra. L'effetto fu immediato: la potente arma si ritirò e si allontanò.

Ebbene, figli, il potente Narayanastra rappresenta il karma. Nulla avrebbe potuto impedirgli di attaccare i soldati e anche il guerriero più forte e valoroso, come Bhima, era inerme dinanzi alla potenza di quell'ordigno. Solo ubbidendo all'ordine del Signore Krishna: 'Stendetevi e siate umili' ci si poteva salvare. Bhima era egotista e pensava di poter vincere con la sua forza, ma venne attaccato e fu sul punto di essere annientato. Se Krishna non fosse intervenuto, il Pandava sarebbe diventato in pochi istanti un pugno di ceneri. Bhima agì di sua volontà, basandosi esclusivamente sul suo sforzo personale, e cercò di combattere. Agì, ma in modo errato, nel luogo sbagliato e nel momento sbagliato.

Il Signore stesso aveva dato l'ordine: 'Gettatevi a terra e lasciate cadere tutte le vostre armi', ma Bhima era troppo egotista per ubbidire e pensò: 'Io sono un grande, sono potente. Nulla può distruggermi'. La maggior parte della gente sovrastima le proprie capacità, ritenendosi in grado di fare molte cose, ma il destino è molto più potente. Vi distruggerà, a meno che non prestiate ascolto alle parole di un Maestro Perfetto o di Dio. Anche allora il Signore fu disposto a salvare Bhima perché quest'ultimo era disposto ad abbandonarsi a Lui. Aveva sempre obbedito alla parola di Krishna e così il Signore, mosso a compassione, lo salvò.

Figli, di fronte agli eventi karmici, le armi dell'ego e la forza sono inefficaci. L'unico modo per affrontarli è lasciar andare queste armi e seguire le istruzioni del Guru, prostrandosi interamente a lui in tutta umiltà. Non potete sfuggire al karma. Se la grazia di Dio o del Guru sono con voi, la freccia del karma, che è già stata scoccata dall'arco del vostro passato, non vi potrà ferire".

Dopo una breve pausa la Madre riprese:

"Ecco ora la seconda storia, tratta dalla guerra del *Mahabharata* e avvenuta sullo stesso campo di battaglia. Nel conflitto tra Arjuna e Karna, Karna era un arciere di gran lunga superiore ad Arjuna. Karna lanciò un missile divino che avrebbe dovuto mozzare il capo di Arjuna. Il Signore Krishna, che stava guidando il cocchio di Arjuna, vide questo grave e imminente pericolo che minacciava la vita di Arjuna e, spinto dalla compassione, premette con forza il Suo alluce, costringendo i quattro cavalli che guidavano il cocchio, a inginocchiarsi. Inoltre, questa fortissima pressione fece sì che le ruote del carro affondassero di qualche centimetro nel terreno. In tal modo la freccia colpì solo la corona di Arjuna, risparmiandolo.

Anche questo episodio racchiude insegnamenti importanti. Innanzitutto, il Signore stesso era l'auriga di Arjuna. Arjuna aveva dunque scelto il Divino per tenere le redini del carro della sua vita. Prima che la guerra avesse inizio, Arjuna e Duryodhana furono messi dinanzi a una scelta. Sri Krishna disse loro: 'Posso dare l'intera mia armata a uno di voi, ma io non verrò. Oppure, posso venire come vostro cocchiere, ma sarò disarmato e il mio esercito aiuterà il vostro nemico. Cosa scegliete, me o il mio esercito?'. Senza alcuna esitazione, Arjuna rispose: 'Scelgo Te, Signore. Tu sei più che sufficiente; non ho bisogno di un esercito'. Così Arjuna scelse il Signore come suo Maestro e con questo spirito di abbandono ottenne la Grazia divina. Arjuna sapeva discernere e non ricorse all'aiuto di soldati ed alleati umani, ma optò per il Divino come unico sostegno. Tale scelta fa una grande differenza. La grazia del Signore fa sì che la freccia karmica passi sopra la vostra testa e distrugga forse una corona insignificante o qualcosa di simile, ma non provochi una fatale disgrazia.

Arjuna era forte, ma non tanto quanto Karna. Arjuna rappresenta l'azione, lo sforzo umano, mentre Karna simboleggia il destino che vi attende. Karna era il più forte, e tutti gli sforzi di Arjuna per sfuggire alla freccia mortale che stava per colpirlo sarebbero stati vani senza la grazia dell'Onnipotente. L'esercito di Duryodhana era più numeroso e forte di quello dei Pandava e poteva contare su moltissimi guerrieri valorosi. La sua armata era superiore sotto tutti gli aspetti. Duryodhana e il suo esercito rappresentano il potere umano e la forza che mancano del fattore Grazia. I Pandava avevano dalla loro parte Krishna, il Signore, la fonte stessa della Grazia e del potere. Era destino che ci fosse una guerra, nessuno avrebbe potuto evitarla; era il risultato di tutte le azioni passate dei Kaurava e dei Pandava, il frutto delle loro azioni. Ma l'abbandono di sé, la fede e la devozione aiutarono i Pandava a superare la situazione, mentre l'arroganza, l'egoismo e la cattiveria portarono alla rovina i Kaurava, che divennero facili vittime del formidabile potere del karma".

Amma conclude dicendo: "Figli, credo che per oggi abbiamo parlato abbastanza".

Uno dei visitatori aveva studiato musica classica indiana e composto diversi canti. Espresse ad Amma il desiderio di cantare per lei. Avendo ottenuto il consenso, si sedette all'armonium e cantò *Paravasamannen Hridayam*.

Paravasamannen Hridayam

O Madre,
la mia mente è tormentata
da innumerevoli pensieri.
Non tardare oltre
e prenditi cura di questo infelice!

Sappi che sto affogando impotente nel mare.
O Madre dal rinomato e glorioso passato,
non verrai ad asciugare i miei occhi pieni di lacrime?

Ondate di disperazione
hanno seminato la confusione nella mia mente
e io vago in un oceano di fuoco,
incapace di raggiungere la riva
e posare un fuggevole sguardo
sui Tuoi Piedi di loto.

Quando il devoto cominciò a cantare, Amma chiuse gli occhi e assunse una posizione perfetta di meditazione. L'uomo cantò con molto trasporto e tutti i presenti erano visibilmente commossi. Quando il *bhajan* giunse al culmine, mentre il musicista cantava tra le lacrime, Amma alzò la mano destra. L'anulare e il dito medio erano piegati, mentre il resto delle dita erano dritte e formavano un *mudra* divino. La mano sinistra riposava sulle sue gambe e un sorriso radioso le illuminava il volto. Amma rimase in questo stato anche dopo la fine del canto. Questo suo stato divino (*bhava*) ispirò il musicista a intonare un altro canto, *Ehi Murare*.

Ehi Murare

O Distruttore dei demoni Mura e Madhu,
o Keshava, Oceano di compassione,
Amico degli umili,

che giochi nei boschetti silvestri,
o Volto splendido, o Benedetto,
vieni!

O Krishna,
sereno Madhusudana,
centinaia di api vivono nei boschetti della foresta.
Krishna, mio diletto dall'animo giocoso,
o sereno Madhusudana,
Ti supplico, accordami la grazia del Tuo darshan!

O Incantatore di Radha,
Uccisore di Kamsa,
o Krishna, mi prostro ai Tuoi piedi
che distruggono ogni sofferenza.
O Janardana avvolto di vesti gialle,
vieni da me nel boschetto Mandhara!

Tutti si unirono a questo *bhajan* cantando con devozione e amore; alcuni battevano le mani a ritmo. Qualche minuto dopo la fine del *bhajan*, tutti uscirono dalla capanna, seguendo le istruzioni di uno dei *brahmachari* più anziani. Trasportata in un'altra dimensione dai canti del devoto, Amma dimorò ancora un po' nel suo stato sublime.

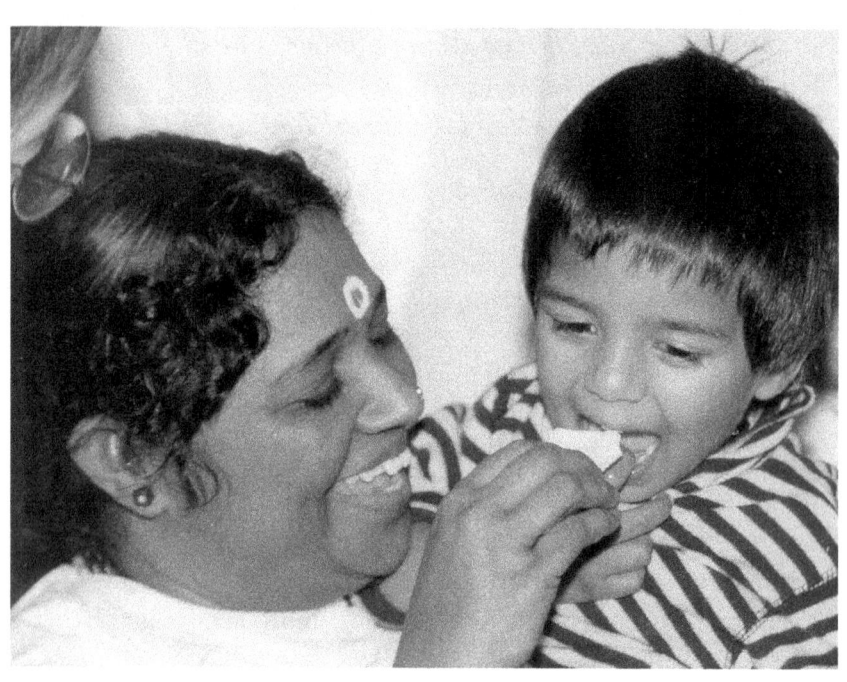

Capitolo 4

Lunedì 3 settembre 1984

Era mattina presto e davanti al tempio la Madre stava consolando una donna del villaggio vicino che si lamentava del marito. "Ammachi", diceva tra le lacrime, "sono destinata a soffrire così fino alla fine dei miei giorni? Ho sette bambini, la più grande ha già ventotto anni e non è ancora sposata; il mio quinto figlio riesce molto bene negli studi e sto cercando di mandarlo a scuola. Perché lui possa concentrarsi sullo studio, bisogna che la situazione nella nostra famiglia migliori, ma mio marito rovina tutto. Non lavora, non contribuisce economicamente né ci aiuta moralmente".

Incapace di trattenere le lacrime, la donna si sedette sulla veranda del tempio e scoppiò a piangere. La Madre si sedette vicino a lei e le sollevò dolcemente la testa. "Figlia, non preoccuparti" disse, mentre asciugava le sue lacrime, "Amma cercherà di parlare a tuo marito. Speriamo che voglia ascoltare Amma. Se lui continua ad avere un atteggiamento negativo e a non correggere il suo modo di fare, Amma penserà a un modo per aiutarti. Non piangere, adesso calmati".

Posando il capo della donna sulla sua spalla, la Madre le baciò le guance e continuò a manifestarle affetto e attenzione. La donna cominciò a rilassarsi. "Ammachi" disse, visibilmente più sollevata, "mio marito ha molto rispetto per te e parla sempre bene di te, ma non ci si può fidare di lui".

La Madre rispose: "Lascia che Amma ci provi" e poi si alzò. Mentre stava per andarsene, la devota la chiamò: "Ammachi!". Voltandosi, la Madre le chiese: "Cosa c'è, figlia? Hai bisogno di qualcosa?". Un po' esitante, la donna disse: "Amma, in casa non abbiamo nulla da mangiare. È da due giorni che non riesco a trovare lavoro. Fino a ieri sono riuscita in qualche modo ad arrangiarmi con i miei pochi risparmi, ma oggi siamo completamente al verde. Inoltre mio figlio, quello bravo negli studi, ha la febbre molto alta e non posso permettermi di portarlo all'ospedale o di comprare le medicine che il medico potrebbe prescrivergli".

Sorridendo, la Madre disse: "Perché esiti a parlarne con Amma?" e poi chiese a Kunjumol, che era lì vicino, di chiamare Gayatri, la quale arrivò dopo pochi minuti. La Madre le bisbigliò qualcosa all'orecchio. Gayatri si allontanò e, mentre aspettava che tornasse, la Madre iniziò a chiacchierare con la donna.

Quando Amma parla con gli abitanti del vicino villaggio, diventa una di loro, s'identifica con loro e, sentendosi come a casa propria, queste persone le aprono il proprio cuore raccontandole tutto, la loro vita privata e i pettegolezzi del paese. La Madre non dimostra alcuna impazienza, ascolta attentamente ogni singola parola e li mette a proprio agio. Molti di loro non sono devoti e alcuni non credono nemmeno in Dio, ciò nonostante tutti si sentono in qualche modo toccati da Amma. Dopo averle parlato dei loro problemi, li si sente dire: "Ad ogni modo, ci sentiamo molto confortati da lei. Amma ci ridà la fiducia".

Gayatri tornò ben presto con una borsa piena di riso, frutta e ortaggi. La Madre prese la borsa dalle sue mani e la porse alla donna. Voltandosi verso Gayatri, esclamò: "Dalle il denaro". Gayatri consegnò i soldi alla donna, mentre la Madre le spiegava che quella somma le avrebbe permesso di portare il figlio all'ospedale e di acquistare le medicine necessarie. Con il cuore pieno di gratitudine e d'amore, la donna lasciò l'ashram.

Vivere nell'attesa di Dio

In seguito la Madre si diresse verso le capanne dei *brahmachari* e rimase qualche minuto in ognuna di esse, insegnando a quei giovani come appendere gli abiti, avere cura del proprio altare, tenere in ordine i libri e gli effetti personali e così via. In una capanna viveva un *brahmachari* molto trasandato che non badava molto alla pulizia della stanza. Molti oggetti giacevano qua e là sul pavimento e la foto sull'altare era tutta impolverata. Con uno sguardo serio, la Madre si girò verso di lui e disse: "Figlio, è questo il modo di tenere la tua stanza? Solo chi non ha *shraddha* o *bhak*ti farebbe una cosa simile. Guarda i tuoi vestiti, guarda come i libri sono sparsi ovunque, guarda quanta polvere c'è sull'immagine della forma su cui mediti (*dhyana rupam*)".

La Madre prese in mano l'immagine e la mostrò a tutti dicendo: "Guardate questa foto. Questa è la forma su cui lui medita. Guardate come tratta la sua *dhyana rupam*. Una persona che ama la forma prediletta del Divino o il suo Guru può comportarsi in questo modo? Si dice che uno dovrebbe amare la sua Divinità prediletta tanto quanto ama se stesso". Volgendosi verso il *brahmachari* negligente continuò a parlare: "È ovvio che è da tanto tempo che non pulisci questa immagine, a dimostrazione che non provi nessun amore per la tua Divinità prediletta".

"Figli", proseguì la Madre, "un *sadhak* dovrebbe percepire la Divinità o la presenza del suo Guru o di Dio ovunque. Chi si sforza di sentire la Presenza divina in tutto, darà grande importanza alla pulizia esteriore e penserà che Dio o la sua *Ishta Devata* (Divinità prediletta) risieda in tutto, cammini o si sieda dappertutto. Con un amore e una devozione ardenti, il *sadhak* aspetta ansiosamente il Suo arrivo. Il ricercatore spirituale è divorato da una sete inestinguibile, che vuole placare attingendo alla bellezza del Divino, colmando il proprio cuore con la Sua presenza. Ecco perché aspetta con impazienza. Ogni passo che sente, ogni movimento che percepisce, tutto quello che vede suscita in lui la speranza di poter contemplare il suo Signore, la forma prediletta del Divino, e non può riceverLo in una camera sporca e squallida, non può accoglierLo in un luogo in disordine e sudicio. Il Signore è il suo Diletto, ma lui sa anche che Egli è onnipotente, onnipresente e onnisciente ed è assoluta purezza. Questa consapevolezza lo riempie di rispetto e timore reverenziale.

Cosa offri alla persona che ami di più, che ti è più cara? Solo cose buone. Non ti sogneresti mai di darle qualcosa di cattivo o di brutto, non è vero? Allo stesso modo, l'amore e la devozione che avete per Dio, per la vostra *Ishta Devata* o per il vostro Guru, devono riflettersi nelle vostre azioni, nella bellezza delle vostre opere. Questo non significa che il Signore accetterà solo ciò che è buono; è vero che accetta tutto quello che Gli si offre con devozione e amore, tuttavia noi non abbiamo ancora raggiunto questo stato d'amore supremo dove dimentichiamo tutto, persino la nostra individualità. Questo stato d'amore sublime trascende ogni cosa, pura e impura.

La caratteristica di un vero devoto è vivere costantemente nell'ardente attesa dell'arrivo del Signore o del Guru. Tale devoto è sempre pronto, interiormente ed esteriormente, ad accogliere il proprio Guru o il Signore".

Uno dei *brahmachari* chiese: "Amma, potresti spiegarci cosa intendi per attendere?".

La Madre rispose:

"Figlio, attendere intensamente l'arrivo di Dio dovrebbe essere l'atteggiamento costante di un *sadhak*. Dovresti essere pronto a riceverLo e accoglierLo in ogni momento e il tuo altare non dovrebbe essere un semplice posto su cui mettere alcune immagini, ma il luogo speciale in cui dimora il tuo Signore. Quando proverai questi sentimenti nel tuo cuore, sarà impossibile per te essere disordinato e sporco. Anche se la tua casa o il posto in cui vivi è piccolo, persino minuscolo, dovresti prendertene cura. Cerca di mantenere nel luogo in cui abiti l'atmosfera serena di un tempio e abbi la stessa cura per l'ambiente circostante. La tua camera dovrebbe essere riorganizzata, rimessa in ordine e tenuta pulita in modo tale da dare l'impressione che stai per accogliere il tuo Signore. Il pensiero che il 'mio Signore' o 'mia Madre' possa entrare in ogni momento, ti aiuterà certamente a mantenerla pulita e in ordine, perché desideri che sia adatta a ricevere e a far accomodare la tua o il tuo Beneamato. Il tuo atteggiamento mentale, la tua purezza e la tua pulizia si rifletteranno nelle tue azioni.

Hai sentito certamente parlare di Shabari, la grande devota del Signore Rama. Lei aveva questo atteggiamento e trascorse ogni momento della sua vita aspettando il suo Signore. Pensava: 'Potrebbe entrare a ogni istante, quindi devo essere pronta ad accoglierLo'. E lo era. Shabari tenne sempre la casa e i suoi dintorni impeccabili. Ogni giorno puliva la stanza e preparava il letto su cui il Signore avrebbe riposato. Ogni giorno adornava la casa e non dimenticò neppure una volta di spargere fiori freschi e profumati sul cammino che portava alla sua dimora. Coglieva i frutti migliori, quelli più appetitosi, e gli utensili per la *puja* e l'abluzione dei piedi del Signore erano sempre tirati a lucido, pronti per essere utilizzati. Ogni mattino adornava magnificamente il seggio per il Signore. Tutta la casa profumava di una dolce fragranza. Shabari componeva quotidianamente una ghirlanda di fiori appena colti per Lui e il nome del Signore era sempre sulle sue labbra. Senza mai perdere di vista il cammino che portava alla sua casa, Shabari, la grande devota, attese per lunghi, lunghissimi anni.

Anche le *gopi* (pastorelle) aspettarono Krishna allo stesso modo dopo che Lui ebbe lasciato Brindavan. Quando Krishna partì per Mathura, le pastorelle persero il senno e cercarono di fermarLo. Quando Akrura e Uddhava, i messaggeri del re Kamsa, vennero per portare Krishna a Mathura, le *gopi* li sgridarono severamente. Erano talmente disperate che ritennero responsabili della partenza di Krishna i due messaggeri innocenti e li maledirono.

"Non preoccupatevi', aveva detto Krishna alle *gopi*, 'ho una missione da svolgere a Mathura. Una volta terminata, non resterò un istante di più e tornerò subito da voi, mie adorate. Come potrei stare lontano da voi, che siete l'incarnazione stessa dell'amore?'.

Ma Krishna non tornò mai più a Brindavan.

Per le *gopi*, la partenza di Krishna fu l'inizio di una lunga e interminabile attesa piena di aspettative e di speranza. Ogni giorno preparavano per Lui burro e *ghee*, sperando che tornasse. Per accogliere il loro Diletto, ogni giorno adornavano le case e disegnavano davanti all'ingresso diagrammi e simboli di buon augurio. Ogni giorno aspettavano, lo sguardo fisso sulla porta. Dopo la partenza di Krishna, le *gopi* avevano gli occhi sempre pieni di lacrime. Per loro, ogni aspetto della natura - gli animali, gli alberi, gli uccelli, i cespugli, le piante, i rampicanti, i fiori, i fiumi, le montagne e le valli - aspettava Krishna. Alla fine, questo loro ardente desiderio le trasformò in *Krishnamayi* e furono completamente pervase da Krishna.

Figli, è per questo motivo che Amma afferma che voi non avete fede né amore. Altrimenti sareste stati in attesa, pronti ad accogliere la vostra forma prediletta del Divino o la Madre in ogni momento; non ci sarebbe mai stato un disordine simile in questa stanza, che sarebbe stata impregnata della serenità e della purezza di un tempio. Questo dimostra la vostra mancanza di *shraddha* e di *bhakti*, qualità fondamentali in un *sadhak*".

La Madre prese l'immagine e la pulì con un lembo del suo sari. Dopo averla rimessa sull'altare, cominciò a raccogliere da terra gli abiti e i libri. Mentre poneva i libri su una mensolina d'angolo, esclamò: "Guardate, ha preso i libri da questa mensola senza mai preoccuparsi di rimetterli a posto". Poi chiese della corda a uno dei *brahmachari* e, mentre aspettava, si girò improvvisamente verso colui che abitava nella capanna e disse: "Forse ti stai domandando perché Amma faccia così tante storie per una sciocchezza. Pensi che sia il cuore a dover essere purificato e divenire il tempio del Signore". Voltandosi verso gli altri *brahmachari*, soggiunse: "Lui pensa che la pulizia esteriore non sia così importante. Shabari non aveva forse morso ogni frutto che offriva al Signore Rama per essere certa che fosse maturo e dolce? Kannappa[4] non aveva forse offerto al Signore della carne e dei fiori che aveva portato nei capelli? Aveva persino lavato l'immagine sacra con l'acqua che aveva trasportato con la sua bocca. Ecco quello che lui pensa'".

Il *brahmachari* impallidì e chinò la testa. Anche se con delicatezza, la Madre aveva appena messo a nudo ogni suo pensiero. Dopo qualche secondo l'uomo rialzò il capo e con un tono pieno di rimorso esclamò: "Amma, ti prego, perdonami. Quello che hai appena detto è vero. Hai letto nella mia mente. Ti prego, Amma, illuminami". I suoi occhi erano pieni di lacrime.

---

[4] Kannappa era un cacciatore che scoprì un tempio dedicato a Shiva mentre cacciava nella foresta e con molta naturalezza provò un'amorevole devozione per l'immagine del Signore Shiva installata nel tempio. Pur non sapendo assolutamente nulla dei rituali legati al culto, sentiva la presenza vivente di Shiva nell'idolo e si mise ad adorarlo a modo suo. Ad esempio, Gli offriva la carne di cinghiale appena ucciso, prendeva dell'acqua del fiume con la bocca e poi la sputava sul simulacro per compiere l'abluzione rituale, si metteva i fiori tra i capelli e poi adornava il Signore con quegli stessi fiori. Dal punto di vista ortodosso, tutte queste azioni erano un sacrilegio e violavano le regole tradizionali della purezza. Il sacerdote che ogni mattino trovava dei pezzi di carne nel tempio era furioso. Infine, il Signore Shiva finì per rivelargli che Kannappa era il Suo più grande devoto e che glielo avrebbe dimostrato il giorno seguente. Il sacerdote si nascose nel tempio nel momento in cui pensava che Kannappa sarebbe venuto. Quando il cacciatore arrivò per adorare il Signore, notò che uno degli occhi del Signore perdeva sangue. Cercò in vari modi di fermare il sanguinamento senza risultato e alla fine decise di donare al Signore uno dei suoi occhi. Si cavò un occhio e lo mise al posto di quello sanguinante. Allora anche l'altro occhio del Signore cominciò a sanguinare. Mentre stava per togliersi anche l'altro occhio, il Signore Shiva, vedendo la sua devozione, restituì la vista a Kannappa e proclamò la sua gloria.

Sebbene il *brahmachari* si sentisse un po' umiliato perché i suoi pensieri erano stati messi a nudo di fronte a tutti, la sua confessione provocò grandi risate. La Madre si animò e si mise a ridere come una bambina. Mentre continuava a ridere, afferrava e spingeva quelli che le erano vicino. A un certo punto afferrò i capelli lunghi di Balu e li tirò. "Ahi!" esclamò il giovane, provocando altre risa.

Quando terminarono, la Madre si sedette a terra e riprese il discorso: "Figlio quello che tu pensi è corretto, ma la tua mente è pura come quella di Shabari e di Kannappa? È vero che il comportamento di Shabari e di Kannappa non seguiva le norme tradizionali, ma il loro cuore era puro. Erano innocenti come i bambini. Hai la stessa innocenza e purezza? Ti caveresti gli occhi come fece Kannappa? Saresti capace di fare un tale sacrificio? O forse sei come Shabari, che ogni giorno aspettava il suo Signore con un cuore ardente d'amore? Non sei capace di comportarti come nessuno dei due e quindi che senso hanno i tuoi nobili pensieri?

È stato l'amore puro e innocente a indurre Shabari e Kannappa a fare tali offerte. Quando il tuo cuore è pieno di un tale amore, tu non ci sei più, il tuo ego è assente. In tale stato, solo l'Amore è presente, la tua individualità svanisce e diventi un tutt'uno con Dio; diventi innocente come un bambino. Quando un bambino offre un dono, è impossibile rifiutarlo perché l'amore di un bambino è puro e senza macchia. Quando dimori in questo amore puro e innocente, i sentimenti di dualità come puro e impuro, buono e cattivo e così via spariscono. C'è solo l'amore. Non è possibile rifiutare l'amore puro. Gli oggetti che Kannappa e Shabari offrirono al Signore non avevano in sé molta importanza perché ciò che Gli offrivano era il loro cuore pieno d'amore. Essi stessi erano diventati l'offerta. Come bambini pieni d'amore, avevano trasceso le nozioni di puro ed impuro e avevano dimenticato i doveri e i divieti.

Figlio, quando le persone non sono in grado di fare una cosa o la reputano troppo difficile, cercano una giustificazione al loro comportamento. Questa è la natura umana. Quando capiscono che stanno per perdere, cercano una via d'uscita e, anche se non ha molto senso, razionalizzano il loro comportamento. Questa è una *vasana* estremamente sottile, un altro trucco della mente. Stai in guardia e fa' attenzione a questo aspetto della mente. Un ricercatore spirituale non dovrebbe mai cadere in una simile debolezza".

Il *brahmachari* che era andato a cercare una corda era tornato. La Madre si alzò, la prese e con l'aiuto di altri *brahmachari* la sistemò per appendere il bucato, legando i suoi due capi alle due estremità della capanna. Poi iniziò a piegare gli abiti uno ad uno e a metterli sulla corda. Infine raccolse tutte le cianfrusaglie sparse per terra. Alcuni oggetti erano incastrati nella parete fatta di foglie di cocco intrecciate, altri giacevano in un angolo buio della capanna. C'erano pezzi di carta, vecchi abiti, un tubetto di dentifricio vuoto, uno spazzolino da denti usato, delle penne rotte, ecc. Prima di gettare tutto in un vecchio secchio diventato improvvisamente un contenitore d'immondizia, la Madre chiese al *brahmachari* che viveva nella capanna: "Questo ti serve?", oppure "Questo lo usi?". Se rispondeva di no, lo buttava nella spazzatura. Se diceva di sì, glielo restituiva. Questa cernita andò avanti per un bel po'.

In seguito la Madre esaminò l'*asana* di fronte all'altare. Si trattava di un panno pesante su cui l'uomo si sedeva per meditare. Lo annusò e fece una smorfia per indicare che puzzava. Porgendolo a un altro *brahmachari* gli disse: "Lavaglielo".

Ora che tutto era in ordine, la Madre cominciò a spazzare la capanna. Infine un *brahmachari* accese un bastoncino d'incenso e la Madre si sedette su una stuoia per rilassarsi. Gayatri arrivò e offrì da bere alla Madre. Amma bevette solo un sorso e poi le restituì il bicchiere. Gayatri attese sperando che ne chiedesse ancora. "Ancora un po', Amma?", chiese Gayatri. "No, basta così", fu la risposta. La Madre chiese a Gayatri di sedersi vicino a lei e poi si distese appoggiando la testa sul grembo di Gayatri, mentre cantava *Kannunir Toratha Ravukal*.

Kannunir Toratha Ravukal

Quante notti ho trascorso
con gli occhi pieni di lacrime?
O Incarnazione della compassione,
non verrai oggi?
O Sridhara Krishna,
ogni istante di questa attesa
è come una tremenda pioggia di fuoco che si abbatte su di me
per un intero eone.

Passo ogni notte aspettandoTi,
pensando che le danzanti lame di luce
facciano parte della Tua meravigliosa opera.
Rimango immobile,
immaginando che ogni minimo suono che emerge dall'oscurità
sia il rumore dei Tuoi passi.

O Kanna,
eternamente libero dalla sofferenza
e dal cuore intenerito dall'Amore,
quando potrò vedere il Tuo soave sorriso?
Quando verrai a salvare questa giovane
che sta annegando nelle sue lacrime?

*O Madhava Krishna,
accordami la benedizione di rinascere
come un filo d'erba
o un granello di sabbia sul Tuo cammino.
Oppure, fa' di me una puntina di pasta di sandalo
che verrà utilizzata dai servitori dei Tuoi devoti.*

Al termine del canto, la Madre rimase per qualche istante raccolta in se stessa. Quando riaprì gli occhi, lo stesso *brahmachari* riprese la parola: "Amma, pulendo questa stanza mi hai di fatto punito", ma poi si corresse dicendo: "Perdonami, non dovrei usare la parola punizione, so che non punisci nessuno, ma che ci correggi solo per indurci a diventare migliori. Le lezioni che riceviamo attraverso le tue parole e azioni sono per il nostro bene. Ci 'punisci' solo per amore e per compassione, ma la nostra ignoranza è tale che per la maggior parte del tempo ce ne dimentichiamo. Quando Amma ha rivelato i miei pensieri mentre puliva la mia camera e, in particolare, quando ha dato la mia *asana* sporca a un altro *brahmachari* chiedendogli di lavarla per me, mi sono vergognato e sentito ferito. Ho pensato che la Madre volesse umiliarmi di fronte agli altri. So che non è questo l'atteggiamento di un *sadhak* ma, Amma, non posso fare altrimenti. Queste tendenze e questi sentimenti negativi sono molto forti". I suoi occhi erano pieni di lacrime e aveva un nodo alla gola per l'emozione e così dovette interrompersi.

La Madre strofinò la fronte e accarezzò la testa del *brahmachari* con grande amore e dolcezza. "Queste lacrime sono le impurità che hai dentro di te", gli disse, "Queste lacrime dovrebbero trasformarsi nelle 'altre lacrime'. Queste lacrime nascono dalla sofferenza e dall'angoscia provocate dal mondo, mentre le 'altre' sono lacrime di beatitudine, scaturite dall'amore, da una pura devozione". La Madre sorrideva mentre parlava. Il suo sorriso e il suo sguardo sembravano capaci di alleviare qualsiasi sofferenza o amarezza. Il tocco divino della mano della Madre calmò il *brahmachari*, che si liberò dal pesante senso di colpa attraverso il pianto. Pianse per un po', ma poi riuscì a controllare le sue lacrime e ben presto si rilassò, libero da ogni sofferenza interiore.

Il darshan della Madre è un atto terapeutico, un incredibile e divino percorso di guarigione. Il suo tocco sana le ferite di un passato doloroso. La sua presenza ci purifica, ci eleva e ci porta verso il nostro vero Sé. La Madre è l'incarnazione della purezza e tutti quelli che vengono a contatto con lei sono trasformati e purificati. In alcuni casi questa purificazione è visibile, in altri è più sottile. Quanti devoti della Madre conoscono quell'abbraccio apparentemente innocente che trasforma le vite e quello sguardo capace di sciogliere i cuori! Che ne siate consapevoli o meno, che ve ne sentiate degni o no, questa purificazione accade. Come la limatura di ferro viene magnetizzata da una calamita, così un'anima ordinaria si trasforma in un essere spirituale attraverso il contatto costante e la compagnia di un *Mahatma* come la Madre.

Come comportarsi quando si ricevono insulti

Ora che il *brahmachari* si sentiva meglio, la Madre riprese a parlare:

"Figlio, non c'è nulla di cui preoccuparsi. È inevitabile che sorgano sentimenti negativi, sta solo affiorando il passato. Almeno tu hai confessato i tuoi sentimenti, dimostrando di non essere ipocrita. Poche persone riescono a rimanere calme e serene quando vengono scoperti i loro errori e le loro debolezze. Adesso questi tuoi sentimenti feriti sono emersi alla presenza di Amma e i sentimenti negativi svaniranno nell'amore che hai per Amma. Tuttavia vi sono casi in cui la negatività rimane e può creare un'altra ferita profonda. Fai attenzione!

Una negatività dopo l'altra forma dentro di te una lunghissima catena che ti imprigiona. Nel corso delle tue innumerevoli incarnazioni, sei stato insultato e biasimato più volte. Quando qualcuno ti insulta, ti sta insultando partendo dal suo passato e, quando tu reagisci, anche la tua reazione emerge dal passato. In questa vita come in quelle precedenti, entrambi vi siete lanciati insulti e ne avete ricevuti altrettanti. Le tue azioni e parole, positive o negative, rispecchiano il tuo passato accumulato al tuo interno e ora questo deposito è pieno, stracolmo. Per svuotarsi dell'ego, che è la somma totale di tutti questi sentimenti negativi, bisogna innanzitutto sentirne il peso. È davvero sorprendente il fatto che non si avverta il peso di questo fardello. Prenderne coscienza è un buon segno: potete iniziare a liberarvene.

Amma ha sentito raccontare la storia di un discepolo il cui maestro gli aveva chiesto di dare, per tre anni, soldi a chi lo insultava senza dire una sola parola. Al termine di questo periodo di prova, il maestro gli disse: 'Ora puoi accedere al mondo della vera conoscenza e apprendere la saggezza'. Mentre il discepolo stava per entrare nel mondo della vera conoscenza, incontrò un saggio seduto davanti al cancello d'ingresso che insultava coloro che passavano. Il saggio insultò anche questo discepolo, che subito scoppiò a ridere. 'Perché ridi quando ti insulto?', chiese il saggio. 'Perché per tre anni ho dovuto pagare per questo genere di cose che ora mi dai gratuitamente', rispose il discepolo. 'Benvenuto nel regno della saggezza, è tutto tuo", esclamò il saggio.

Imparate a ridere di cuore quando qualcuno vi insulta, cercate di vedere affiorare il suo passato attraverso quelle parole. Ricompensate quelli che vi insultano, cercate di non rispondere loro in malo modo e, a poco a poco, sforzatevi di non provare nessun sentimento ostile nei loro confronti. Agite, ma non reagite. Grazie a questo atteggiamento, penetrerete nei recessi più profondi della vostra coscienza.

Quando pensavi che Amma ti stesse insultando, sei riuscito a stare zitto e a non reagire. Inoltre hai confessato che le parole di Amma ti avevano ferito: questo è un buon segno. Cerca di comportarti nello stesso modo con gli altri. Quando le persone ti offendono o si arrabbiano con te, cerca di tenere la bocca chiusa, immagina di essere in presenza di Amma e che una tua reazione sarebbe una mancanza di rispetto nei suoi confronti. Cerca di provare rispetto per l'altro perché, in realtà, ciò che sta facendo è positivo per te: ti insegna a mantenere il silenzio e ad avere pazienza. Cerca di compatirlo, pensa al suo passato doloroso e abbi profonda considerazione e compassione per lui. 'Poveretto, le ferite profonde del passato lo fanno soffrire. È malato. Dovrei fare del mio meglio per aiutarlo', dovresti dirti.

Forse dentro di te stai ancora reagendo, ma anche se ribolli interiormente, cerca di analizzare e prendere coscienza dei fatti attraverso una comprensione adeguata, in modo da capire che il tuo accusatore sta soffrendo per le ferite del suo passato. Non vorrai certo fare del male a un essere ferito che soffre. Sarebbe crudele e tu non vuoi essere crudele. Sei un *sadhak*, un ricercatore spirituale, e quindi desideri mostrarti gentile e compassionevole.

Potrebbe darsi che nutri rispetto ma non compassione né considerazione. Nel momento in cui nasce la compassione, perdoni l'altro e dimentichi le sue parole offensive. Chi prova compassione non può reagire; solo allora si può dire che è compassionevole. Nello stato in cui si trova ora la tua mente, questo stadio è difficile da raggiungere. Non importa, non è così facile lasciare la presa. Forse non riuscirai a sentire amore. Nella situazione che si è appena prodotta con Amma, il tuo silenzio nasceva dal rispetto, dalla riverenza, o piuttosto dal timore, nei suoi confronti. Tuttavia avevi ancora delle reazioni interiori. Ciò nonostante, dopo qualche minuto ti sei fermato a pensare, a riflettere abbastanza per confessare ad Amma quello che avveniva dentro di te. Quindi, se hai rispetto per una persona, considerala come un maestro che ti sta insegnando la pazienza, oppure immagina che Amma ti stia parlando attraverso di lei. In tal modo riuscirai a stare zitto. È come se a scuola ricevessi una ramanzina da parte del professore perché ti sei comportato male o non hai studiato la lezione. Non gli rispondi, rimani in silenzio per rispetto, non è vero? Quindi, mantieni il silenzio e allontanati da chi ti sta insultando. Se rimanessi lì potresti finire per reagire, anche se all'inizio eri riuscito a tacere. Allontanati dunque da questo tipo di atmosfera.

Se non puoi andare via, porta alla mente dei ricordi piacevoli, dei momenti indimenticabili che hai vissuto con il tuo maestro spirituale, ad esempio il giorno in cui l'hai incontrato e la compassione e l'amore che ti ha prodigato. Dei pensieri nobili e dei ricordi a te cari ti aiuteranno a restare in silenzio.

Pur non reagendo, potresti comunque avere pensieri di odio verso chi ti insulta o nutrire rancore per il suo comportamento vile e offensivo. Fai quindi attenzione a non provare alcun risentimento per lui, non custodire la ferita dell'odio e della collera nella tua mente. Ricorda che questa persona aveva un messaggio per te, voleva insegnarti qualcosa. Apri bene le orecchie e il cuore per udire e assimilare questo messaggio; più tardi dovrai lavorarci sopra per accettarlo. Medita, prega, canta, ripeti il tuo mantra, contempla profondamente al fine di eliminare questi e altri disturbi di carattere emotivo".

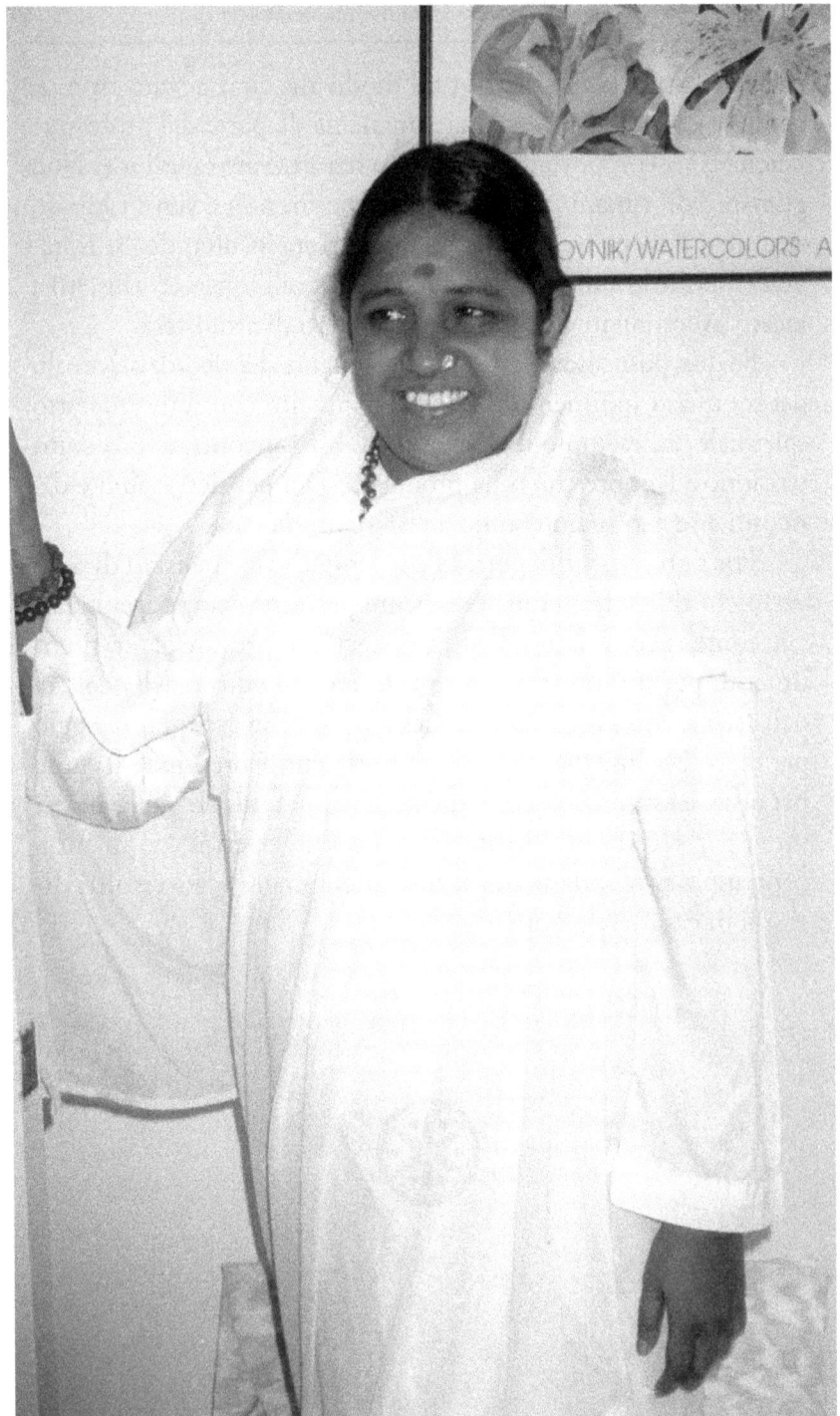

Capitolo 5

Un indimenticabile viaggio in barca

Venerdì 7 settembre 1984

La sera, la Madre si recò da un devoto. Poiché l'uomo abitava in un villaggio distante parecchi chilometri dall'ashram, la Madre decise di prendere una barca. Subito dopo i *bhajan* serali, Unni, che viveva proprio di fronte all'ashram, era pronto con la sua barca. Il gruppo che sarebbe salito sull'imbarcazione era composto dalla Madre, Gayatri, Damayanti (la madre di Amma), Harshan (il cugino di Amma), Satish (il fratello di Amma), Balu, Sri Kumar e Rao. Partirono alle otto e trenta con Unni come barcaiolo.

Mentre viaggiavano lungo la laguna, il riflesso della luna sull'acqua creava dei giochi di luce ed ombra. Tutta la natura era illuminata dal chiarore della luna. Di fronte allo spettacolo della vastità e immensità del cielo, la mente fu inondata da un sentimento di pace e la gentile brezza intensificò questa sensazione di quiete. La Madre contemplava il cielo sereno, seduta nella barca, al chiaro di luna, e splendeva di straordinaria bellezza.

Poi, come se stesse parlando alla luna, al cielo, all'infinito o all'ignoto, la Madre sollevò l'indice, indicando con il dito qualcosa d'indefinito. Rimase per qualche istante in quella posizione e poi iniziò a cantare. Tutto il gruppo rispose con forza, gioia ed entusiasmo al canto *Adiyil Parameswariye*.

Adiyil Parameswariye

O Dea Suprema,
Madre dell'universo,
Tu sei l'unico scopo in questo mondo.

O Madre dagli occhi meravigliosi
come i petali del loto blu,
Tu proteggi i tre mondi
e dimori nel loto di maya.
Di mirabile bellezza, sei la Fonte di tutte le cose.
Liberami da ogni sofferenza.

Dea piena di grazia
che distruggi l'avidità
e ci conduci fuori dal mondo della trasmigrazione,
proteggimi!
O Madre che accordi la devozione e la liberazione,
o Katyayani, la cui reputazione si estende lontano,
mi prostro a Te.

O dea della Terra,
Saggezza e Conoscenza,
infinita Gioia, puro Nutrimento,
sei la Creazione intera!
Tu che esaudisci i desideri,
Ti prego, liberami dall'orgoglio,
dimora nel mio cuore e rimuovi le mie pene.

La Madre fissò il cielo senza nubi per tutto il canto. Poi ne intonò un secondo e a metà di questo entrò in *samadhi*. Restò per un po' immobile, le braccia tese, quasi a implorare l'Essere Supremo, gli occhi aperti, senza un battito di ciglia. Un sorriso smagliante adornava il suo volto, aggiungendo ancora più luce alla bellezza celeste che irradiava. Brillava come una seconda luna.

Questo stato divino della Madre durò diversi minuti. Più tardi, quando tornò al suo stato ordinario, notò due *brahmachari* che parlavano tra loro.

"Figli", disse, "parlare inutilmente è uno dei più grandi nemici del *sadhak*. Viaggiare in tale intimità con Amma è un'occasione rara e potrebbe non ripresentarsi più la possibilità di trascorrere del tempo con Amma in questo modo. Guardate quanto è bella questa notte. Guardate il cielo, così vasto e immenso, e la luna che brilla tra le stelle luccicanti. Sentite la quiete e il silenzio. Sentite la brezza soave e il suo soffio così gentile. Guardate gli alberi e gli arbusti che costeggiano la laguna. Ascoltate il suono del *Pranava mantra* che echeggia dall'oceano. Guardate il blu scuro dell'acqua e godete la bellezza della natura, consapevoli che tutte queste cose sono una manifestazione del Divino.

In passato, la Madre non dormiva mai la notte, restava sveglia e invocava Dio. Piangeva, pregava, meditava e danzava, in completa beatitudine. Le notti di luna piena erano le sue preferite. Durante quelle notti silenziose e piene di pace, perdeva coscienza dell'ambiente circostante e il suo anelito per il Divino giungeva al culmine. Trascorreva l'intera notte percependo tutto come un'espressione del Supremo, dell'Assoluto, piangendo, pregando e danzando in estasi.

I *sadhak* amano la notte, è allora che possono immergersi profondamente nel loro intimo. Inizialmente, meditare e pregare durante la notte favorisce il progresso spirituale, in particolare dopo mezzanotte, quando tutto il mondo si appresta a dormire. Per il *sadhak*, questo è il momento migliore per vegliare e svolgere le proprie pratiche spirituali. Quando arriverà a uno stadio più avanzato, l'aspirante spirituale riuscirà a pregare e a meditare quando vuole, indipendentemente dal luogo e dall'ora. Quando avrà acquisito una tale concentrazione, poco gli importerà se è giorno o notte; ma questo è possibile solo quando la mente è talmente focalizzata sull'oggetto della meditazione che non si cura più dell'ora e del luogo. Ovunque si trovi, costui è completamente immerso in quello stato. Ma prima che un *sadhak* giunga allo stadio in cui la meditazione accade spontaneamente, deve scegliere le condizioni ideali per meditare.

Perciò, figli, non sprecate queste occasioni discorrendo di cose futili. Utilizzate il tempo per meditare, pregare in silenzio e ripetere il mantra. Guardate il cielo, sforzandovi di visualizzare la vostra forma prediletta del Divino (*Ishta Devata*). Cercate d'immaginare che questa forma divina si muova con voi, che il Suo volto sia impresso nel disco lunare oppure, immaginate che la luna sia il volto della Madre Divina, di Krishna o di Rama.

Cercate di sentire nel soffio della brezza la tenera carezza della vostra *Ishta Devata* e, guardando uno specchio d'acqua, visualizzate il Suo volto sorridente. Potete immaginare che la vostra amata divinità vi stia chiamando, vi abbracci, vi accarezzi, vi benedica e poi si celi tra le nuvole per riapparire poco dopo. Esercitando così la vostra immaginazione, potete addentrarvi sempre più nella vostra coscienza. Installate la vostra forma divina prediletta nel santuario del vostro cuore e, a poco a poco, vi aprirete, avvicinandovi maggiormente al vostro Sé".

La Madre smise di parlare. Chiese a tutti di meditare, di ripetere il proprio mantra o d'immaginare di diventare un tutt'uno con l'infinito guardando il cielo. Poi rimase lì seduta in silenzio, contemplando la volta celeste. La barca continuava a scivolare lentamente sull'acqua. Solo lo sciabordio dell'acqua rompeva il silenzio, mentre l'imbarcazione risaliva con grazia la corrente. La meditazione e la preghiera silenziosa proseguirono per mezz'ora, e anche dopo le persone rimasero prevalentemente in silenzio. La Madre cantò *Mara Yadukula Hridayeswara*.

Mara Yadukula Hridayeswara

O sublime Incantatore,
Signore del cuore degli Yadava,
che hai la carnagione del colore di una nuvola carica di
pioggia,
la dea Lakshmi dimora nel Tuo cuore.

O Tu, dagli occhi di loto,
dove sono le Tue dita gentili
che, accarezzando il flauto,
creano ninnenanne
che ci conducono nel paese dei sogni?

Hai vissuto a Vrindavan come il figlio di Nanda,
hai danzato e giocato
nel cuore del Signore Chaitanya e di tanti altri.
Sei legato ai Tuoi devoti.
Sei il principio e la fine di ogni cosa.
A mani giunte, Ti adoriamo.

Il canto della Madre, traboccante di beatitudine, rese ancora più fitto il silenzio. La bellezza della luna toccò il cuore di tutti. La presenza della Madre nella barca era sempre la sorgente, il cuore e l'anima di questi momenti divini. In quell'atmosfera piena di pace e di serenità, la Madre mormorò il suo mantra preferito: "Shiva... Shiva... Shiva... Shiva…". Ripetendolo dolcemente di tanto in tanto, aiutava ciascuno a dimorare centrati nella coscienza, malgrado la naturale tendenza a lasciare vagabondare la mente.

Dopo un'ora e un quarto, il gruppo giunse alla casa del devoto. La barca si fermò proprio davanti alla sua abitazione, situata in riva alla laguna, ma nessuno aveva voglia di scendere o di dire una parola. La beatitudine e la pace irradiate dalla Madre impregnavano l'atmosfera a tal punto che nessuno voleva guastare questi momenti preziosi con una conversazione inutile. Vedendo che nessuno si muoveva, la Madre esclamò: "Beh, figli, cosa succede? Siete tutti in *samadhi*?". Le sue parole li fecero uscire dal loro stato meditativo e tutti si affrettarono a scendere dalla barca.

Felici di vedere Amma e i suoi *brahmachari*, la famiglia li guidò verso l'entrata principale, dove il marito, la moglie e i bambini svolsero assieme la cerimonia dell'abluzione dei piedi di Amma. La figlia minore le pose una ghirlanda al collo e i genitori eseguirono l'*arati*, facendo ondeggiare la canfora accesa di fronte a lei. In seguito, tutta la famiglia bevve l'acqua santa della *pada puja* e poi ne sparse qualche goccia su di sé e nella casa. Infine si prostrò ai piedi della Madre, che riversò su ciascuno di loro il suo amore e la sua compassione, con la naturalezza e l'innocenza che la caratterizzano.

La serata iniziò con la recitazione del *Lalita Sahasranama*, i Mille Nomi della Madre Divina, e proseguì con i canti devozionali. Al termine, la Madre stessa eseguì il rito finale dell'*arati*, che consiste nel descrivere alcuni cerchi davanti alle immagini sacre sull'altare con la fiamma della canfora accesa. Questa cerimonia e le preghiere conclusive crearono nella casa un'atmosfera serena, ma fu soprattutto la presenza divina della Madre a rendere questo evento perfetto e paradisiaco.

Ben presto arrivò la mezzanotte e venne servita una tarda cena; tuttavia la Madre assaggiò solo un contorno e sorseggiò un po' d'acqua. La famiglia avrebbe desiderato che mangiasse di più, ma con molto amore lei declinò l'offerta. La padrona di casa si lamentò dicendo: "Forse è perché manchiamo di devozione che la Madre non vuole il nostro cibo". Affettuosa ma decisa, la Madre rispose: "No, figlia, assolutamente no. Conosci la natura di Amma: imprevedibile. Amma non ha fame ed è molto tardi. Avete già nutrito Amma con il vostro amore ed è questo che ha saziato Amma".

Ciò nonostante lasciò che la donna la nutrisse con un pezzetto di *dosa*, una crêpe di farina di riso. Mentre lo metteva in bocca alla Madre, come fosse una mamma che sta imboccando il suo bimbo, la donna sembrava traboccare di gioia e d'affetto. Fu forse questo amore innocente a indurre la Madre ad aprire spontaneamente la bocca una seconda volta finché alla terza la chiuse dicendo: "Basta così, figlia". In estasi, la donna baciò la Madre su entrambe le guance e poi distribuì a tutti il resto della *dosa* come *prasad*.

Finita la cena, la Madre uscì da questa modesta casetta che consisteva in una capanna di foglie di palma da cocco intrecciate. La famiglia si scusò per la loro abitazione così minuscola, ma la Madre rispose: "Figli, i vostri cuori sono grandi abbastanza". Lo spiazzo davanti alla casa era ricoperto di una sabbia bianca e farinosa e da lì si poteva accedere direttamente alla laguna dov'era ancorata la barca. La Madre si sedette sulla sabbia in riva alla laguna, circondata dalla famiglia, dai *brahmachari*, da Damayanti, da Unni e da Satish.

La figlia minore si sedette in braccio a sua madre, che disse ai *brahmachari*: "Questa è la bambina che Amma ha salvato e da allora abbiamo per Amma una devozione e una gratitudine eterne. Pensavamo che la bambina non sarebbe vissuta a lungo. Soffriva di asma cronica e provammo tutti i tipi di cure senza risultato. Non sapevamo più cosa fare e come ultima spiaggia andammo da Ammachi, che diede alla bambina un po' d'acqua santa. Dopo aver benedetto dell'altra acqua, ci disse di darle un sorso o due ogni giorno. Ci raccomandò anche di spalmare della cenere sacra sul suo petto. Non abbiamo fatto altro e gli attacchi d'asma non sono più ritornati. Ora la bambina sta benissimo".

La Madre non prestò molta attenzione al racconto della donna e chiese alla piccola: "Non hai sonno?". La bimba scosse la testa e rispose: "Come potrei quando Ammachi è qui?". "Furbetta!

Sei proprio una bella birichina!", commentò la Madre con un grande sorriso, e poi chiese ai *brahmachari* di cantare il *kirtan Mauna Ghanamritam*.

Mauna Ghanamritam

*Nella dimora d'impenetrabile silenzio,
di eterna pace e bellezza
in cui si è dissolta la mente di Gautama Buddha,
nel fulgore che spezza ogni legame,
sulla sponda della Beatitudine
inaccessibile al pensiero!*

*Conoscenza che doni eterna armonia,
Dimora senza inizio né fine,
Beatitudine a cui si accede solo quando cessano i moti della mente,
Fonte dell'Energia,
Regno di pura coscienza!*

*Lo scopo che accorda
il mirabile stato di perenne non dualità,
descritto come "Tu sei quello",
è ciò che anelo raggiungere,
ma posso ottenerlo solo con la Tua Grazia.*

Al termine del canto, la Madre chiese che ne cantassero un altro. Sembrava che lei volesse evitare ogni conversazione per un po'. Quando finì il secondo canto, disse: "Un altro". Al termine del terzo *bhajan* rimase in silenzio a contemplare il cielo blu scuro. Trascorsero dieci o quindici minuti in silenzio e poi si udì il rumore di un motore che indicava il passaggio quotidiano del traghetto davanti alla casa. Indicando con il dito il grande battello, la Madre disse: "Amma viaggiava sullo stesso tipo d'imbarcazione quando la inviavano dai parenti per servirli. Sulla barca la Madre canticchiava l'*Omkara* (la sacra sillaba OM) o cantava *kirtan* al ritmo del motore. Per Amma, questo viaggio era un'esperienza spirituale elevata. Senza sprecare un solo istante, cantava, pregava, recitava il mantra e meditava, senza mai dimenticare la forma divina prediletta".

"Amma", intervenne un *brahmachari*, "questo assorbimento nel Divino accadeva in te senza sforzo, spontaneamente, perché questa è la tua natura. Ma noi che siamo ancora identificati con il corpo e con la mente e condizionati dalle *vasana* e dai pensieri, come potremo mai riuscirci? Come possiamo pensare di giungere a questo stato senza la tua grazia?"

"Figli", rispose la Madre, "se si è veramente determinati, si può riuscire in qualunque cosa. Pensieri del tipo: 'Sono debole; è troppo difficile; è impossibile per una persona come me', non si addicono a un *sadhak*. Un ricercatore spirituale dovrebbe avere la certezza che questo potere è dentro di lui e che vi può attingere. La bellezza e la potenza di un saggio o di un santo dimorano in ognuno. Ciascuno di voi è una fonte di potere infinito. Ciò nonostante, quando vedete un santo o un saggio o un personaggio potente, indietreggiate dicendo: 'No, solo persone speciali sono in grado di compiere tanto. Io non posso riuscirci. Ho il mio piccolo mondo di cui occuparmi e questo mi è già più che sufficiente. Tutto ciò che riguarda la sfera divina non fa per me, meglio non immischiarsi in queste faccende'. Tale atteggiamento non vi aiuterà a uscire dalla minuscola corazza del vostro piccolo ego ed è una debolezza che induce lo sconforto e l'indolenza. È per questo che il *Vedanta* ci esorta a meditare sull'affermazione 'Io sono *Brahman*. Io sono Dio. Io sono l'Universo. Io sono il Potere assoluto, la totalità della coscienza, che conferisce a ogni cosa bellezza, splendore, vitalità e luce'.

Non è bene che un *sadhak* abbia pensieri autodenigratori, che nuocciono anche a chi vive nel mondo. Dio ha benedetto tutti noi con il prezioso dono della nascita umana; abbiamo un corpo, una mente e un intelletto ben sviluppati e possiamo imparare o compiere quello che desideriamo. Si tratta semplicemente di utilizzare gli strumenti e le facoltà che Dio ci ha dato per raggiungere l'obiettivo prefissato. Se una persona sceglie il cammino spirituale, non può rimanere inattiva aspettando che arrivi la Grazia. La realizzazione non giunge automaticamente, bisogna lavorare sodo per conseguirla e non la si può neppure acquistare. Non è come andare a comprare un gelato e anche l'acquisto di un cono gelato presuppone che qualcuno si sia impegnato a farlo. Chi ha prodotto il gelato? Non si è materializzato di punto in bianco. Come avete ottenuto il denaro necessario per comprarlo? Lavorando sodo, non è così? Immaginate di avere i soldi per acquistare il cono in gelateria ma che non abbiate voglia di andarci. È molto semplice: rimarrete a bocca asciutta. Però lo desiderate intensamente e così vi stendete sul letto e immaginate di mangiare un gelato al cioccolato e con la fantasia visualizzate i vari gusti esposti in gelateria e immaginate di assaggiarli tutti anche se in effetti, fisicamente, non ne avete assaporato nessuno. Potete scegliere tra numerosi gusti, avete il denaro per comprare il gelato, ma non ve la sentite di alzarvi e andare in gelateria. Vi accontentate dei vostri sogni o delle vostre fantasticherie.

Allo stesso modo, Dio è qui, il Guru è qui e la Grazia è sempre presente. Avete le facoltà necessarie per conseguire la conoscenza e fare l'esperienza. Possedete una mappa e vi sono state date le indicazioni sul cammino da seguire sotto forma di consigli del Guru. Il vento della sua Grazia non smette mai di soffiare, il fiume della sua natura divina fluisce ininterrottamente e il sole della conoscenza non smette mai di brillare. Il Guru ha fatto la sua parte, il suo lavoro è terminato già da molto tempo.

Ciò nonostante pensate che non abbia fatto nulla e che non permetta alla sua Grazia di scendere su di voi. Siete convinti che vi manchi la sua benedizione o la sua Grazia. Aspettate che lui ve la accordi mentre rimanete oziosi. Aspettate il giorno, il momento in cui lui toccherà il vostro cuore. Va bene aspettare, ma sapete davvero attendere con la fede e la concentrazione delle *gopi* di Brindavan o di Shabari, la grande devota di Sri Rama? No, non ne siete capaci. Forse state aspettando ma non con il vostro intero essere, non bruciate d'amore e di devozione. Aspettate, ma nel frattempo vi dedicate anche ad altre attività; la vostra mente rincorre anche altri desideri, non attendete unicamente la sua Grazia. Al contrario, aspettate che 'eventi importanti' accadano nella vostra vita e allo stesso tempo volete anche ricevere la Grazia. E la volete ricevere gratuitamente.

Forse state aspettando Dio o la Sua Grazia ma pensate a Lui saltuariamente, la domenica o al massimo due o tre volte al giorno. Inoltre i pochi momenti in cui pensate al Signore sono scialbi e piatti perché avete in mente anche tante altre cose apparentemente importanti. Non c'è nulla da eccepire se state fedelmente aspettando la Sua venuta, ma assicuratevi che la vostra attenzione sia unicamente rivolta a Lui. Se siete assorti in altre faccende, come può il Signore venire da voi? Come può la Sua Grazia riversarsi su di voi? Il Guru è qui e la sua Grazia non smette di fluire, è sempre presente; ma voi volete che lui venga senza essere invitato, senza nessuno sforzo da parte vostra. Con il pretesto dell'attesa, state sprecando il vostro tempo e non credete fino in fondo che questa attesa sia parte integrante della vostra vita. Non prendete sul serio questa attesa, non la vivete con tutto il vostro essere. Dite: 'Aspetto che Dio arrivi, che la Sua Grazia si manifesti. La Sua compassione è infinita e quindi verrà. Nel frattempo mi occupo di altre questioni importanti'. Che idiozia! Non riceverete la grazia di Dio e con una tale fede non avrete neppure la forza di superare le difficoltà.

È possibile divenire il signore dell'universo. Questo potenziale è già in voi, ma si richiede impegno da parte vostra. In realtà, voi avete già la sovranità dell'universo; siete gli imperatori del mondo, ma state sognando di essere un mendicante che vive di elemosina. Nel momento stesso in cui smettete di sognare o prendete coscienza che il cosiddetto stato di veglia è in realtà un sogno, realizzerete di essere il signore dell'universo e vi sveglierete alla coscienza divina.

Il mondo intero, ogni oggetto nell'universo - il sole, la luna, le stelle, le galassie, la Via Lattea, la Terra, le montagne, le valli, i fiumi, gli oceani, gli alberi, gli animali, gli uccelli, le piante, i fiori, e la mente di tutti gli esseri umani - è sotto il vostro controllo; governate tutto. Tutto il cosmo sta aspettando di darvi il benvenuto e di accettarvi come il suo signore, ma voi continuate a mendicare con la ciotola in mano. Aprite gli occhi e cercate di avere una visione chiara delle cose. Voi siete un re travestito da mendicante. Gettate via le vesti da mendicante. L'universo aspetta che voi indossiate gli abiti imperiali. Uscite da questo sogno, liberatevi dall'illusione di essere deboli.

La Madre ha sentito raccontare la seguente storia: uno studente era nell'aula d'esame. La prova scritta consisteva in un tema sul significato religioso e spirituale del miracolo di Gesù che trasformò l'acqua in vino. Nell'aula, gli studenti scrivevano freneticamente, riempiendo pagine intere in cui davano la loro interpretazione del miracolo. Mentre il tempo a disposizione stava per scadere, l'esaminatore si accorse che un ragazzo non aveva scritto nulla, nemmeno una parola. Il professore insistette affinché scrivesse almeno qualche parola prima di restituire il foglio. Lo studente prese in mano la penna e scrisse: 'L'acqua incontrò il suo maestro e arrossì'.

Figli, tutto è contenuto in voi. Avete il controllo dei cinque elementi. Vi basta guardarli, toccarli, per farne ciò che volete. Non pensate dunque: 'Amma, questo assorbimento nel Divino è successo a Te, solo a Te. A me non potrà mai accadere perché ho troppe *vasana* e mi manca la forza necessaria. Non mi succederà mai. Aspetto quindi che mi accordi la Tua Grazia affinché accada'.

Non pensate che il Signore entrerà senza essere invitato. Benché non sia stato invitato, è già l'ospite presente ovunque in questo mondo, in ogni angolo, in ogni fessura, in ogni centimetro quadrato. Non c'è neppure uno spazio tra due atomi in cui Lui non ci sia. È presente dappertutto in questo mondo, anche se non è stato invitato. Sta a voi riconoscerLo".

Dio, l'ospite non invitato

Il *brahmachari* esclamò: "Non capisco. Hai detto che Dio non verrà senza essere invitato, ma al tempo stesso affermi che Lui è presente ovunque nell'universo. Mi sembra una contraddizione". La Madre rispose:

"Figli, Dio è compassione. Il Signore aspetta alla porta di ogni cuore. Ovunque è un ospite non invitato perché Lui c'è sempre, che l'abbiate invocato o meno. Sia che siate credenti oppure no, il Signore dimora in voi senza alcun invito. Dio si cela dietro a ogni forma, dietro a tutto. È Lui che dona bellezza alle cose e le rende ciò che sono. Dio è la formula nascosta della vita, ma non si rivelerà spontaneamente a voi, non si manifesterà a voi se non Lo chiamate. La preghiera è l'invito. Dovete invocarLo con la preghiera e la meditazione. Salmodiare, cantare, ripetere il mantra sono modi diversi per invitarLo, per chiederGli di manifestarsi.

Dovreste avere la capacità e il potere di riconoscere Dio, Colui che abita ogni cosa e ogni creatura. Per riuscirci, è necessario che prima percepiate il Divino dentro di voi. Una volta conosciuta la vostra natura reale, che è divina, riconoscerete il Divino negli altri e a questo punto vedrete Dio ovunque, senza averLo invitato. Figli, Dio non può sfondare la porta, non è aggressivo, perché è amore. Dio non è una persona, è pura Coscienza. Non può forzare una porta perché la pura Coscienza non può essere aggressiva. Invitate il Signore e Lui entrerà; ma anche se non lo fate, Lui attenderà alla porta, aspettando di essere chiamato. Finché non Lo inviterete, il Signore rimarrà fuori dalla porta del vostro cuore senza rivelarsi. Il Divino è eternamente presente e attende con amore e compassione. La Sua gloria e il Suo splendore sono perennemente presenti, ma rimangono nascosti perché non avete ancora invocato il potere della Sua presenza con la preghiera e la meditazione. Se Lo invitate pregando e meditando, Dio entrerà nel vostro cuore e rivelerà la Sua presenza. Allora saprete che Lui è sempre stato lì, aspettando una vostra chiamata".

Tutti ascoltavano attentamente, ispirati dalle parole della Madre. Si erano fatte le due di notte. Nessuno aveva un briciolo di sonno, neppure la più piccola della famiglia, che stava sempre in braccio alla madre mentre fissava il viso di Amma. La madre della bimba disse: "Guardate questa bambina: di solito non riesce a stare sveglia dopo le nove di sera, ma oggi è perfettamente sveglia e sono le due di notte passate". La Madre guardò la piccola e chiese: "Figlia, non vuoi andare a letto? Non sei stanca?". La bambina fece segno di no.

Tutti continuarono a restare seduti in silenzio, osservando la Madre che guardava oltre il cielo notturno. Poi lei tese la mano verso l'alto e cominciò a cantare *En Manasinnoru Maunam*.

En Manasinnoru Maunam

Non ho pace
perché Sri Krishna non è venuto.
Non l'ho ancora visto

e dal mio cuore, straziato dal desiderio,
è scaturito un fiume di lacrime.

Non è ancora tornato
perché è a pascolare le mucche,
oppure sta ancora dormendo?
Colui che ha la pelle scura
ha dimenticato
che il mio cuore si strugge in lacrime per Lui?

Che non abbia ancora gustato il Suo latte e il Suo burro?
Oppure i Suoi morbidi piedini sono scivolati ed è caduto?
O forse i devoti si sono affollati attorno a Lui come api
per suggere il nettare dai Suoi piedi?

O Kannan, perché non sei venuto oggi?
Ti sei scordato di me,
Tu che hai la pelle del colore delle nubi cariche di pioggia?
Ti prego, vieni e appari davanti a questi occhi pieni di lacrime!

Al termine del canto, la Madre si sedette meditabonda. Trascorsero dieci o quindici minuti prima che si alzasse. Mentre tutti facevano lo stesso, lei chiese: "Dov'è Harshan? Non è qui". Lo cercarono ovunque senza trovarlo. In effetti nessuno si ricordava di averlo visto dopo il loro arrivo nella casa. Di solito Harshan non perdeva mai un'occasione simile, era sempre presente, gesticolando e facendo battute, ma oggi era rimasto in silenzio per tutto il viaggio. Mentre tutti si dispersero, la Madre si allontanò dal resto del gruppo.

Improvvisamente, la quiete della notte fu rotta da grida seguite da un rumore di tosse e sputi. Tutti si precipitarono verso il lato sudoccidentale della casa e scoprirono la Madre vicino ad Harshan. All'arrivo, appena tutti erano scesi dalla barca, Harshan era andato sulla spiaggia a dormire. Ecco perché non c'era alla *puja*, ai *bhajan* e alla cena. La Madre aveva immaginato che fosse andato da qualche parte a dormire e così, quando si era allontanata dalla spiaggia, era andata a cercarlo e l'aveva trovato che dormiva dietro la casa con la bocca spalancata. Maliziosamente, gli aveva riempito la bocca di sabbia. Adesso Harshan tossiva e sputava, mentre la Madre rideva di cuore e si godeva la scena come una bambina.

Amma era di umore gioioso e continuò a ridere a lungo. Tra le risate, si mise a prendere in giro Harshan, dicendo: "Dormivi placidamente mentre tutti pregavano e meditavano. Alla felicità segue inevitabilmente il dolore. Ti sei divertito e ora devi pagare!". Harshan non si lamentò poiché conosceva i diversi umori della Madre e gli erano sempre piaciute le sue burla, anche quando era lui a farne le spese. Non appena le risate si calmarono e Harshan finì di risciacquarsi la bocca, ebbe inizio il viaggio di ritorno. Erano le tre e mezza del mattino.

Dopo un'ora e mezza, la Madre e il gruppo erano arrivati a metà del tragitto. Unni continuava a remare. Damayanti e Harshan dormivano profondamente su una stuoia stesa sul fondo della barca. La luna brillava intensamente nel cielo: pareva volesse esprimere, con questo splendore, la sua immensa beatitudine per la presenza divina della Madre. Le nuvole sembravano danzare estatiche nel cielo. Sulle rive della laguna, anche gli alberi e le piante danzavano, muovendo le loro foglie e i loro rami come per festeggiare un grande avvenimento. Il silenzio regnava sovrano e l'atmosfera invitava alla meditazione. La Madre sembrava assorbita nel suo mondo interiore e solitario. Immobile, contemplava il cielo. I *brahmachari* e Gayatri guardavano il suo volto, impregnandosi dell'eterna bellezza che irradiava.

Quest'atmosfera silenziosa e meditativa durò un bel po'. Vedendo che Harshan e Damayanti dormivano, la Madre esclamò: "Fa freschino" e poi, volgendosi verso Gayatri, chiese: "Hai qualcosa per coprirli?". Gayatri cercò nella borsa e trovò uno scialle. La Madre lo stese su Damayanti e poi prese il panno che copriva il petto di un *brahmachari* per coprire Harshan. Alla fine, tornò al suo posto.

Le prime luci dell'alba cominciarono a rischiarare dolcemente la laguna. Appollaiati sui rami degli alberi e volando deliziati qua e là, gli uccelli sembravano recitare il loro mantra mattutino e quel suono magnifico creava un'atmosfera di gioia. Rivolta verso oriente, la Madre sedeva, gustando la naturale bellezza dell'alba, e ogni tanto rideva rapita. A volte produceva semplicemente il suono: "Oh... oh... oh...", quasi a esprimere uno stato di forte esaltazione. In quel sublime stato di unione spirituale, la Madre aveva le braccia tese verso il cielo. Dal suo volto splendente trasparivano l'estasi e la beatitudine. Nel silenzio della luce dorata dell'alba, i suoi scoppi di risa improvvisi creavano un ritmo divino. Colpito dalla bellezza della Madre, Unni smise di remare e lasciò che per un po' la barca fosse trasportata dalla corrente. Passò un grosso battello, provocando onde nell'acqua della laguna. La piccola barca con il gruppo dell'ashram beccheggiò, ma Unni, uscito velocemente dalle sue fantasticherie, riuscì a riprendere il comando con grande abilità.

La Madre si mise spontaneamente a cantare *Bhramarame*.

Bhramarame

O colibrì della mia mente,
cercando puro nettare
voli di fiore in fiore,
perdendo le tue forze.
Il boschetto di alberi fioriti
che non conosce dolore si stende ridente
sulle sponde del fiume della devozione.

O mente, non disperare,
perché un giorno la Madre verrà
da colui che è puro di cuore.

O Shakti,
per il saggio Tu sei la fonte dell'intelligenza
e rimuovi ogni dolore con l'arte della Conoscenza.
Offro tutte le mie pene a Te,
in cui ogni cosa esiste.

O Madre, quando arriverà il giorno in cui verrai?
O Madre, non aspettare che io rimanga senza forze!
Non riverserai su di me la Tua Grazia?
Chi altro esiste se non Tu?
Sei il mio solo e unico sostegno.

Nell'atmosfera dell'alba, il canto aveva fatto sorgere onde di beatitudine spirituale e di amore supremo. Come una mirabile statua di marmo, la Madre rimase immobile e silenziosa fino a quando la barca arrivò all'ashram, poco dopo le cinque e mezza del mattino.

Capitolo 6

Vivere nella contentezza

Sabato 8 settembre 1984

Il tempo era sereno e l'aria fresca e luminosa. Erano circa le nove e mezza del mattino quando alcuni residenti e devoti si riunirono intorno alla Madre davanti al tempio. La *puja* mattutina era terminata e tutti sedevano, beandosi della presenza della Madre. Uno dei devoti colse l'opportunità per chiedere: "Amma, perché dai così importanza al sentiero della devozione?".

"Figli", rispose lei, "ci sono molti motivi per ritenere il sentiero della devozione il più idoneo alla maggior parte delle persone. Prima di tutto dà molta contentezza a chi lo segue, e una persona contenta avrà più energia ed entusiasmo e possiederà una mente ottimista e avventurosa. Un devoto considera la vita e le sue vicissitudini un dono, e questo atteggiamento infonde una pazienza e una forza immense. A differenza di chi segue vie diverse, costui non pensa che la felicità sia dovuta; non ritenendo che esistano diritti acquisiti, accoglie tutto come un dono. Un tale modo di pensare aiuta ad accettare ogni cosa - positiva o negativa - in questa luce ed infonde coraggio e fede. Un devoto avrà il cuore pieno d'amore e di compassione, possiederà l'innocenza di un bambino e una natura amabile. Attento a non fare del male o a ferire i sentimenti di qualcuno, non potrà mai nuocere e saprà anche rinunciare alle proprie comodità e ai propri piaceri per la felicità e la pace degli altri. Come tutti, si troverà ad affrontare gli inevitabili problemi della vita, ma la sua forza mentale ed equanimità gli permetteranno di rimanere calmo e tranquillo davanti alle avversità. Praticherà l'accettazione perché per lui la vita e tutti i suoi eventi sono un dono e non un diritto.

Questa capacità di essere contento e rilassato proviene dalla sua fede incrollabile e dall'amore per il Potere supremo, a cui darà un nome e una forma: lo potrà chiamare Krishna, Cristo, o Buddha. Il potere del Nome che ripete e l'immagine mentale della Forma a lui cara, così come la fede nella presenza costante del Signore al suo fianco, non lo lasceranno mai e lo proteggeranno da ogni pericolo; lo aiuteranno ad essere rilassato, soddisfatto, ottimista e allegro in tutte le circostanze.

Prendete ad esempio i pastorelli (*gopa*) e le pastorelle (*gopi*) di Vrindavan: erano sempre contenti, pieni di beatitudine, forza e brio. Tutte le loro attività avevano un fascino e una bellezza speciali. Erano spensierati e attorno a loro si vedevano solo volti felici perché la vita dei *gopa* e delle *gopi* brillava di gioia. Questi giovani consideravano la vita una festa e non conoscevano l'ozio perché danzavano e cantavano lieti qualunque compito svolgessero. Anche le attività quotidiane come portare le mucche al pascolo, mungere, vendere il latte e il burro, gli davano gioia. Possedevano un coraggio e una fede straordinari e, se si trovavano di fronte a delle difficoltà, le affrontavano senza timore. Di natura audace e amorevole, vivevano la vita nella sua pienezza.

Da dove traevano questa gioia e questo senso di appagamento? Dalla fede nel Signore Krishna, il loro Amato. La fede nella Sua onnipotenza e l'immenso amore che avevano per Lui li aiutavano ad accogliere con letizia tutto nella vita. La presenza del Signore li rendeva audaci, intrepidi. Figli, la devozione e l'amore per Dio sono la via alla contentezza, il solo modo per ottenere pace, felicità e assenza di paura. Queste qualità, che ci permettono di gustare appieno la vita, non sono facilmente raggiungibili da chi segue altri cammini.

Prendete ad esempio Hanuman: grande devoto di Sri Rama, emblema perfetto di colui che lavora instancabilmente, dotato d'inesauribile energia e autore di grandi imprese. Neppure una volta Hanuman rispose 'no' quando gli fu chiesto di fare qualcosa. Incurante degli ostacoli, ogni volta che Sri Rama si trovava di fronte a una situazione drammatica, Hanuman era al suo fianco, pronto a eseguire i suoi ordini. Anche ciò che sembrava impossibile diventò possibile grazie agli sforzi costanti, alla determinazione e all'incrollabile fede di questo grande devoto. Hanuman era la personificazione della forza, del coraggio, del vigore, dell'assenza di paura, della determinazione, dell'ottimismo, del discernimento e della contentezza. Ciò nonostante rimase l'umile e semplice devoto di Sri Rama, completamente abbandonato ai piedi del suo Signore.

La contentezza nasce dal non avere ego e l'assenza di ego proviene dalla devozione, dall'amore e da un totale abbandono di sé al Signore Supremo. Le persone egoiste non possono essere felici né soddisfatte; la loro mente è sempre in tensione perché hanno paura e questa paura gli fa quasi perdere il senno. La bramosia di potere non le abbandona quasi mai e questa avidità le acceca. Vogliono prendere, possedere tutto ricorrendo, se necessario, a mezzi meschini e spietati anche se causeranno la rovina di altre persone. Il timore costante di poter essere privati del potere e delle ricchezze non fa che rafforzare la paura e l'insoddisfazione di tali individui. Guardate i despoti nel mondo, coloro che hanno il più alto livello di egotismo: spinti dalla smania di potere e di occupare un posto elevato nella società, scatenano guerre, noncuranti della pace e della felicità della gente. Focalizzati solo su quello che potrà succedere loro domani o in avvenire, non si preoccupano neppure della moglie e dei figli, e non si fanno scrupoli a compiere azioni ignobili per acquisire maggiore potere. Il loro scontento li fa vivere nell'inquietudine e le vibrazioni negative che diffondono contaminano gli altri. Così, chi entra in contatto con loro, prova profonda tristezza e disagio.

Hiranyakashipu, il padre di Prahlada, è il tipico esempio di coloro che abusano del proprio potere. Figli, la vita di Hiranyakashipu illustra perfettamente chi manca assolutamente di compassione e possiede un ego immenso. Costui è estremamente insoddisfatto, collerico, pieno di paure e crudele. Hiranyakashipu cercò addirittura di uccidere Prahlada[5] unicamente per preservare il suo potere, il suo nome e la sua reputazione. E come reagì suo figlio? Di fronte alle avversità rimase calmo e impassibile come una montagna, intrepido, senza paura e contento. Perché? Perché era un vero devoto di Dio. Anche quando il giovane fu gettato nell'oceano, condannato ad essere calpestato da un elefante impazzito o bruciato vivo, non perse mai la sua gioia e rimase calmo ed imperturbabile durante tutte queste prove. Prahlada era contento qualsiasi cosa succedesse, buona o cattiva, perché considerava la vita e le sue traversie un dono di Dio. Tutti i veri devoti hanno questo atteggiamento.

Si può giungere a uno stato di contentezza solo quando ci si abbandona, in totale accettazione. Si prova appagamento solo quando si accolgono equamente tutte le esperienze della vita. Se riuscite a sorridere alla morte e ad abbracciarla, la vostra conten-

---

[5] Prahlada era figlio di Hiranyakashipu, re dei demoni. Sebbene appartenesse alla stirpe dei demoni, era per natura devoto a Dio e impersonava ogni qualità divina. Hiranyakashipu considerava il Signore Vishnu il suo acerrimo nemico e quando scoprì che suo figlio era un devoto del Signore cominciò a perseguitarlo e alla fine cercò di ucciderlo. Tutti i suoi sforzi furono inutili perché Prahlada si era completamente abbandonato al Signore, che lo proteggeva. Alla fine, il Signore Vishnu uccise Hiranyakashipu, installò sul trono Prahlada e lo benedisse accordandogli la realizzazione del Sé.

tezza sarà completa, totale. Anche se non riuscite ad abbandonarvi subito a Dio, dovreste almeno avere il desiderio di arrendervi alla Volontà Suprema. Solo allora potrete fare esperienza di una contentezza duratura. Se coltivate questo spirito di accettazione, anche voi un giorno giungerete a questo stato. Non sprecate il vostro tempo aspettando di sentirvi contenti: quel giorno non arriverà mai. Una persona che si limita ad aspettare passivamente sarà insoddisfatta. Allenate la mente a sviluppare tali qualità e cercate di accettare e di abbandonarvi. Sforzatevi di accogliere sia ciò che è piacevole sia quello che non lo è e di coltivare un atteggiamento che vi consenta di sorridere anche davanti alla morte. Questo è il cammino verso la contentezza".

Umiltà e rinuncia

Un ascoltatore commentò: "Amma, la tua spiegazione è veramente illuminante ma, contrariamente a quanto hai detto, Ravana, che era un devoto del Signore Shiva, trascorse buona parte della sua esistenza nella tensione e nell'insoddisfazione. Vi sono anche credenti che vivono scontenti".

Amma rispose: "Figli, è vero che Ravana era un devoto di Shiva, ma questa sua devozione doveva servirgli ad acquisire maggiore potere materiale. Ravana ignorava completamente l'aspetto spirituale della devozione. In altre parole, non sapeva rinunciare e desiderava costantemente accumulare, possedere e divertirsi il più possibile. Sebbene fosse forte e coraggioso, era privo d'amore e di compassione e, proprio come qualsiasi altro dittatore, gli importava solo di se stesso e del proprio benessere. Il potere che gli era stato dato da Dio l'aveva reso così cieco ed egotista che tentò persino di sollevare la montagna Kailash, la dimora del Signore Shiva. Ravana mancava di umiltà e non aveva alcuno spirito di rinuncia.

Senza la rinuncia e l'umiltà non è possibile sentirsi appagati. Un vero devoto ha entrambe queste qualità. Chi non sa rinunciare e non è umile non si sentirà mai soddisfatto perché ambisce ancora a raggiungere un sempre maggiore benessere economico. Avendo innumerevoli desideri impossibili da realizzare, costui è perennemente scontento di quello che ha e si arrovella su come ottenere più beni, più denaro, come avere una casa più grande, una macchina migliore e ancora più agi.

Il motto di chi ha un ego enorme è: 'di più... di più... ancora di più...'. Per accrescere il suo comfort e la sua soddisfazione, costui vorrà sempre sostituire un oggetto di qualità inferiore con uno di qualità superiore, ma non sostituirà mai i suoi vili pensieri con pensieri più nobili, non essendo interessato alla qualità delle sue parole o delle sue azioni. Intento a pensare al futuro e a come ottenere questo o quello, costui trascorre la sua vita ad architettare piani, a fare calcoli e a fantasticare. Incapace di vivere nel presente e di apprezzare quello che ha di fronte, non sa nemmeno gustare ciò che mangia perché durante la prima colazione sta già pensando a cosa mangiare per cena. Come potrebbe essere felice e soddisfatto? Non può. Vivendo in questo modo, è come se stesse per morire e fosse già un cadavere ambulante, privo della bellezza e dell'incanto della vita.

Il passato e il futuro non hanno alcuna realtà, sono un'illusione. Il passato è morto e sepolto, non ritornerà più, e il futuro deve ancora arrivare: non sappiamo nemmeno se fra un momento saremo ancora vivi. Tutto può succedere, ad ogni istante. Cercate quindi di non condurre un'esistenza illusoria, non costruite un mondo di sogni in cui vivere. Non potete vivere nel futuro, ma solo nel presente. Soltanto il presente è reale. Quasi tutti i dittatori, gli atei e quelli che rincorrono freneticamente il mondo e i suoi piaceri, vivono nel futuro. Non vivendo mai nel presente, non potranno mai essere contenti.

Ravana era un devoto, ma considerava Dio uno strumento, e la sua devozione non era che un mezzo per soddisfare i suoi desideri mostruosi. Se ne avesse avuto l'opportunità, avrebbe divorato anche Dio. Mentre la devozione di Rama per Dio era benefica per la società, la devozione di Ravana seminava distruzione.

Figli, voi dite che esistono anche devoti che vivono insoddisfatti, ma i veri credenti, quelli la cui fede è autentica, non possono essere malcontenti. Chi ha una fede tentennante non sarà mai soddisfatto perché tale fede non è completa, avendo dato spazio al dubbio. Chi aspira a una sempre maggiore prosperità materiale non può sentirsi soddisfatto. Per costui, la devozione per Dio esiste solo di nome, è superficiale, epidermica, priva d'amore; il Divino è solo un intermediario che gli può essere utile per soddisfare le sue ambizioni e i suoi desideri.

Il suo Dio dimora lassù, in cielo, siede su un trono d'oro ed è un Dio che giudica e punisce, un Dio che ama solo chi Lo ama. Una tale persona crede che il Signore disdegni chi prega o venera altre forme o altri aspetti del Divino, ed è convinto che Ganesh si arrabbierà con lui se venererà Krishna o che il Signore Shiva lo punirà se pregherà Vishnu; ha un sacco di strane convinzioni e il Dio in cui crede è inaccessibile, disumano e inavvicinabile. Questo Dio non ama le persone che non si sforzano di compiacerLo e potrebbe addirittura maledirle o punirle. Pensate che tutto questo sia devozione? Un tale rapporto con il Divino non può essere chiamato devozione, assomiglia più a un distacco da Dio, dal proprio Sé. Come potrebbe chi nutre questi sentimenti sentirsi in pace? Tale individuo non vede l'insieme, ma solo le sue parti separate le une dalle altre e prega lamentandosi per inezie. Non provando amore né devozione, l'egoismo, l'avidità e l'odio che ha dentro di sé trapelano dalle sue preghiere.

Ascoltate questa storia. Un vedovo invitò un giorno un *sannyasin* a pregare per la pace dell'anima della moglie defunta. Il *sannyasin* iniziò a pregare: 'Che tutti gli esseri possano trovare la felicità, che ogni sofferenza cessi e che tutti raggiungano la Perfezione'. Questa orazione contrariò moltissimo il marito che disse al monaco: '*Swami*, pensavo che avrebbe pregato per l'anima di mia moglie e invece non l'ho sentita menzionare il suo nome neppure una volta'. Il monaco rispose: 'Mi spiace, ma non posso pregare diversamente. La mia fede e il mio Guru mi hanno insegnato a pregare per tutti, per l'universo intero. In verità, solo la preghiera per il bene di tutto il mondo porta beneficio agli individui. Tua moglie riceverà la sua benedizione, la sua anima troverà la pace, solo se prego per tutti. Non posso pregare in nessun altro modo'. Il monaco era così irremovibile che il vedovo non ebbe altra scelta che accettare la cosa e disse: 'D'accordo, preghi pure come vuole, ma potrebbe almeno escludere il mio vicino dalle sue preghiere?'.

Figli, se annaffiate i rami di un albero, sprecherete solo acqua. È annaffiando le radici che i rami e le foglie dell'albero ricevono nutrimento. Allo stesso modo, solo quando preghiamo per l'evoluzione dell'intera società traiamo pieno beneficio. Purtroppo i nostri cuori sono chiusi, abbiamo perso la capacità di condividere. Questo è l'atteggiamento che prevale oggigiorno; ognuno rivolge la sua attenzione al proprio interesse, a quello che può guadagnare e ottenere per sé".

Tale risposta fece sorgere un'altra domanda: "Sembra che Amma sia contraria ad accumulare ricchezze. Ma come ci si può aspettare che la gente abbandoni ciò per cui ha lavorato duramente per tutta la vita? Come può vivere senza desiderare nulla? Come può la gente rinunciare semplicemente all'ego? Tutto questo pare impossibile per una persona comune che vive nel mondo".

"Impossibile, impossibile!", esclamò Amma, "Figli, tutto ciò che sapete dire è 'impossibile'. Rendete tutto 'impossibile', ma l'impossibile non esiste. Ricordatevi che state vivendo nell'epoca della conquista dello spazio e che l'uomo è andato sulla luna.

Qualche giorno fa un devoto occidentale ha raccontato ad Amma che in Occidente è piuttosto insolito compiere lavori manualmente perché esistono macchine che svolgono la maggior parte dei compiti. Questo giovane era rimasto sorpreso nel vederci portare per ore sacchi di cemento sulla testa. Abbiamo impiegato l'intera notte per compiere ciò che una macchina, ha detto, avrebbe fatto in meno di un'ora.

In futuro, forse utilizzeremo cucchiai elettronici per nutrirci e in tal modo non occorrerà più usare le mani. Ciò nonostante voi continuate a dire 'impossibile'. Oramai è diventata un'abitudine affermare che tutto è 'impossibile'. È facile rispondere 'impossibile' quando vi si chiede qualcosa, non richiede nessuno sforzo, solo qualche movimento della lingua. Pensate che vi sia qualcosa di possibile? La parola 'impossibile' è la maledizione del genere umano. Cercate di andare oltre, lavorate sodo e vedrete che nulla è impossibile.

È vero che l'essere umano non può vivere senza aspettative, senza ego; Amma sa che non è affatto facile lasciare tutto quello che si è guadagnato in anni di duro e incessante lavoro. Lei sta semplicemente cercando di dire che, invece di vivere in un mondo di sogni, dovremmo concentrarci di più sul presente che sul passato o il futuro. Se volete, tenetevi pure l'ego, non c'è problema, ma non lasciate che vi divori. Utilizzatelo per migliorare il vostro lavoro, acquisire beni e godere le gioie della vita. Attenzione però a non farvi accecare. Il vostro ego non deve andare contro la vostra coscienza, la vostra natura umana. Cercate di vivere come esseri umani e non come animali.

La cecità è un'infermità sopportabile ed è possibile convivere in una certa misura con questa condizione. Anche se si è non vedenti, si può continuare a vivere come esseri umani e avere un cuore pieno d'amore e di compassione. Per contro, la cecità causata dall'ego è totale. Se perdete la vista, ma il vostro cuore è pieno di luce e d'amore, le vostre azioni, tutto il vostro essere, irradieranno questa luce e questo amore. Sarete sempre un essere umano che diffonde luce e amore nella vita. La cecità prodotta dall'ego vi getta invece nel buio più completo, non siete più in grado di vedere o di sentire nulla correttamente, le informazioni che gli occhi e le orecchie vi trasmettono sono distorte e anche il vostro comportamento è di conseguenza inadeguato. Soffrite e fate soffrire anche gli altri.

Probabilmente conoscete la storia di Surdas, il grande devoto. Sebbene fosse un non vedente, la sua cecità non rappresentava un problema poiché era pieno d'amore e di compassione. Cantando la gloria del suo adorato Krishna, Surdas conduceva una vita nella gioia e nella beatitudine. Un giorno, il Signore Krishna e la sua amata Radha apparirono di fronte a lui e gli ridiedero la vista. Ma dopo aver visto la mirabile bellezza di Krishna, Surdas disse: 'Mio Signore, rendimi di nuovo cieco perché non voglio vedere il mondo con quegli occhi che hanno contemplato la Tua forma divina".

Improvvisamente l'umore di Amma mutò. Con le braccia alzate e i palmi delle mani rivolti verso il cielo, iniziò a invocare: "Krishna... Krishna... Krishna...". Il suo appello era così potente che creò onde di sublime amore nell'aria calma del mattino. Tutti i cuori ardevano di nostalgia di Dio mentre ciascuno dei presenti contemplava Amma. L'appello della Madre era terminato nel silenzio. Seduta, perfettamente immobile e con un sorriso luminoso sulle labbra, Amma sembrava essere in *Krishna Bhava*. La presenza del Divino danzava e scintillava nella luce mattutina. Una leggera brezza mosse l'aria e Amma iniziò a cantare *Anjana Sridhara*.

Anjana Sridhara

O bellissimo Sridhara, dal colore dello zaffiro blu,
Ti saluto a mani giunte.
Gloria a Krishna, saluti a Lui!

*Mirabile gioiello,
o figlio di Vasudeva,
rimuovi tutte le mie sofferenze.*

*O Krishna,
che sei nato assumendo la forma di un Bimbo divino,
proteggimi!*

*O giovane mandriano,
Ti prego, affrettati a venire
e suona il Tuo flauto.*

Passò qualche istante prima che uno dei *brahmachari* ricordasse ad Amma la storia di Surdas. Amma riprese a parlare: "Potrebbe essere difficile fare proprio il messaggio contenuto in questa storia, ma non si può negare che figure come Surdas siano veramente esistite, individui che erano capaci di vivere nella più completa contentezza pur essendo privi della vista esteriore. Affinché l'occhio interiore si apra, bisogna svolgere rigorose pratiche spirituali; una volta che l'occhio interiore è aperto, gli occhi fisici rivestono un'importanza secondaria. Anche qui potreste dire che è 'impossibile', ma torniamo all'argomento della nostra discussione.

Non dovete rinunciare a tutto quello che avete guadagnato con il duro lavoro. Conservate i vostri beni e gioite appieno della vita, ma mentre siete nella società, mentre godete della compagnia della vostra famiglia e dei vostri amici o state trattando con i vostri soci in affari, non lasciate che il potere e la vostra posizione vi accechino. Permettetevi di esprimere almeno un po' d'amore e di premura verso gli altri quando occorre.

Non lasciate che il potere, la posizione, il buon nome, la reputazione e la ricchezza vi portino a guardare gli altri dall'alto in basso. Se un poveretto si avvicina a voi, dovreste essere capaci di rivolgergli un sorriso caloroso, una parola compassionevole, e di prestargli ascolto. Anche se non avete nulla da dargli, sorridetegli e consolatelo con qualche parola affettuosa. Dovreste sapergli dire: 'Fratello, capisco i tuoi problemi. È chiaro che stai attraversando un momento difficile. Vorrei poter alleviare in qualche modo la tua sofferenza, ma sfortunatamente non sono nella posizione di farlo. Ti prego di scusarmi'. Queste parole saranno come un balsamo per lo sventurato, leniranno il suo cuore affranto e lo porteranno a pensare: 'Queste parole gentili mi hanno un po' rincuorato. Che sollievo sapere che c'è ancora della gente buona in questo mondo!'. In tal modo la sua speranza e il suo entusiasmo si riaccenderanno; smetterà di essere disperato e depresso, e non penserà al suicidio.

Immaginate di comportarvi duramente con qualcuno che ha bisogno di aiuto, di usare parole taglienti e di non mostrargli nessuna compassione né considerazione. Lo minacciate e lo cacciate via. Altri, prima di voi, potrebbero avere fatto lo stesso e ora il vostro comportamento scortese e avventato potrebbe demoralizzarlo. L'ennesimo rifiuto potrebbe provocargli un senso di amarezza e di frustrazione, spingerlo alla disperazione e a perdere ogni interesse per la vita. Avvilito, potrebbe persino togliersi la vita. Di chi sarebbe la responsabilità di questa morte? Chi l'avrebbe indotto al suicidio? Voi avete contribuito a questo stato di cose assieme a tutti quelli che l'hanno trattato male. Il vostro ego, il vostro potere e la vostra posizione vi hanno reso ciechi e senza cuore. Le vostre parole e le vostre azioni hanno rispecchiato la cecità interiore causata dall'ego.

Non rinunciate ai vostri beni né abbandonate le vostre aspettative. Teneteli pure, ma sforzatevi di rimanere degli esseri umani degni di questo nome. Cercate di sentire la sofferenza degli altri: non siete né una macchina né un animale né un demone. Siete esseri umani e appartenete al genere umano. Sforzatevi quindi di essere amorevoli e compassionevoli perché tali qualità sono le caratteristiche di chi ha un animo evoluto. Ricordate che solo un essere umano può coltivare la compassione e l'amore, solo l'uomo può provare empatia per gli altri. Potreste pensare: 'Se questa persona sta soffrendo, è il suo karma'. Non è affare vostro pensare al suo karma; se il suo karma è quello di soffrire, il vostro è quello di aiutare. È solo aiutando gli altri che potrete evolvervi. Nessun'altra specie possiede questo dono speciale accordatoci da Dio: la facoltà di comprendere e di mostrare compassione. Esercitatela, non fatene cattivo uso.

La capacità di crescere nell'amore e nella compassione è stata quasi totalmente dimenticata. Non utilizzando questo raro dono rifiutate Dio, vi opponete al Suo volere e respingete ciò che vi ha dato. Questa è la peggiore cosa che vi potrebbe succedere. Si può rimediare a una perdita economica o sistemare qualcosa che è andato storto nel lavoro. Se, per esempio, perdete una grossa somma di denaro, potete recuperarla. Rifiutare il regalo di Dio, invece, è un gesto irreparabile. Il Signore vuole che si usi correttamente il Suo dono. Se lo respingete, impedite al flusso della Sua grazia di fluire verso di voi; costruite una barriera tra Dio e voi. L'ego è questa barriera.

Figli, Amma sa che, ad eccezione di pochi che si possono contare sulle dita di una mano, gli esseri umani sono pieni di ambizioni e di desideri. La maggior parte delle persone che vive nel mondo non è capace di astenersi dall'agire e dal desiderare i frutti delle proprie azioni. Ciò nonostante è possibile condurre un'esistenza appagati e felici nel mondo. L'uomo ha la forza di trovare l'appagamento se dirige le sue energie e le sue capacità nella giusta direzione".

"Com'è possibile chiudere le porte al passato e al futuro per convogliare tutte le energie nel presente?", chiese uno dei *brahmachari*.

"Ascolta attentamente", disse Amma, "Immagina una coppia il cui figlio unico sia stato colpito da una malattia mortale. Il dottore ha detto che, a meno che non avvenga un miracolo, ci sono poche speranze e che il trattamento prescritto potrebbe funzionare o risultare inutile. 'Pregate l'Onnipotente', suggerisce il medico ai genitori, 'solo Lui può far rispondere vostro figlio alla cura. Lui solo può salvarlo'. Il padre e la madre del bambino non hanno molta fede in Dio ma ora, spinti dalla disperazione, seguono questo consiglio e cominciano a pregare intensamente. Perché? Perché la minaccia è seria e non c'è tempo. Così adesso vivono nel presente. Guardano loro figlio, osservano il suo viso, ascoltano il suo respiro, accarezzano il suo fragile corpo e aspettano con ansia che apra gli occhi. Quando si rendono conto che non c'è alcun miglioramento, invocano Dio e pregano. Per ottenere il favore divino leggono una delle Scritture, accolgono con grande affetto e compassione tutti quelli che vengono a far visita al bambino. In quei momenti, anche se arrivasse il loro nemico peggiore, gli offrirebbero una sedia e gli parlerebbero gentilmente perché non provano più rancore e non parlano male di nessuno. A un tratto sono diventati estremamente umili e amorevoli. È come se il fatto di vivere nel presente li avesse trasformati per qualche tempo in santi, in esseri illuminati, finché il bambino si salverà o morirà. In entrambi i casi, le vecchie tendenze non tarderanno a riprendere il sopravvento.

Ma perché adesso si comportano così? Come sono riusciti a dimenticare in quei momenti il passato e il futuro? I due coniugi non badano alla discussione che hanno avuto il giorno prima, l'hanno scordata. La vita del figlio è in pericolo e il loro scopo comune è che guarisca. Collaborano quindi assieme, con grande amore. Forse, per la prima volta nella loro vita, sono in grado di amarsi veramente. Non provano ostilità verso nessuno. Di fronte a questa situazione critica non pensano al futuro; il domani e persino il momento successivo non esiste per loro. Mentre guardano speranzosi il viso del figlio, gli è impossibile pensare all'avvenire. Ogni loro pensiero è rivolto al presente. Aprirà gli occhi? Ogni minimo movimento del bambino li riempie di speranza; vivono nel 'qui e ora', attenti a tutto quello che succede, e si rifiutano di pensare al possibile decesso del loro caro. Vogliono pensare solo alla vita. L'inquietudine che provano per la salute del piccolo unisce i genitori, che si sentono grati per il sostegno che ricevono dal partner e per le premure dei visitatori.

Da dove traggono la forza di essere umili, amichevoli e affabili anche verso chi di solito non gli è gradito? Come hanno sviluppato la capacità di vivere nel presente, dimenticando il passato e il futuro? Dove trovano questa grande capacità di concentrazione? Tutto questo proviene dal fatto stesso di vivere nel presente, momento per momento, mentre la vita del loro bambino è appesa a un filo. Il bisogno imminente e l'urgenza aiutano i coniugi a vivere nel presente. Il pericolo per la vita del figlio li spinge a pregare, a essere pieni d'affetto e di compassione verso coloro che vanno al suo capezzale. Sentono che il bambino non ha unicamente bisogno della grazia di Dio, ma anche della benedizione e delle preghiere di tutti e così dicono a ogni persona che viene a far visita: 'Ti prego, prega per lui, prega per nostro figlio'.

Questo non è che un esempio per farvi capire che avete la forza mentale e il potere di canalizzare tutte le vostre energie nel presente, dimenticando i rimpianti legati ad azioni passate e le inquietudini per il futuro.

Ricordate che la minaccia della morte è presente ad ogni istante. Prenderne coscienza è un duro colpo per l'ego. Pensare all'imminenza della morte ci aiuta a vivere nel presente e ad avere considerazione per gli altri. Possiamo dirigere correttamente le nostre energie solo se diventiamo consapevoli della necessità di fare questo sforzo. Dovete diventare consapevoli di stare disperdendo la grande quantità di energia a vostra disposizione invece di orientarla verso scopi più nobili. Quando vi renderete conto di questa perdita enorme, saprete che bisogna conservare la propria energia e utilizzarla adeguatamente in modo da trarne il massimo beneficio. Rimanete pure nel vostro ambito lavorativo ma, se canalizzate correttamente i vostri sforzi, diventerete un'immensa fonte di energia, capace di ispirare gli altri a seguire il vostro esempio".

Siate soddisfatti di ciò che avete

All'infuori del fruscio del vento tra le palme da cocco e del dolce mugghiare delle onde lontane, tutto era perfettamente calmo. Distogliendo lo sguardo dai presenti e rivolgendo il viso verso il cielo, Amma iniziò a cantare *Hridaya Nivasini Amme*, esprimendo tutto ciò che aveva nel cuore.

Hridaya Nivasini Amme

O Madre che dimori nel mio cuore,
incarnazione dell'Amore,
non riesco a non ripetere il Tuo nome sacro.
O Madre del mondo,
accordami la grazia di cantare la Tua storia.
Non desidero i piaceri del mondo,
voglio solo adorarTi
con pura devozione.

Nel corso d'innumerevoli nascite
trascorse senza conoscerTi,
ho portato molti gioghi,
ma da quando sono venuto a Te
ho deposto i miei fardelli.
O Madre, a parte Te
non vedo nulla che ci sarà per sempre.

Fa' che possa dimenticare me stesso
e mi dissolva nel flusso della Tua coscienza.

La Madre mi ha detto
che Lei e io non siamo separati,
siamo Uno,
ma non ne ho ancora fatto l'esperienza.
Desidero solo restare con Lei
ed essere il Suo bambino.
La Madre si prende cura
dei Suoi figli con amore e affetto
e con un semplice tocco della mano
lava via i miei peccati.

O Madre, non sono forse Tuo figlio?
Perché impieghi così tanto ad arrivare?
Conto ogni minuto,
sapendo nel profondo di essere Tuo figlio.
O Madre, cosa posso fare
per avvicinarmi maggiormente a Te?
Ti supplico, indicami la via.
O Madre, io non sono nulla,
Tu sei tutto quello che esiste;
Tu sei tutto.

Quando terminò di cantare, Amma riprese a parlare. Guardando le palme da cocco, le cui silhouette si stagliavano nel cielo, e la lontana laguna, disse: "Guardate la bellezza della natura. Vivere in armonia con la natura porta gioia e appagamento".

Brahmachari Rao disse: "È proprio un peccato che gli esseri umani, teoricamente le creature più evolute sulla Terra, non si rendano conto di questa verità. Sembra che la natura umana sia quella di essere insoddisfatti e di lamentarsi".

Amma disse: "Ci fu un tempo in cui molta, moltissima gente era così infelice che si rivolse gemendo a Dio, supplicandoLo di alleviare in qualche modo il proprio fardello. Chi non era contento della propria sorte si lamentava dichiarando che sarebbe stato felice di scambiare la sua situazione con quella di un altro. Dio rispose a tali suppliche e apparve davanti a tutte queste persone che si erano radunate in una vallata. Il Signore disse: 'Che la pace sia con voi. Ho udito i vostri gemiti di dolore e sono qui in risposta alle vostre preghiere. Deponete ogni sofferenza e amarezza davanti a Me. Adesso lasciate andare le malattie, le infermità o i dispiaceri che vi turbano o vi rendono infelici'.

Tutti si affrettarono a gettare al suolo i fardelli, i dolori e i timori che li affliggevano. Le sofferenze erano così tante da formare una montagna che occupava l'intera vallata. Allora Dio esclamò: 'In cambio di quanto mi avete dato, ora potete scegliere fra questo mucchio di dolori il fardello che preferite'.

Si scatenò una mischia furibonda: ognuno cercava di afferrare il fardello di dolore di un altro, sperando che fosse più leggero di quello che aveva abbandonato. Il mendicante scambiò il suo con quello di un ricco, una donna sterile con una madre di molti figli. La cosa andò avanti per un bel po' e infine tutti si sentirono più contenti e sollevati. Dio scomparve e la gente tornò a casa.

Ma cosa pensate che accadde il giorno dopo? Le lamentele ricominciarono cento volte più forti e così Dio scese sulla Terra e apparve di nuovo di fronte a loro. Tutti si misero a gridare supplicandoLo di riavere i vecchi problemi perché non riuscivano a sopportare le sofferenze che avevano scelto. Dio esaudì le loro preghiere e tutti tornarono a casa e ripresero la loro vecchia vita momentaneamente soddisfatti: ben presto, infatti, sarebbero ripiombati nello scontento".

Tutti risero perché ciascuno si riconosceva nelle persone della storia.

La Madre continuò: "Figli, imparate a essere contenti di ciò che avete. Non desiderate quello che non vi appartiene, non invidiate i beni altrui. Non pensate che la sofferenza del vicino sia un'inezia se paragonata alla vostra, o che vi sentireste meglio se foste nei panni di un'altra persona. Non è così. Tutti hanno le loro difficoltà e preoccupazioni. Non potete scambiare le vostre problematiche con quelle di un altro perché non sareste in grado di sopportare la sua sofferenza. Lo stesso vale per la gioia. Pensate che il vicino sia più felice di voi e pregate Dio di diventare come lui; ma una volta che provate la felicità di questo uomo vi rendete conto che ciò che avete chiesto era sbagliato. La felicità e il dolore del vostro vicino sono esclusivamente sue, così come la gioia e la sofferenza che provate sono solo vostre. Rendetevi conto di questa verità e siate soddisfatti di ciò che avete; non potete ottenere di più o di meno di quanto vi spetta".

Un altro *brahmachari* commentò: "È per questo che le Scritture dicono: 'Il momento successivo non ti appartiene, non è sotto il tuo controllo. Il bene che desideri fare, fallo dunque adesso. Non rimandare a domani'. Non è vero, Amma?".

"La morte è la più grande minaccia per il nostro ego. Pur essendo sempre presente, non l'avvertiamo", rispose Amma, "Non sentiamo i passi felpati della morte: è per questo che ci teniamo stretti i nostri tratti negativi e ci rifiutiamo di cambiare atteggiamento. Ignorando la grande sfida della morte, non mostriamo amore né compassione, indifferenti alle amarezze e alle pene degli altri. Questa è la ragione per cui non siamo umili. La morte, l'esperienza che per antonomasia ci rende più umili, ci segue di pochi passi. Non dite dunque 'domani'. È adesso che dobbiamo agire, è ora che dobbiamo giurare di cambiare il nostro approccio verso la vita.

Figli, ascoltate questa storia. Un giorno un bramino andò dall'illustre re Yudhishthira per chiedergli di aiutarlo a sostenere le spese per il matrimonio della figlia. Yudhishthira rispose: 'Venerabile bramino, ritorni domattina e le darò la somma necessaria'. Il povero bramino lasciò deluso il palazzo. Doveva organizzare ancora molti preparativi e aveva sperato di ottenere subito il denaro.

Dopo qualche istante udì il suono di cembali, trombe e tamburi di guerra risuonare in tutta la cittadella. Era un fatto piuttosto insolito perché di norma questa musica veniva suonata solo quando il re tornava vittorioso da una battaglia. Poiché non stava combattendo nessuna guerra, Yudhishthira fu molto irritato dal frastuono e inviò un messaggero per sapere cosa stesse succedendo. Quando il messaggero tornò, riferì che i musicisti stavano suonando dietro ordine di Bhima[6]. Yudhishthira mandò subito a chiamare il fratello e gli chiese una spiegazione. Molto educatamente, Bhima rispose: 'Maestà, stavo solo festeggiando la vostra vittoria'. 'La mia vittoria?', esclamò il re, 'Ma non c'è stata alcuna vittoria!' Bhima rispose: 'Oh sì, mio signore. Avete mandato via il bramino dicendogli di tornare domani. Questo significa che avete vinto la battaglia contro la morte perché chi è sicuro dell'istante seguente, senza parlare del domani, se non colui che ha conquistato la morte?'. Il saggio Yudhishthira capì il messaggio nascosto nel gesto di Bhima e si rese conto di avere sbagliato. Ammise il suo errore e ringraziò il fratello per averlo aiutato ad aprire gli occhi. Fece chiamare il bramino e gli consegnò più della somma richiesta per le nozze della figlia.

Figli, capire che la morte può giungere ad ogni istante, ci aiuterà ad avere una vera fede e a spingerci verso Dio. La morte s'impadronirà di tutti i nostri beni. Questo corpo che ci è così caro e di cui abbiamo tanta cura non ci accompagnerà. Non porteremo con noi nemmeno uno spillo. Avendo compreso questa grande

---

[6] Bhima, fratello di Yudhishthira, era il secondo dei cinque fratelli Pandava, imparentati con il Signore Krishna. I Pandava, che combattevano schierati dalla parte della giustizia, sconfissero i malvagi cugini Kaurava. Bhima è rinomato per la sua forza.

verità, prendete rifugio ai piedi del Signore e sentitevi soddisfatti e felici di qualsiasi cosa vi arrivi".

Le ultime parole di Amma risuonarono nel cuore di tutti i presenti. "... rifugiatevi ai piedi del Signore Supremo e siate soddisfatti e felici di qualsiasi cosa vi venga data...".

Amma iniziò a cantare *Parinamam Iyalatta*.

Parinamam Iyalatta

O Dea suprema, Immutabile,
benedicimi e liberami dalla sofferenza.
Non sei forse la sposa del Signore Shiva
che ridusse in cenere le tre città (Tripura)?
Ti prego, scaccia le tenebre!
La luna piena rischiarerà presto la mia notte?
Sai delle tenebre che avvolgono il mio cuore?
Come i petali che cadono,
così trascorrono i miei giorni,
e ancora Tu non sei qui.

O Madre,
sei tutto quello che desidererebbe un bambino.
Un albero maestoso
non offre sostegno a un piccolo rampicante?
O Madre, non so più cosa fare.
Aiutami, sono solo e disperato.
Fa' che mi possa fondere in Te.

O Madre,
mi trascino sfinito in questo deserto,
incapace persino di strisciare verso di Te.
O Dea dell'universo,
abbi pietà della mia sorte e volgiTi verso di me.
Offrimi rifugio ai Tuoi piedi.

Il canto terminò e tutti rimasero seduti senza parlare. Uno dei *brahmachari* colse questa occasione per chiarire un altro dubbio: "Amma, si dice che chi cerca la felicità non la troverà sicuramente. Perché?".

"Perché la ricerca della felicità genera insoddisfazione," rispose Amma, "Il fatto di cercare provoca inevitabilmente inquietudine e una mente inquieta è una mente infelice. La felicità che cercate è sempre nel futuro, mai nel presente. Il presente è dentro di voi; il futuro, invece, è all'esterno. Con questa impazienza di essere felici, create l'inferno nella vostra mente. Dopotutto, che cos'è la mente? L'accumulo di tutta la vostra infelicità, negatività e amarezza. La mente è l'ego e l'ego non può essere felice. Come potete trovare la felicità con una tale mente? Più cercate, più sarete scontenti. La felicità appare quando la mente e tutti i suoi pensieri egocentrici spariscono. Se volete essere felici, dimenticate di cercare la felicità. Se volete essere soddisfatti, dimenticate di cercare la soddisfazione. Smettete di vivere nel passato o nel futuro, non cercate più la felicità, e vi renderete conto di non essere più infelici. Il momento in cui cesserete di cercare la contentezza, sarete contenti.

Pregate affinché vi venga accordata una mente soddisfatta in qualunque circostanza. La preghiera diventa sincera solo quando chiedete di poter avere una mente appagata e in pace, indipendentemente da quello che ottenete.

Un giorno il Signore Vishnu disse a un suo devoto: 'Sono stanco delle tue continue richieste. Ti accorderò tre desideri, dopodiché non ti concederò più nulla'. Entusiasta, il devoto non esitò a esprimere il primo desiderio: la morte della moglie per potere sposare una donna migliore. Questo desiderio si realizzò immediatamente.

Ma quando gli amici e i parenti si riunirono per il funerale, iniziarono a decantare tutte le virtù della donna e il devoto si rese conto di aver agito troppo in fretta. Capì di non essersi accorto delle buone qualità della moglie e iniziò a chiedersi se sarebbe mai riuscito a trovare una sposa altrettanto virtuosa. Così, quando arrivò il momento di esprimere il secondo desiderio, chiese al Signore di riportare in vita la moglie. Ora gli restava un ultimo desiderio. Era deciso a non commettere il minimo errore perché non avrebbe avuto la possibilità di correggerlo. Consultò molte fonti di conoscenza e si rivolse a varie persone che gli suggerirono di domandare una buona salute e la ricchezza. Alcuni suoi amici gli consigliarono di chiedere l'immortalità: a cosa serve essere immortali, obiettarono altri, se non si gode di una buona salute? E a cosa serve la salute se non si ha denaro? E se non si hanno amici, come puoi divertirti con i soldi che hai?

Trascorsero diversi anni e ancora il devoto non sapeva decidersi: salute o ricchezza, potere o amore? Infine disse al Signore: 'Ti prego, dimmi cosa dovrei chiederTi'. Di fronte all'impaccio dell'uomo, il Signore scoppiò a ridere e rispose: 'Chiedi di essere contento qualunque cosa accada'.

Rinunciate e gioite della vita. Il vero frutto, la vera felicità, è dentro di voi. Imparate a trovare la contentezza in questa esperienza di gioia interiore. Quando mangiate una banana, mangiate solo il frutto e non la buccia perché sapete che, mangiandola, potreste avere mal di pancia. Fate lo stesso con le vostre ricchezze e la vostra posizione e reputazione: non permettete che diventino il centro della vostra esistenza. Potrebbe sembrare che vi renderanno felici, ma tale felicità è fugace e associata a molto dolore. Ricordate che la vera vita è dentro di voi".

Un altro *brahmachari* chiese: "Amma, quando parlavi della contentezza, hai detto che essa può nascere solo quando si è capito l'aspetto spirituale della devozione, quando si pratica la rinuncia. Cosa intendi dire?".

Amma rispose: "Alcuni sono spaventati dalla parola 'rinuncia'. Molta gente pensa che, se la contentezza è frutto della rinuncia, allora è meglio restare scontenti; si chiede anche come potrebbe condurre un'esistenza soddisfacente senza ricchezze, una bella casa, una bella macchina, un marito o una moglie, senza tutti i piaceri e le comodità che la vita offre. Tali persone pensano che non sia possibile vivere senza tutte queste cose e che la vita diventerebbe un inferno.

Ebbene, conoscete qualcuno che sia pienamente felice e appagato grazie ai beni che possiede? Chi cerca la felicità nelle comodità e negli agi è la persona più infelice. Più aumentano le ricchezze e gli agi, più aumentano i problemi e le preoccupazioni. Più si hanno desideri, più si è scontenti perché i desideri non si esauriscono mai. La catena dell'avidità e dell'egoismo è sempre più lunga e non ha fine. Chi pensa ad accumulare sempre di più non può essere contento. Questo non significa che per provare soddisfazione non si debba assecondare neppure un desiderio, non è questo il punto; il punto è che bisognerebbe imparare a essere soddisfatti di ciò che si ha. L'unico scopo della vita non dovrebbe essere acquisire ricchezze, onori e una posizione sociale. Arate il vostro campo, seminate, prendetevi cura delle piantine, estirpate le erbacce, annaffiate il terreno, concimate e poi aspettate pazientemente. Se avete compiuto tutte queste azioni correttamente, con amore e distacco, il raccolto sarà abbondante. Tutte le azioni portano frutti. Il futuro è il frutto, ma non preoccupatevi del futuro; aspettate pazientemente, focalizzati sul presente, e adempite ai vostri compiti con concentrazione ed amore. Le azioni sono il presente. Amate ogni vostra azione, scoprite la beatitudine in tutto ciò che fate: questa è la cosa più importante. Quando riuscirete a vivere ogni istante delle vostre azioni, non potrete che ottenere buoni risultati.

È possibile godere di ciò che si ha solo vivendo nel presente. Questo significa smettere di preoccuparsi dell'esito delle proprie azioni, smettere di preoccuparsi per ciò che si è fatto in passato. La vera rinuncia è rinunciare al passato e al futuro. Il passato è la pattumiera in cui avete buttato tutte le azioni che avete compiuto, un magazzino pieno di cose positive e negative. Il passato è una ferita da non toccare né grattare. Non fatela peggiorare. Se grattate la ferita, ovvero se riminate sui ricordi, la ferita si infetterà. Non toccatela ma lasciatela guarire. La guarigione avverrà solo attraverso la fede e l'amore per Dio, realizzabile solo vivendo nel presente. Ricordate Dio, recitate il Suo nome, meditate sulla Sua forma e ripetete il vostro mantra: ecco il rimedio migliore alle ferite del passato. Prendete questa medicina per dimenticare il passato e non preoccupatevi del futuro.

La vera devozione richiede rinuncia. Ed è proprio la rinuncia ciò che manca alla maggior parte dei cosiddetti devoti, che rimuginano in continuazione sul passato o sognano il futuro costruendo castelli in aria. Anche quando recitano il nome di Dio, si perdono nei ricordi o costruiscono sogni che riguardano il futuro. In tal modo si perdono la bellezza che scaturisce dal recitare il nome del Signore. Noncuranti della mirabile bellezza della loro divinità amata e della misericordiosa e amorevole forma del loro Guru, perdono anche la Grazia. Non guardando mai nel proprio cuore, non conoscono l'estasi che proviene dalla devozione e dall'amore e le loro preghiere sono vuote. Non avendo concentrazione, le loro meditazioni sono aride. Incapaci di rinunciare al passato e al futuro, tali persone perdono la bellezza del presente. Anche le loro azioni non hanno alcuna bellezza e le loro parole non ispirano nessuno.

Vivere nel presente costituisce l'aspetto spirituale della devozione. Il sedicente devoto è più interessato all'aspetto materiale della sua fede e vive la devozione come un'attività part-time; le sue preghiere e meditazioni non sono reali; non riesce a lasciare la presa ed è così attaccato alle cose che talvolta esclama: 'Oh, non ce la faccio ad abbandonare i ricordi; si sono impadroniti di me e mi tengono legato'. Ahimè! I ricordi non possono imprigionarlo; essendo inermi e senza vita, non hanno alcun potere. È lui che gli dà potere e si aggrappa a loro. Se solo lasciasse la presa, sarebbe libero. Costui ama filosofeggiare sulla rinuncia e sull'abnegazione, ma non è sincero.

Amma ha sentito raccontare la seguente storia: un uomo dichiarò con enfasi a un altro: 'Amo la via della rinuncia e del servizio disinteressato'.

Il suo interlocutore rispose: 'Ma hai la più pallida idea di cosa significhi rinunciare, sacrificarsi per gli altri?'.

'Certamente'.

'Allora', proseguì il secondo uomo, 'se hai due televisori dovrai darne uno a chi non ne ha'.

'Sì, certo, lo posso fare' rispose il primo uomo.

'Perfetto', continuò il suo interlocutore, 'ora, se hai due macchine, dovresti darne una a chi non ne ha'.

'Non c'è problema. Consideralo fatto'.

Colpito da tanta generosità, il secondo uomo disse: 'Quindi, se tu avessi due mucche, ne daresti via una, non è vero?'.

'No! Questo è impossibile! Non posso farlo!' fu la risposta.

Sorpreso, il secondo uomo chiese: 'Perché no? Non è una conseguenza logica? Se rinunci a un televisore e a una macchina, perché esiti a dare via una semplice mucca?'.

Il primo uomo replicò: 'No, non è una conseguenza logica. Non posseggo due televisori né due macchine, però ho due mucche!'".

Tutti risero a questo esempio, che illustrava magistralmente l'insegnamento di Amma. "Figli", disse la Madre, "questo è il tipo di rinuncia di cui siamo capaci. Inventiamo ogni genere di scuse ed esclamiamo: 'Se solo avessi avuto quella cosa, avrei potuto aiutarti. Se solo avessi avuto quell'altra, ti avrei dato quello di cui avevi bisogno'. Ma quando siamo in condizioni di aiutare dimentichiamo le nostre promesse. Promettiamo cose che non abbiamo e non siamo mai disposti a separarci da ciò che ci appartiene".

Capitolo 7

Sahasra-seersha purushaha
Sahasra-akshah sahasra-paath
Sa-bhoomim viswatho vrittwa
Atya-tishtah-dhasangulam

"Lui, il Signore del cosmo,
il *Purusha* dalle mille teste,
dai mille occhi e dalle mille gambe,
pervade l'intero universo e oltre".

— *Purusha Suktam*

Che si tratti di un fatto piccolo o grande, importante o insignificante, nulla sfugge allo sguardo di Amma. Lei vede tutto. Nelle Scritture si afferma che il Signore cosmico, il *Purusha*, sia dotato di mille teste, di mille occhi e di mille gambe e che impregni l'universo intero e oltre.

In questo contesto, il numero mille simboleggia l'infinito. Colui che ha realizzato Dio, o l'Infinito, vede attraverso un infinito numero di occhi, sente attraverso un infinito numero di orecchie e gusta attraverso un infinito numero di bocche. Colui che è tutt'uno con *Brahman* percepisce attraverso ogni elemento della creazione. Essendo la mente di ognuno degli esseri dei tre mondi parte di questo infinito, colui che dimora in quello stato percepisce il mondo attraverso ogni mente.

In tal modo, nulla di quanto succede nel mondo può sfuggirgli perché il suo sguardo vede tutto. Lo sguardo di Amma è dunque lo sguardo cosmico e la sua mente è la mente cosmica, poiché Amma è tutt'uno con l'universo. Amma è l'Infinito. Nella *Bhagavad Gita*, il Signore Krishna dice, riferendosi al *Purusha* Supremo: "Tutte le teste sono le Sue, tutti gli occhi sono i Suoi, tutte le gambe sono le Sue". Lo stesso vale per Amma: nulla sfugge ai suoi occhi.

Un *brahmachari* era da poco diventato residente dell'ashram quando ebbe un'esperienza che lo convinse che Amma conosceva ogni sua azione. All'inizio del 1982, un devoto gli consegnò una grande scatola di biscotti dicendo che era per tutti i residenti. A quel tempo, essi non erano più di dodici. Inizialmente il *brahmachari* aveva tutte le intenzioni di condividere i biscotti con i suoi fratelli spirituali, ma quando più tardi era seduto da solo nella sua capanna pensò: "Nessuno sa che quel devoto mi ha dato dei biscotti e ora è partito. Non c'è dunque bisogno d'informare gli altri. Li terrò per me e li mangerò nei prossimi giorni". Li nascose così dietro la foto di Amma e li coprì con la stoffa che ornava l'altare, pensando che fosse un buon nascondiglio. L'altare era posto in un angolo buio della capanna e, ad ogni modo, perché mai qualcuno sarebbe andato a frugare vicino al suo altare? Il *brahmachari* uscì poi per svolgere le sue attività quotidiane. Ma chi può predire cosa può succedere alla presenza di Amma? Quella sera, accadde l'imprevedibile.

Al termine dei *bhajan*, Amma si diresse verso il boschetto di palme da cocco. Passeggiò per qualche minuto tra gli alberi e poi, senza alcuna ragione apparente, entrò nella capanna del "ladro di biscotti". L'uomo era seduto fuori, ma quando la vide entrare nella sua capanna, la seguì immediatamente. Per qualche minuto la Madre restò immobile in mezzo alla stanza e poi, improvvisamente, mise la mano dietro la foto dell'altare e afferrò i biscotti. Il *brahmachari* impallidì e chinò il capo per la vergogna, poi cadde ai piedi di Amma scoppiando a piangere. Con un sorriso birichino sulle labbra, Amma rimase immobile, con i biscotti in mano. Dopo qualche istante, chiese al *brahmachari* di alzarsi. L'uomo si alzò senza però sollevare la testa e tra le lacrime si scusò. Mantenendo quell'affascinante e malizioso sorriso sul suo volto raggiante, Amma gli tese freddamente la scatola di biscotti. Non aggrottò neppure per un istante le sopracciglia quando esclamò: "Figlio, prendi i biscotti, sono per te. Mangiali pure da solo, non sentirti in colpa". All'udire quelle parole sferzanti, nonostante la loro apparente dolcezza, il *brahmachari* gridò: "Amma, ti prego, non torturarmi più!". A questo punto, non riuscendo più a nascondere l'amore e la compassione che provava, Amma pose la testa del *brahmachari* sulla sua spalla e lo consolò dicendo: "Figlio, stavo scherzando. Amma sa che hai agito come un bambino innocente. Non ti preoccupare. Dopotutto è Amma che ti ha scoperto, perciò non avere vergogna e non sentirti ferito. Ma, figlio, cerca di non essere egoista. Se non riesci neppure a condividere una scatola di biscotti con i tuoi fratelli spirituali, come puoi condividere il tuo cuore con il mondo? Come potrai rinunciare al tuo egoismo e cominciare ad amare e servire il mondo? Questo è il luogo in cui devi iniziare. Cerca quindi di essere più aperto e di condividere".

Questo episodio, uno degli innumerevoli esempi del potere dei "mille occhi" di Amma, ci rivela con quanta bellezza e grazia lei indichi ai suoi figli gli errori che hanno commesso e li corregga. Il modo in cui lo fa non può ferire e, anche se provoca un po' di dolore, Amma conosce il rimedio. Per aiutare i *sadhak* a prendere coscienza dei loro sbagli, inizialmente fa loro provare una breve sofferenza o agitazione, ma l'amore incondizionato e la compassione che manifesta loro sono tali da rasserenarli e lenire ogni dolore.

Avere rispetto per tutte le forme di vita

Venerdì 14 settembre 1984

Qualche giorno prima, uno dei residenti aveva deciso di trapiantare un giovane albero di mango che si trovava su un terreno comprato recentemente dall'ashram. Poiché non gli piaceva dov'era, lo spostò in un angolo con l'aiuto di altri residenti. A nessuno di loro, però, venne in mente di chiedere prima il permesso ad Amma.

Qualche giorno dopo, Amma andò inaspettatamente ad esaminare il terreno su cui sorgeva l'ashram e quando i *brahmachari* videro che si stava dirigendo verso il nuovo appezzamento, iniziarono a guardarsi e a bisbigliare tra loro. Provavano timore perché, dal giorno del trapianto, la pianta stava deperendo. Appena Amma arrivò, disse: "Qui manca qualcosa. Cosa manca?". Tutti impallidirono, senza aprire bocca. "Shiva! Dov'è l'albero di mango?", esclamò. Tutti rimasero in silenzio, nessuno osava dire una parola. Amma domandò di nuovo: "Cos'è successo al mango? Qualcuno l'ha tagliato?". Alla fine *brahmachari* Pai si fece avanti e con voce flebile esclamò: "Amma, Nedumudi l'ha spostato dall'altro lato e noi l'abbiamo aiutato".

"Dove? Dove l'avete piantato?" Amma disse con tono molto preoccupato.

Pai le mostrò il cammino e Amma, seguita da tutto il gruppo, s'incamminò verso il luogo dove si trovava quell'albero. Vedendone i rami appassiti, esclamò profondamente amareggiata: "Shivane! Cosa avete fatto a questo albero? Come avete potuto? Avete commesso un grande peccato. Perché non me l'avete chiesto prima di spostarlo? Non vi avrei permesso di farlo. Non posso sopportare la vista di questo povero albero agonizzante".

Dalle sue parole trasparivano un grandissimo dispiacere e dolore e anche sul suo viso si poteva leggere questa sofferenza.

Esprimeva ciò che una madre avrebbe provato per il suo bambino ferito. Si accucciò a terra, la testa bassa e la fronte tra le mani. Quelli che le erano vicino notarono che si asciugava le lacrime. Mentre alcuni si chiedevano perché piangesse per una tale inezia, altri furono pervasi dall'ammirazione per l'amore divino e la compassione che dimostrava verso tutta la natura, anche verso un albero. Commossi da questi suoi sentimenti, alcuni non riuscirono a trattenere le lacrime.

Dopo un bel po', Amma disse: "Figli, vi prego, non distruggete mai più la vita in questo modo. Non è bene che i ricercatori spirituali si comportino così. Il nostro scopo è percepire la vita in ogni cosa; dobbiamo evitare di distruggere, non ne abbiamo nessun diritto. Poiché non siamo in grado di creare, non dovremmo distruggere. Solo Dio può creare, nutrire e distruggere, e tutte e tre queste facoltà straordinarie sono al di sopra delle nostre capacità. Perciò non fate più una cosa del genere. Se non riuscite a valutare le cose o le situazioni da soli, rivolgetevi a chi è più sapiente o saggio. E se costui non è in grado di darvi un buon consiglio, non agite: è più saggio non agire che fare sciocchezze.

Dobbiamo ricordare che tutto è senziente, che tutto è pieno di coscienza e di vita. Ogni cosa esiste in Dio. La materia in quanto tale non esiste, esiste soltanto la Coscienza. Se affrontiamo ogni situazione con questo atteggiamento, ci è impossibile distruggere. L'idea stessa di distruggere svanisce. È solo allora che potete aiutare e servire gli altri, per il loro bene e per quello del mondo.

Quando Amma dice 'mondo', non si riferisce solo agli esseri umani. 'Il mondo' include tutto - esseri umani, animali, piante e alberi - la natura intera. Gli esseri umani sono certamente le creature più evolute, ma questo non significa che le altre forme di vita non possano provare sentimenti. I *Veda* e le *Upanishad* affermano che tutto è permeato dalla Coscienza.

Dio è presente in ogni cosa. Non è scritto da nessuna parte che Lui dimori solo negli esseri umani e non negli animali o in altre forme di vita. Dio è nelle montagne, nei fiumi, nelle valli, negli alberi, risiede negli uccelli, nelle nuvole, nelle stelle, nel sole e nella luna - ovunque. Dio dimora nel *sarva charaachara*, in tutto ciò che è animato e inanimato. Se l'abbiamo compreso, come possiamo uccidere e distruggere?

Potreste pensare che gli esseri umani sappiano parlare, camminare, agire, pensare e sentire, mentre le piante non ne siano capaci. Forse credete che siano senza vita e che quindi possiate tagliarle, abbatterle e usarle per i vostri fini egoistici. Non avete capito che tutto in natura ha una funzione. Non ci sono errori nella creazione. Tutto, in natura, è ben calcolato e misurato accuratamente e ha proporzioni perfette.

Ogni creatura, ogni cosa creata da Dio è incomparabile. Pensate ai prodigi della natura: i cammelli sono stati benedetti con una sacca speciale dove conservare l'acqua, i canguri hanno un marsupio per portare i loro piccoli ovunque vadano. Anche le creature o le piante apparentemente più insignificanti e pericolose hanno una loro funzione specifica. I ragni mantengono stabile il numero degli insetti, così come i serpenti tengono sotto controllo quello dei roditori. Il minuscolo plancton unicellulare dell'oceano serve da cibo per le balene. Ognuna di queste creature ha un proprio ruolo da svolgere che potremmo non conoscere. La natura rimane un mistero per noi e così agiamo scioccamente distruggendo alberi, piante e animali. Molte piante ed erbe ayurvediche potrebbero sembrare erbacce insignificanti e per ignoranza potremmo decidere di sradicarle, ma un medico ayurvedico sa, avendolo studiato, quanto siano utili e importanti.

L'esistenza stessa dell'essere umano dipende dalla natura. La natura è una parte indispensabile della vita sulla Terra. Senza la natura, nessuno, neppure l'uomo, potrebbe vivere. Per questo motivo, prenderci amorevolmente cura di tutti gli esseri viventi è uno dei nostri doveri principali. Vi potrà sembrare che sia meno grave distruggere una pianta che uccidere un essere umano, ma questo concetto è errato: anche le piante e gli alberi hanno emozioni e possono avere paura. Quando qualcuno si avvicina a un albero o a una pianta con un'accetta o un coltello affilato, la pianta si spaventa e trema di paura. Occorre un udito sottile per sentirne le grida, una vista sottile per vedere quanto sia indifesa e una mente sottile per avvertire la sua paura. Anche se non vedete la sua sofferenza, potete sentirla se il vostro cuore è pieno di compassione. Per vedere che una pianta sta soffrendo, bisogna che l'occhio della mente sia aperto. Sfortunatamente non potete vedere questi aspetti così sottili con gli occhi fisici, ed è per questo che distruggete alberi e piante indifesi.

È stato scientificamente dimostrato che gli animali e gli esseri umani non sono i soli ad avere sentimenti ed emozioni: anche gli alberi e le piante li provano e sono in grado di esprimerli in una certa misura. Se abbiamo il giusto approccio, possiamo imparare a capire il loro linguaggio. Dopo avere svolto ricerche approfondite nelle fucine della loro coscienza, gli antichi saggi e santi dell'India proclamarono che le piante e gli alberi nutrivano sentimenti e che potevano anche mostrarli a chi si comportava con loro con amore e compassione.

La storia di Shakuntala illustra molto bene questa affermazione. Shakuntala era la figlia adottiva di un saggio di nome Kantva. Fin da piccola, Shakuntala sentiva spontaneamente amore per la natura, gli animali e gli alberi. Li amava e se ne prendeva cura come della sua stessa vita. Ogni giorno annaffiava gli arbusti e le piante dell'eremo e trascorreva molto tempo in giardino esprimendo loro affetto. Giungeva ad accarezzarle e a baciarle e mostrava la stessa tenerezza verso gli animali e gli uccelli. Era particolarmente affezionata a una pianta di gelsomino, la sua preferita, e ogni giorno passava ore a lavarne le foglie e ad annusarne i fiori profumati.

Un giorno, durante una battuta di caccia nella foresta, un re vide Shakuntala e se ne innamorò. Il re e Shakuntala si sposarono. Si dice che, al momento della sua partenza, le piante e gli alberi si curvarono in segno di dolore. Con le lacrime agli occhi, Shakuntala si congedò da ogni pianta, albero e animale. Il cervo e il pavone versarono lacrime cocenti nel salutarla. La pianta di gelsomino le afferrò i piedi, avvolgendoli con i suoi viticci per impedirle di andarsene".

Interrompendo questo profondo flusso di parole, Amma guardò la pianta di mango. Per parecchio tempo rimase in silenzio a fissarla e poi scivolò in uno stato meditativo. Mentre sedeva ad occhi chiusi, le lacrime rigavano le sue guance. Forse provava compassione per questo mango, o forse il suo pianto era dovuto a qualcos'altro che non sapremo mai.

Non siate egocentrici

"Amma, ci spiace tantissimo di essere stati così poco attenti," mormorò uno dei *brahmachari* con sincero rimorso, "Non intendevamo distruggere l'albero".

Aprendo gli occhi, Amma disse: "Che peccato che la distruzione sia diventata il motto dell'uomo moderno! Nessuno desidera sinceramente il bene degli altri. Le persone sono diventate molto egocentriche ed egoiste. Vogliono distruggersi a vicenda. Vogliono distruggere tutto. Quando l'avidità e l'egoismo s'impadroniscono di un uomo, fanno nascere in lui idee di distruzione. L'amore e la compassione sono forze che uniscono, le sole in grado di creare un senso di unione e di collaborazione. Quando l'essere umano pensa solo a se stesso e ai suoi desideri estremamente egoisti, si rattrappisce, è come se diventasse cieco, incapace di scorgere nient'altro che se stesso e il suo piccolo e mostruoso ego.

Amma ha sentito questa storia: alcuni giovani desideravano diventare discepoli di un maestro spirituale. Il maestro li portò vicino a un pozzo e chiese ad ognuno di loro di guardare dentro e dire cosa vedevano. Tranne uno, tutti dissero che vedevano soltanto il proprio riflesso. 'Non vedete nient'altro?', chiese di nuovo il maestro. Tutti risposero di no, ad eccezione di un giovane che esclamò: 'Anch'io vedo il mio riflesso nell'acqua profonda, ma vedo anche il riflesso degli alberi e delle piante che crescono intorno al pozzo'. Il maestro accettò questo ragazzo come suo discepolo e disse agli altri: 'Voi non avete notato nulla al di fuori della vostra immagine, dimostrando così di essere egocentrici. Questo giovane, invece, ha notato altre cose: ha visto anche le piante e gli alberi. Questo dimostra che non è egocentrico. La sua visione è più chiara della vostra. È lui che accetterò come discepolo'.

Figli, una persona egocentrica non prova compassione né amore; potrebbe diventare un pericolo per la società poiché può facilmente distruggere senza alcun motivo. Distruggere sconsideratamente è un atto demoniaco. Alcuni Paesi hanno freddamente attaccato altri Paesi con il solo intento di favorire egoisticamente il proprio interesse. L'egoismo, l'avarizia e l'egocentrismo sono qualità e aspetti demoniaci. Il male può facilmente impadronirsi della mente umana. Figli, non lasciate che esso domini la vostra mente. È peccato distruggere intenzionalmente. Non permettete al peccato di avere la meglio su di voi. Chi ha una mente distruttiva non prova alcun sentimento ed è ossessionato da idee crudeli. Centrato unicamente su di sé, costui non è in grado di vedere l'unità che sottende la molteplicità ed è incapace di scorgere o sentire la vita che pulsa in ogni cosa. Tutto ciò che vede è 'altro' da sé. Essendo privo d'amore e di compassione, non riesce a percepire la vita in tutte le cose e considera tutto materia inanimata. Questa visione lo rende un distruttore.

Una persona distruttrice è piena di odio e di collera. Queste qualità accecano gli esseri umani e li spingono ad annientarsi reciprocamente. In qualunque parte del mondo, quando la forza distruttiva della rabbia e dell'odio prende il sopravvento sulla mente umana, la gente arriva a uccidersi. La vera natura dell'essere umano è Coscienza. L'uomo è Dio, ma ha dimenticato di esserlo. Che peccato! Quanto è degenerato!

C'erano una volta tre Paesi che si facevano sempre la guerra e la situazione era diventata tale che Dio era seriamente preoccupato. Ogni stato voleva distruggere gli altri due e i loro abitanti. Non solo i leader, ma anche le rispettive popolazioni si odiavano a vicenda. Il Signore decise allora di organizzare un incontro con i rappresentanti di queste nazioni e pose loro questa domanda: 'Miei cari figli, qual è il motivo di tutti questi scontri e litigi? Non c'è più pace e la gente vive costantemente nel terrore. Ditemi, cosa volete? Perché battervi quando Io sono qui per soddisfare tutti i vostri bisogni? Se avete dei problemi, confidatemeli e Io vi aiuterò, ma smettete di distruggere'. Poi, rivolgendosi al rappresentante del primo Paese, domandò: 'Dimmi, cosa desideri?'.

Costui guardò Dio con arroganza e rispose: 'Ascolta, innanzitutto noi non crediamo nella Tua esistenza. Abbiamo i nostri leader ed è in loro che abbiamo fede. Se vuoi che crediamo in Te, dovrai darci una prova del Tuo potere'.

'Che prova vuoi?', chiese Dio. Puntando il dito verso l'ambasciatore della seconda nazione, il rappresentante del primo Paese disse: 'Distruggi lui e la sua nazione. Annientali. Se lo farai, crederemo in Te. Costruiremo templi, chiese e moschee in Tuo onore ed esorteremo la nostra gente ad adorarTi'.

Dio era talmente allibito nell'ascoltare un tale desiderio che rimase senza parole. Il Suo silenzio indusse lo stesso uomo a riprendere il discorso. 'Va bene, non importa. Il Tuo silenzio significa che non sei capace di farlo. Ebbene, dato che è così, ce ne occuperemo noi. Impiegheremo un po' più di tempo, ma non è un problema'.

Dio si volse allora verso il delegato della seconda nazione. Poiché i suoi abitanti erano credenti, pensò che avrebbe ricevuto una risposta più gentile e dignitosa. Ma quando gli fu chiesto cosa desiderasse, l'ambasciatore disse: 'Mio Signore, non abbiamo che un piccolo desiderio. Chiediamo solo che il nostro amico, il primo Paese, sia cancellato da ogni carta geografica, che sparisca senza lasciare traccia e al suo posto resti uno spazio bianco. Non vogliamo che il suo nome appaia sulla carta. Ad ogni modo, Signore, se non lo farai attraverso la Tua Grazia e la Tua benedizione, lo faremo sicuramente noi in nome Tuo con i nostri eserciti'.

Questa volta Dio era veramente sciocccato. Se anche quelli che avevano fede in Lui parlavano così, quale sarebbe stato l'atteggiamento dei non credenti? Per un attimo restò impietrito. Infine, pieno di speranza, si rivolse all'ambasciatore della terza nazione, che sembrava estremamente educato, un vero gentiluomo. Il delegato sorrise a Dio e lo salutò a mani giunte. Questo gesto riempì di speranza il cuore del Signore, che pensò: 'Almeno lui mi capisce. Ora potrò rallegrarmi e provare soddisfazione al pensiero che mi è possibile salvare almeno una nazione dal cammino verso la distruzione'. Restituendo il sorriso, Dio chiese: 'Figlio mio, dimmi, qual è il tuo desiderio?'.

Il rappresentante della terza nazione s'inchinò nuovamente a Lui e pacatamente rispose: 'Signore Dio, la mia nazione non ha alcun desiderio. Abbi compassione ed esaudisci il desiderio delle altre due nazioni. In questo modo, saremo anche noi esauditi!'.

Questa tendenza a distruggere ripetutamente è una caratteristica di ogni stato ed essere umano. Figli, smettetela di distruggere! Non è questa la vostra strada. La vostra è quella dell'amore, della compassione, dell'empatia, del sentire il dolore e la felicità degli altri come vostri".

Gayatri portò un bicchiere d'acqua ad Amma, ma lei lo rifiutò dicendo: "Amma non ha voglia di bere né di mangiare dopo aver visto quello che i suoi figli hanno fatto. La loro azione sconsiderata e crudele ha profondamente addolorato il suo cuore". Girandosi verso i *brahmachari* continuò: "A causa del vostro giudizio errato, avete distrutto una vita. Dovreste pentirvene. Non dovete mai più commettere un errore del genere e, poiché non vi importa di quello che avete fatto, oggi Amma non intende mangiare né bere".

Il pensiero che lei non avrebbe mangiato né bevuto a causa loro, rese i *brahmachari* molto tristi e pieni di rimorso. Non avrebbero mai creduto che gli eventi avrebbero preso un corso così drastico. Quando Amma aveva cominciato a raccontare qualche storia, avevano pensato che l'incidente dell'albero di mango fosse un capitolo chiuso, ma l'affermazione di Amma li scosse nuovamente.

La Madre ritornò verso il mango. Questa volta abbracciò il tronco e lo baciò. Come se stesse rivolgendosi alla vita stessa dell'albero o alla sua divinità tutelare, disse: 'I miei figli hanno agito senza discernimento. Sono figli ignoranti. Mi ritengo responsabile per ciò che è accaduto. Come potrebbe essere altrimenti? Non sono stata abbastanza brava ad insegnare loro a capire e sentire che tutto il creato è pieno di vita. Ti chiedo scusa a nome dei miei figli. Perdonali per il loro gesto. Hanno agito per ignoranza".

Amma abbracciò e baciò ancora una volta l'albero prima di tornare all'ashram.

Con questo atto singolare ma meraviglioso, Amma aveva impartito a tutti una grande lezione di umiltà e d'amore. I *brahmachari* e i residenti si vergognavano molto, non avrebbero mai pensato che si potesse chiedere perdono a un albero. Chi può agire in tal modo se non colui che vede la vita in ogni cosa? Chi può dare un tale esempio di umiltà e di compassione se non una persona piena d'amore e di compassione, una persona che dimora costantemente nello stato supremo? Come potrebbe colui che aspira a progredire sul sentiero spirituale dimenticare tale episodio? Le straordinarie lezioni o esperienze che la Madre elargisce, le sue sorprendenti azioni, sono indimenticabili. Il ricordo di questi eventi restano custoditi per sempre nel cuore di un *sadhak*, nei recessi più profondi del suo essere.

Sopraffatti dal rimorso, i *brahmachari* seguirono Amma dicendo: 'Amma, non digiunare! Non commetteremo mai più questo errore. Amma, per favore, non digiunare. Non lo faremo mai più. Amma..."

Amma sembrava sorda alle loro preghiere. Stava per salire le scale che portano alla sua stanza quando improvvisamente Nedumudi, il *brahmachari* che aveva avuto l'idea di spostare l'albero, scoppiò a piangere. Tra le lacrime, la implorava: "Perdonami! Non commetterò mai più un errore del genere. D'ora in poi non agirò più senza prima chiedere il tuo consiglio. È tutta colpa mia, Amma. Mi hai dato una grande lezione. Ti prego Amma, non digiunare! Digiunerò io per quanti giorni vorrai, ma ti prego Amma, non torturare il tuo corpo. Io, solo io sono quello che dovrebbe soffrire! Anche quando hai pianto e hai chiesto perdono all'albero, sono rimasto impassibile. Che razza di ego ho! Che peccatore sono!". E iniziò a battersi la testa con le mani.

Vedendo l'angoscia del *brahmachari*, il cuore di Amma si sciolse. Volgendosi verso di lui, prese le sue mani. "Figlio... figlio... caro figlio di Amma. Non ti preoccupare, Amma non digiunerà. Non farti male. Ti sei pentito a sufficienza, calmati ora. Amma mangerà".

Questo episodio illustra con chiarezza come lei punisca i suoi figli per i loro errori. In realtà, la parola stessa "punizione" ha un valore troppo negativo per essere usata in questo contesto. Amma non castiga i suoi figli, cerca solo di fare in modo che prendano coscienza dei loro errori. Una volta che si diventa consapevoli

– "Ho sbagliato, non avrei dovuto, ne prendo atto" – si è sulla strada giusta. Per riparare a un errore bisogna dapprima esserne consapevoli. Senza comprendere di esserci sbagliati o di avere una particolare debolezza che diventerà un ostacolo lungo il percorso, come possiamo superarla o correggerla?

Amma ci mostra le nostre mancanze e i nostri errori, non aspetta sempre che scopriamo da soli gli aspetti su cui abbiamo bisogno di lavorare, ma crea le circostanze necessarie affinché ne prendiamo coscienza attraverso il suo esempio. Non è facile, dopo che si è stati testimoni di un atto esemplare, o quando abbiamo appreso la lezione, ripetere lo stesso errore. Gli esempi e i profondi consigli ricevuti da Amma aiutano il ricercatore a vigilare, ad essere più prudente e a discernere prima di compiere un'azione o di prendere una decisione. Perciò, le cosiddette punizioni di Amma sono preziose esperienze che guidano i suoi figli sul giusto cammino. Le sue lezioni non si possono definire vere "punizioni". In realtà, sono benedizioni. I rimproveri o i castighi della Madre sono uno dei modi in cui lei fa fluire la sua Grazia verso il *sadhak*.

Amma si sedette sull'ultimo gradino della scala. Coprendosi il volto con le mani, Nedumudi continuava a piangere. Con occhi pieni di compassione, lei gli accarezzava affettuosamente la testa. Gayatri teneva sempre in mano il bicchiere d'acqua che aveva portato ad Amma. Ora Amma prese il bicchiere e bevve un sorso. Sollevando il capo del *brahmachari*, Amma versò un po' d'acqua nella sua bocca e poi fece lo stesso con tutti gli altri. Un grande sorriso apparve ben presto sul volto di tutti. Ognuno di loro era felice di aver ricevuto la benedizione di Amma e di sapere che non avrebbe digiunato. Rivolgendo loro un altro sorriso, lei disse: "Figli, adesso la mente di tutti è molto agitata. Calmiamoci". A questo punto, cominciò a cantare *Paurnami Ravil*.

Paurnami Ravil

O Madre,
Tu sei lo splendore della luna
che brilla in cielo in una notte di luna piena.
Sei la sera di primavera
che giunge in una bella carrozza
portando con sé fiori profumati.

O Madre,
Tu sei il magnifico suono
che si eleva dalle dolci corde del tampura.
Sei il poema
nell'immaginazione creativa del poeta.

Tu sei l'Uno nel quale si sono fusi
i sette colori dell'arcobaleno
e le sette note musicali.
Sei il profumo del fiore,
la bellezza dell'arcobaleno
e la freschezza della brezza.

L'atmosfera ritornò calma e serena. In tutti era impresso il ricordo di questa meravigliosa esperienza, degna di essere contemplata.

Un Mahatma non può distruggere

Sabato 15 settembre 1984

Era l'ora della meditazione mattutina. Amma sedeva al centro del boschetto di palme da cocco, circondata dai residenti dell'ashram, e guardava attentamente tutti i presenti per vedere se meditavano con sufficiente *shraddha*. Anche quando il tempo per la meditazione terminò alle nove e trenta, nessuno si mosse. Tutti tacevano. Dopo qualche momento, uno dei *brahmachari* fece una domanda: "Amma, tu dici che chi prova amore e compassione non può distruggere una vita, ma Krishna e Rama hanno ucciso molte persone. Gesù scacciò i mercanti dal tempio a colpi di frusta. Questi Maestri sono conosciuti per il loro amore e la loro compassione, ciò nonostante hanno leso la vita. Non è contraddittorio questo comportamento?".

"Prima di tutto", esordì Amma, "dovreste ricordare che Rama e Krishna non solo erano degli Esseri perfetti, ma erano anche dei re. Rama era un re, e Krishna nominava i re. In quanto sovrani del proprio Paese, il loro primo e sacrosanto dovere era proteggere il regno e i sudditi da ogni pericolo. Qualora la giustizia fosse stata minacciata, dovevano combattere le forze dell'iniquità e del male. Ma si batterono solo contro re crudeli e forze demoniache.

Rama e Krishna erano l'incarnazione del Potere dell'universo. Erano il potere di Dio sotto forma umana e quindi avevano il potere di creare, preservare e distruggere. Tu dici che annientavano la vita, ma non sai che l'hanno anche creata e preservata? Nelle grandi epopee vi sono molti episodi che lo testimoniano. Noi non abbiamo il potere di creare né quello di preservare la vita, eppure continuiamo a distruggere cercando sempre giustificazioni per il nostro operato. Vedendo che altre persone si comportano in questo modo, pensiamo di poter legittimare anche le nostre peggiori azioni. Accusando un nostro superiore di fare lo stesso, abbiamo l'impressione di poterci così discolpare. Sappiamo che stiamo sbagliando, ma troviamo sempre altri su cui gettare il biasimo. È assurdo ritenere Dio responsabile dei nostri errori. Dio è il Creatore, il Creatore dell'intero universo, mentre l'uomo è la Sua creazione. Dio è onnipotente, onnipresente e onnisciente, mentre l'uomo è limitato, confinato nel suo corpo, nella sua mente e nel suo intelletto. Mentre le azioni di Dio o del Guru nascono da una pura e completa conoscenza, quelle degli esseri umani sono motivate dall'ignoranza. Rama, Krishna e Gesù erano onnipotenti, onnipresenti e onniscienti. Quando dici che Krishna ha ucciso, dimentichi che ha anche donato la vita. Ricordi come riportò in vita il nipote di Arjuna? Il bambino era nato morto, ma Krishna gli ridiede la vita. E fu sempre Krishna che accordò la liberazione, lo scopo supremo della nascita umana, al cacciatore che ferì mortalmente il Suo corpo con una freccia. Si dice che le persone uccise da Krishna si liberarono per sempre dal ciclo di nascita e morte.

Quando uccidi qualcuno o distruggi qualcosa, non fai che allungare la catena del tuo *karma*. È la tua mente distruttiva – la tua collera, il tuo odio, il tuo egoismo e la tua avidità – che ti spinge ad agire così. La collera, l'avidità o l'egoismo ti portano a fare del male. Gli atti che seguono rafforzano queste qualità negative che hai già in te, aggiungono aria al pallone del tuo ego, che si gonfia ancora di più. Ogni volta che agisci in preda a questi impulsi, è come se ti prendessi una pausa o ritardassi di un giorno il raggiungimento dello stato di perfezione, la libertà eterna.

Se non ti importa quante volte dovrai incarnarti né la sofferenza a cui andrai incontro per le azioni compiute, comportati pure così, è una tua scelta. Ma in tal modo ferirai gli altri. Non solo ferendo o uccidendo qualcuno, ma anche provando collera o agendo egoisticamente, risvegli in chi ti circonda gli stessi sentimenti negativi. La tua negatività scatena la loro e così dovranno anch'essi soffrire per ciò che hanno fatto, aggiungendo altro karma a quello che hanno già in serbo. Quando rinasceranno, avranno anche queste nuove *vasana*. Con la tua rabbia ed egoismo hai allungato in questo modo la catena del *karma* di qualcun altro. Sei tu il responsabile di questo stato di cose, l'hai causato con la tua collera e avidità. Questo è il tipo di distruzione che attui.

Lo stesso accade con gli alberi, le piante e altre forme di vita: quando le distruggi, non lo fai per amore o compassione. La maggior parte delle volte sei spinto dalla rabbia, dall'odio e dall'avidità. Ogni volta che distruggi una pianta o un animale, rilasci uno di questi sentimenti negativi sotto forma di vibrazioni e queste vibrazioni negative feriscono quella particolare forma di vita. Ciò che dai loro, essi te lo restituiranno. Se li ami e provi compassione nei loro confronti, verrai ricambiato con lo stesso sentimento. Ma se mancano l'amore e la compassione, cosa rimane se non sentimenti negativi? Alcuni animali e serpenti possono difendersi attaccando quando l'uomo si comporta in modo crudele. Anche alcune piante sono capaci, in una certa misura, di proteggersi, ma in generale alberi e piante non hanno difese e non possono rispondere all'aggressione. Non sanno esprimere la propria collera, paura o amore, perlomeno non in un modo comprensibile o percepibile dalla maggior parte della gente. I santi dicono che le piante esprimono sentimenti, ma che le persone comuni non possono avvertirli. Ai nostri giorni, la scienza ha creato strumenti capaci d'individuare e registrare ciò che le piante provano e, in alcuni casi, possono misurarne persino l'intensità. In tal modo gli scienziati hanno notato che le piante soffrono quando sono vittime di azioni prive d'amore e di compassione. Danneggiandole, aumenti il loro *karma*; il tuo egoismo blocca la loro evoluzione verso una forma superiore di vita e gli impedisce di raggiungere la libertà eterna. Figli, che ne pensate? Non state forse facendo loro del male?".

Vedendo che una devota di nome Sarasamma era arrivata e si stava prostrando di fronte a lei, Amma interruppe il suo discorso. La donna iniziò a lamentarsi del figlio che riteneva molto disubbidiente. Mentre parlava, cominciò a piangere e posò la testa sulla spalla di Amma. "Figlia, non ti preoccupare", disse Amma, "andrà tutto bene. Si comporta così solo per via della sua età. Sta entrando nell'adolescenza, vero? È dunque normale che abbia questo atteggiamento: in questa fase della vita, l'ego è al culmine della sua immaturità. Durante questi anni, un giovane ha l'impressione di potersela sbrigare da solo, senza dover ricorrere ai consigli o all'aiuto di qualcuno. Comincia a sentire che i genitori e la società lo hanno controllato fino ad allora e adesso vuole la libertà. Il ragazzo desidera semplicemente essere indipendente. Non intende ascoltare né obbedire e quindi nessun consiglio può influenzare la sua mente. Diventa talmente arrogante che il suo cuore si chiude e diviene impenetrabile. Credendo di sapere già tutto, gli sembra che per tutti questi anni abbia vissuto nelle tenebre, imprigionato dai suoi genitori, e che adesso sia libero. È come un fiore appena sbocciato, la testa ben alta. Il fiore non sa che ben presto appassirà e dovrà abbassare la testa. Così, l'adolescente arrogante assume un'aria altera, disubbidendo e rifiutando tutto e tutti. Ma quando si troverà ad affrontare la realtà della vita, il suo ego verrà schiacciato. Sarà costretto a chinare il capo. Glielo insegnerà la vita. Dopo un po', il suo ego sarà maturo e lui avrà una comprensione migliore della vita: sarà finalmente umile e imparerà a obbedire.

Quando un nuovo ufficiale di polizia svolge il suo primo servizio di ordine pubblico, è estremamente pieno di sé. La sua arroganza potrebbe indurlo a commettere errori, come ad esempio catturare la persona sbagliata o picchiare qualcuno senza un valido motivo. L'agente fa grande sfoggio del suo potere, che gli monta la testa e lo acceca. È una cosa piuttosto naturale, ma ben presto l'ufficiale imparerà dall'esperienza. Se lo incontrassi qualche anno più tardi, ti sarà probabilmente difficile riconoscerlo talmente è cambiato. Il suo ego sarà più maturo e anche il suo carattere e modo di presentarsi saranno mutati. Subirete i colpi della vita finché non avrete imparato le sue lezioni.

Figlia, tutto questo vale anche per tuo figlio. Non agitarti, non avere paura. Ora lui è come un poliziotto appena assunto".
Tutti risero, compresa Sarasamma.
"Presto andrà tutto a posto", continuò Amma, "devi solo aspettare un pochino. Abbi un po' più di pazienza. Mi raccomando, mandalo qui. Digli che Amma vuole vederlo".
"Verrà sicuramente quando saprà che Amma l'ha chiamato".
Era evidente che la donna si sentiva rincuorata.
Quando Sarasamma smise di parlare, Amma lasciò improvvisamente il normale livello di consapevolezza per un altro mondo. Con le braccia tese, iniziò a cantare *Chintakalkkantyam*.

Chintakalkkantyam

O Luce gloriosa di eterna beatitudine
che sorgi in me quando svaniscono i pensieri,
ho rinunciato felicemente ad ogni cosa
e ora contemplo i Tuoi piedi dorati.

Poiché Tu sei qui, sei mia,
non ho bisogno di nessun altro familiare.
Eliminerò ben presto l'ignoranza data dall'egoismo.
Questa mente non sarà più triste
perché è caduto il fiore del desiderio.
Lascia che la mente si dissolva in una luce smagliante
e gioisca della pace eterna.

Ti prego, vieni e dimora in me.
Aiutami a vivere come l'aria,
che è in contatto con ogni cosa,
ma è libera da qualsiasi legame.
O uomo, rifletti!
Non stai forse vivendo come un animale?
Qual è il vero scopo della tua vita?

Quando il canto terminò e Amma riacquistò il suo stato normale di coscienza, uno dei *brahmachari* disse: "Amma, credo che tu non abbia finito di parlare di Rama e di Krishna che distruggono la vita".

"È vero", riprese Amma, "Tu dici che, come fanno tutti, anche i *Mahatma* distruggono la vita. Ma essi non possono farlo perché i *Mahatma* sono i grandi redentori dell'umanità, di tutto il creato. Persino quando sembra che uccidano o distruggano, in realtà stanno purificando e salvando. Ciò che distruggono è solo in superficie. Queste Grandi Anime non possono uccidere o distruggere perché non hanno ego. Sono pura Coscienza e la Coscienza non può uccidere né distruggere. Solo chi ha l'ego può comportarsi così.

Quando Rama o Krishna uccidevano qualcuno, non provavano collera né odio. Il loro atteggiamento era sempre di assoluto distacco e altruismo e persino allora erano pieni d'amore e di compassione. Forse all'esterno potevano sembrare figure crudeli, ma a ben vedere, dentro di sé provavano un amore e una compassione infiniti. Un *Mahatma* non è attaccato al corpo: il suo corpo può mostrare collera, ma non il suo Sé, che resta un semplice testimone; la collera e l'aspetto crudele che vedete all'esterno sono solo una facciata. I *Mahatma* sono energia e vibrazioni divine, non possono emanare altro. Non hanno neppure bisogno di emanare questa energia divina perché essa è, semplicemente, la loro vera natura. Quando sta per esalare il suo ultimo respiro, la vittima del Signore percepisce questa energia divina che le dona pace e quiete. Tale persona potrà fondersi con il Divino od ottenere una nascita a un livello superiore e rinascere con qualità nobili.

Anche se le vittime provano collera oppure odiano il Signore, tali sentimenti non creano un ulteriore ciclo karmico perché il Divino è pura Coscienza. Quei sentimenti negativi non producono impatto e quindi non formano nessuna catena negativa. I sentimenti si dissolvono nello spazio, nella Coscienza. Così, anche liberando un'energia di rabbia o di odio, l'ego delle vittime sfuma e scompare e la loro anima è purificata e trasformata. Esaurendo ogni *vasana*, tali individui vanno oltre il ciclo del *karma*, oppure ottengono una nascita più elevata. Una volta esaurite le *vasana*, l'anima è libera dai legami che la incatenano al mondo.

Non è quindi possibile paragonare l'uccisione o la distruzione ad opera di un *Mahatma* a quella compiuta da un semplice mortale. Il *Mahatma* benedice le sue vittime, accordando loro una nuova e più elevata nascita oppure, talvolta, perfino la liberazione. L'uccisione o l'apparente annientamento non sono che una benedizione. Il *Mahatma* è il vero salvatore e gli esseri umani sono i veri distruttori. Perfino se una Grande Anima tagliasse un albero o una pianta o ferisse qualcuno, agirebbe per favorirne l'evoluzione. Chi subisce tale atto verrà aiutato a progredire, ad elevarsi su un piano superiore di coscienza. Poiché noi vediamo ogni cosa dall'esterno, notiamo solo l'offesa arrecata. Se grazie alle pratiche spirituali sviluppassimo una sensibilità e una mente più affinate, saremmo in grado di percepire il grande servizio che i *Mahatma* compiono attraverso una "cosiddetta" uccisione. Ciò che uccidono è solamente l'ego, liberando il sé individuale dalla morsa della negatività. Poiché la trasformazione o la purificazione che avviene in presenza e attraverso le azioni di un *Mahatma* è molto sottile, per poterla percepire o cogliere bisogna avere un occhio e una mente più sottili. Accecati come siamo dall'ego, non riusciamo a scorgere ciò che un *Mahatma* compie davvero. L'occhio fisico è l'occhio dell'ego. L'occhio autentico è quello interiore, l'occhio della mente delle menti. Solo un tale occhio ci farà vedere realmente".

Amma si alzò e andò nella sua stanza. Gayatri la seguì, mentre i *brahmachari* la guardavano salire le scale. Anche dopo che era scomparsa dalla loro vista, non si mossero, crogiolandosi nello splendore persistente del suo essere.

Capitolo 8

Amma si ricorda di tutti

Giovedì 20 settembre 1984

Quasi a dimostrare che i *Mahatma* salvano qualunque forma di vita (come Amma aveva affermato), dall'albero di mango trapiantato spuntarono nuove foglie quando oramai tutti credevano che fosse morto: aveva infatti perso tutte le foglie e il fusto era flaccido. Ma dopo aver ricevuto le attenzioni della Madre, la pianta aveva improvvisamente cominciato a dare segni di vita ed ora, con grande sollievo di tutti, appariva rigogliosa e in buona salute. Fu allora che i residenti compresero perché Amma avesse abbracciato e baciato il tronco: con questo gesto, doveva avergli infuso nuova vita. Chi può capire il significato delle azioni di un *Mahatma* a meno che non lo riveli lui stesso?

Quel giorno, un devoto che non poteva venire di frequente all'ashram chiese ad Amma: "Per la maggior parte del tempo sono fisicamente lontano da te. Raramente ti vedo più di una volta al mese. Quando non sono qui, Amma, pensi mai a me?".

"Amma si ricorda di tutti!", rispose ridendo la Madre, "Come potrebbe dimenticarsi di qualcuno quando l'intero universo è contenuto in lei? Voi siete tutti parte di Amma. Come può l'intero dimenticare una parte? La parte esiste nell'intero: potrebbe pensare di essere diversa dall'intero, ma il Tutto, che è l'anima di ogni cosa, sa che la parte non è diversa da sé. L'Anima Suprema, che è amore puro e trascendente, non può vedere una parte distinta da se stessa e quindi non si pone nemmeno la questione di dimenticare. Amma si ricorda costantemente di te, ma è altrettanto importante che tu ti ricordi di lei. Quando rammenti che sei il bambino di Amma, il figlio o la figlia di Amma, il discepolo o il devoto di Amma, quando rammenti che lei è sempre con te, che vede tutte le tue azioni, che ti protegge e ti guida, allora stai ricordando l'Intero, la tua vera natura, la tua dimora autentica.

Anche le pratiche spirituali come la meditazione e la preghiera sono un modo di ricordare il Tutto, Dio, nel quale esisti. Esse ti rammentano quello che dovresti pensare di te stesso: 'Io non sono una semplice parte, ma una parte del Tutto. In realtà, io non sono che uno con il Tutto'. La preghiera o il ricordo di Dio o del Guru vi ricordano questa grande verità: voi non siete né un'entità separata né un individuo limitato, voi siete Suoi, siete Lui. Quando questo ricordo pieno d'amore affiora in voi, vi è impossibile essere separati da Amma e Amma non può più essere separata da voi.

Chi è accecato dall'ego si dimentica degli altri perché è egoista. Non provando interesse o compassione per nessuno, vive nel suo piccolo mondo e vede tutto come diverso da sé. Si considera un'entità distinta dalle altre e scorge solo la molteplicità, incapace di vedere la vita nella sua unitarietà. Ma la visione di un *Mahatma* è completamente diversa poiché lui ha completamente svuotato la mente e l'ha riempita d'amore e di compassione. Quindi, non ha ego. Un *Mahatma* è completamente risvegliato e la sua coscienza onnipresente vede e sente tutto. Ogni cosa avviene dentro di lui. In lui esiste l'intero universo. Egli è l'universo. Questo è il significato del *Visvarupa Darshana*[7] del Signore Krishna. Nulla è

---

[7] Il *Visvarupa Darshana* avvenne durante il discorso del Signore Krishna ad Arjuna nella *Bhagavad Gita*, che fa parte dell'epopea *Mahabharata*. Il Signore Krishna

diverso da Lui. Realizzando la Sua unità con l'intera creazione, Egli vede tutto come parte del suo stesso Sé.

I *Mahatma* vivono nell'amore e nella compassione. Dimenticando la propria esistenza individuale e sacrificando ogni forma di benessere fisico, non solo amano gli altri e si ricordano costantemente di loro, ma servono il mondo in modo disinteressato. Poiché sono morti al loro ego, non possono pensare alla propria felicità o al proprio benessere. Perciò, figlio, la tua domanda non ha senso. Tua moglie, i tuoi figli, i tuoi genitori e i tuoi amici si possono dimenticare di te: allontanati da loro per un po' di tempo e ti dimenticheranno. Quando il marito muore, la moglie forse piangerà e ricorderà per qualche tempo i dolci momenti che ha trascorso con lui, ma ben presto imparerà a dimenticarlo e, chissà, un giorno potrebbe risposarsi. E un marito si comporterà allo stesso modo quando la sua sposa morirà.

Siccome la gente è limitata, egoista ed egocentrica, i rapporti umani non potrebbero andare diversamente. Ubbidendo all'impulso delle proprie *vasana*, le persone comuni finiscono inevitabilmente per dimenticare. Dopo la morte del coniuge, ci si ricorderà di lui una volta all'anno, quando cade l'anniversario della sua scomparsa. Oppure una grande foto sul comodino potrebbe evocare, sporadicamente, ricordi che ci legano a lui. Con un sospiro mormoreremo: 'Ah, era una così brava persona, ma cosa posso fare? Non posso farci niente. Devo continuare a vivere, perciò ho trovato un altro partner. Sono stato spinto a farlo'. Tutto finito! Basta ricordi! Il momento in cui affiora il ricordo è separato da lunghi periodi di oblio.

Un *Mahatma*, invece, è al di là di tale debolezza. Il suo cuore è vasto come l'universo poiché questa Grande Anima è lo spazio

---

mostrò ad Arjuna la Sua forma cosmica. In una visione mistica, Arjuna vide che il Divino era l'universo intero: il sole era il Suo occhio, la luna la Sua mente ecc. Ogni forma era una forma di Dio.

infinito che racchiude tutto e tutti. Un *Mahatma* non è addormentato, è completamente sveglio, e quindi non può dimenticare. Figlio, Amma si ricorda di te e non solo di te, ma di tutti quanti. Come può Amma dimenticarsi di qualcuno quando è in ognuno? Smettila di dubitare e cerca di andare oltre la tua percezione limitata. Non chiedere: 'Ti ricordi mai di me?'. Non pensare di esserle fisicamente lontano o che la vedi solo una volta al mese. Tutte queste sono solo domande o dubbi sollevati dalla mente. Smetti di ascoltare la mente e sentirai Amma proprio lì, nel tuo cuore, e allora saprai che lei non ti ha mai dimenticato, che tu sei sempre esistito in lei, e che sarà così anche in futuro.

Ascolta questa storia: un innamorato bussò alla porta della sua amata. 'Chi è?', chiese lei dall'interno. 'Sono io', rispose l'innamorato. 'Vai via, questa casa non può ospitare entrambi'. Disperato, l'innamorato respinto se ne andò. Per mesi interi visse in solitudine, pensando e riflettendo sulle parole dell'amata. Alla fine, un giorno ritornò e bussò alla porta. 'Chi è?', chiese la voce che proveniva dalla stanza. 'Sei tu', fu la risposta, e immediatamente la porta si aprì.

Nell'amore non può esistere dualità, c'è solo unità. L'amore è *purnam*, pienezza. In amore, nel ricordo costante e devoto, i pronomi 'tu' e 'io' si dissolvono e scompaiono. Rimane solo l'Amore. L'intero universo è contenuto in questo Amore puro, assoluto. L'Amore non ha fine e non può escludere nulla. L'Amore è onnipervadente".

La seguente affermazione mostra la vera natura di Amma, che è vasta quanto l'universo. "Vedo l'universo intero come una piccola bolla dentro di me," dice Amma. L'infinito è la natura di Amma. Nel canto *Ananda Vidhi*, la Madre descrive lo stato di realizzazione: "Da quel momento in poi, non ho percepito più nulla come differente dal mio stesso Sé. Fondendomi in questa beatitudine di eterna unione con la suprema *Shakti*, ho rinunciato al mondo con tutti i suoi oggetti". Lo stato di suprema rinuncia corrisponde a quello del più alto distacco. Quando si perviene a questo stato, si va oltre la forma, si perde la coscienza individuale per fondersi nell'infinito.

"Se ricordi sempre Amma e le vuoi bene, non ti occorre altro. È sufficiente che tu la pensi con devozione e fervore una volta al giorno", continuò Amma, "Figlio, dove c'è amore non ci sono distanze, non c'è separazione. È l'amore che provi per Amma che ti tiene vicino a lei. Che tu la ami o no, che tu sia in grado di avvertire il suo amore o meno, Amma ti ama ed è con te. Ma sentirai la sua vicinanza o la sua presenza solo quando proverai amore per lei. Il Signore Krishna era solito danzare in estasi con le *gopi* di Vrindavan sulla riva del fiume Yamuna. Improvvisamente un giorno sparì e non tornò per molto tempo. Le *gopi* erano disperate: alcune piangevano, altre svennero dal dolore e altre ancora si misero a chiamare a gran voce "Krishna, Krishna, Krishna!" come se avessero perso il senno. Alla fine, a notte inoltrata, il Signore ritornò. Dimentiche di se stesse, le gopi corsero verso di Lui con questa supplica: 'O Krishna! Tu sei estremamente affettuoso con i Tuoi devoti e quindi perché ci hai punite così? Perché sei scomparso lasciandoci tutte sole? Il nostro amore per Te non è abbastanza puro? Krishna, Tu sei il nostro Dio, il nostro Signore adorato. Per favore, non abbandonare mai più queste *gopi* il cui solo rifugio sono i Tuoi Piedi di loto!'.

Krishna sorrise e rispose: 'Mie amate, come potrei mai essere lontano da voi quando avete così tanto amore per me? Persino l'aria che respirate è piena del Mio nome e della Mia forma. Anche i battiti del vostro cuore cantano le Mie lodi. *Gopi* adorate, nell'amore puro e innocente, le distanze, le differenze, non esistono. Anche se il sole splende lassù, in cielo, i fiori di loto sbocciano quaggiù, negli stagni della Terra. Allo stesso modo, il loto del vostro cuore è sbocciato al sole del vostro amore per

Me. Voi ed Io saremo uniti per sempre'. Allo stesso modo, figli, quando ricordate costantemente Amma con amore e devozione, come potete provare un senso di diversità o di distanza? Amma è dentro di voi e voi siete in Amma".

Sentendo queste dolci parole, il devoto si sentì estremamente felice e guardò a lungo la Madre con un sorriso radioso. Infine chiese di poter cantare per Amma. Il nome del canto era *Orunalil Varumo*.

Orunalil Varumo

O Madre di Beatitudine celeste,
non verrai un giorno, nel santuario del mio cuore
con la Tua lampada perennemente accesa?
Questo supplicante erra, in cerca solo di questo.

O Devi, non verrai a benedirmi,
con il cuore intenerito?
Ho cercato ovunque la Madre Divina.

O Madre, accordami la Tua Grazia,
accarezzami con le Tue dolci mani.
Dammi rifugio,
sto per crollare esausto.
Sebbene sia vero che Tu dimori in me,
quando arriverà il giorno in cui lo realizzerò?

L'altruismo e l'intelletto

Sabato 22 settembre 1984

Nel tardo pomeriggio Amma era seduta nel boschetto di cocchi assieme ad alcuni *brahmachari*, a Gayatri, a Kunjumol e a un gruppetto di devoti. Un *brahmachari* chiese: "Amma, è necessario svolgere la *sadhana* anche se si compiono azioni altruistiche?".

"Figli", esordì Amma, "si potrà essere perfettamente altruisti solo dopo aver realizzato il Sé. Tutte le azioni che pensiamo siano disinteressate non sono che tentativi per conseguire questo stato di puro altruismo. Ci riusciremo solo quando l'ego sarà stato completamente sradicato. Prima di allora, ogni azione è macchiata dall'egoismo. Potreste pensare che le vostre azioni siano assolutamente disinteressate, ma se guardate in profondità dentro di voi, vedrete che nascondono sempre un qualche interesse personale.

Figli, il nostro obiettivo è diventare altruisti. Essere impegnati nell'azione praticando al tempo stesso la meditazione, il *japa*, i canti devozionali e altre forme di discipline spirituali ci aiuta a pervenire a uno stato privo di egoismo. Dovrebbe esistere sempre un giusto equilibrio tra l'azione e la meditazione. L'azione da sola non può condurvi alla meta. Agire con uno spirito di abbandono a Dio, con amore: questa è la via giusta. L'azione dev'essere ancorata nei principi fondamentali della spiritualità, altrimenti non vi porterà alla meta. Solo le azioni compiute con il giusto atteggiamento possono condurvi a uno stato di altruismo.

Vediamo le persone impegnate nel loro lavoro, ma, di per sé, il lavoro non rende altruisti. La gente lavora per guadagnarsi da vivere, ottenere riconoscimenti, un buono status e una buona posizione sociale, e quindi il loro impegno rafforza soltanto l'ego. Lo nutre. Le persone hanno desideri da soddisfare, causati dalle loro *vasana*. Il modo in cui la gente considera un'azione è completamente diverso da quello di un *sadhak* e non ha nulla a che vedere con la spiritualità e i suoi principi fondamentali. Le azioni dettate dai desideri non possono condurre all'altruismo e impediscono d'immergersi nella meditazione, perché le azioni egoiste creano ulteriori onde mentali, *vasana* e desideri. Solo l'agire con un atteggiamento altruistico può portarvi a meditare più profondamente. E la vera meditazione avverrà solo quando sarete diventati realmente altruisti, perché è l'altruismo che elimina i pensieri e vi conduce al silenzio profondo.

L'atto che nasce da intenzioni altruistiche è superiore a quello indotto da motivi egoistici. Una persona il cui ideale è diventare altruista è meno attaccata all'azione e più focalizzata a perseguire il suo ideale. Questo atteggiamento ha una sua bellezza intrinseca. Man mano che avvertite la gioia e la beatitudine che scaturiscono da un agire disinteressato, vi sarà più facile comportarvi altruisticamente e immergervi nella meditazione. Iniziate quindi con il trarre ispirazione da questo ideale: amatelo, fatelo diventare il motore di tutte le vostre azioni. Per riuscirci, è necessario fare uno sforzo consapevole e deciso. Più intensa è la vostra aspirazione, più il lavoro che svolgete proviene dal cuore. Il semplice fatto di svolgerlo vi farà sentire una profonda gioia interiore e alla fine essa diventerà qualcosa di spontaneo. Insieme alle azioni disinteressate, bisognerebbe anche dedicare del tempo alla meditazione, alla contemplazione e alla preghiera. Mentre cercate di comportarvi altruisticamente, è inevitabile che nascano conflitti o attriti. Accadrà sicuramente, in particolare se si lavora in gruppo. Questi attriti e conflitti potrebbero agitare la vostra mente, rischiando di smorzare il vostro entusiasmo e vigore e minare la vostra aspirazione. La collera, l'odio e dei pensieri di vendetta verranno inevitabilmente a galla. Per rimuovere tale negatività e restare nelle migliori disposizioni d'animo, dovete ricorrere alla preghiera, alla meditazione e alla contemplazione. Non lasciate che i pensieri ostacolino la vostra crescita spirituale. Non nutrite sentimenti negativi verso nessuno.

Figli, poiché nel nostro attuale stato mentale le nostre cosiddette buone azioni non sono del tutto altruiste, dobbiamo fare in modo che vi sia un perfetto equilibrio tra l'agire e il meditare. Nelle fasi iniziali della vita spirituale, l'introspezione, la contemplazione, la preghiera e il *japa* sono necessari. Più abbiamo un atteggiamento altruista, più la nostra meditazione diventa profonda".

Un altro *brahmachari* chiese: "Amma, una corretta comprensione intellettuale può portarci alla Realizzazione? Oppure basta avere una fede incondizionata e un amore puro e innocente?".

Amma sorrise: "Figli, una persona dotata di una comprensione intellettuale corretta non può più essere definita 'un intellettuale', perché avere una giusta comprensione significa praticare *viveka*, un discernimento adeguato. *Viveka* vi permette di vedere con chiarezza e di penetrare nel cuore delle cose e degli eventi che ci toccano da vicino.

Chi usa solo l'intelletto ed è fiero di questa sua facoltà, ha una personalità di tipo ossessivo. Sia che abbia ragione o torto, è sempre convinto che il suo punto di vista è corretto e che è nel giusto. Costui è incapace di ascoltare e di percepire i sentimenti altrui. Quando qualcuno parla, lui continua il suo discorso interiore. Pieno di idee e di informazioni, aspetta che l'interlocutore abbia finito di parlare per prendere la parola. Non ascolta e non assorbe nulla. Tali individui non riescono ad abbandonarsi. Essendo la loro mente agitata e confusa, non possono né pregare né meditare. È difficile stare accanto a loro perché irritano facilmente le persone, inimicandosele. Inoltre hanno difficoltà a credere in Dio o nel Guru perché non accettano nessuno superiore a loro. 'Sono il capo di me stesso', affermano. Arenati nell'intelletto, non sanno vedere o andare oltre. Per andare oltre, è necessario avere fede. La maggior parte degli intellettuali vive rinchiusa nel guscio che si è creata. Non può uscirne perché lì si sente sicura. Tali intellettuali hanno le loro proprie idee e teorie e sono sempre desiderosi di esporle. Colui che si affida solo all'intelletto non può abbandonarsi, in totale accettazione, a meno che non si trovi di fronte a un grave pericolo, a qualcosa che minaccia seriamente la sua vita o a una esperienza di premorte. Solo di fronte a un serio pericolo potrebbe invocare Dio. Come può aprirsi se non si abbandona? Come può percepire la realtà che si cela dietro le cose?".

La madre continuò il discorso dicendo: "Alcuni mesi fa, Amma andò a far visita a una devota sincera che frequenta ancor oggi l'ashram. Quando la donna si recò per la prima volta da Amma, viveva una situazione molto difficile: il marito, professore di filosofia, non permetteva alla moglie e alle figlie di pregare e di meditare perché era ateo e scettico. Aveva ordinato alla famiglia di non appendere immagini di divinità in casa e di non leggere testi sacri. Queste limitazioni addoloravano moltissimo la moglie e le due figlie.

Quando il marito partì per tenere una serie di conferenze, la donna e la sue figlie andarono per la prima volta da Amma. Piangendo, le raccontarono i problemi che avevano in casa. Mentre l'uomo era assente, le donne vennero molte volte all'ashram e la loro devozione per Amma diventò sempre più profonda.

Quando il marito tornò e venne a sapere che la moglie e le figlie si erano recate all'ashram, si infuriò e aumentò il suo controllo su ciò che facevano e dove andavano. Le donne soffrivano terribilmente ed era per loro molto difficile esprimere apertamente l'amore e la devozione che provavano per Amma. Vissero sotto questa tirannia fino a quando, improvvisamente, al professore venne diagnosticato un tumore al polmone. Ben presto fu costretto a rimanere a letto e il dolore era tale che gli impediva di mangiare e di dormire.

Incapace di vederlo soffrire in questo modo, la moglie venne all'ashram e raccontò ad Amma della malattia del marito e della sua atroce sofferenza. Con molta esitazione, le disse anche che il marito aveva espresso il desiderio di vederla. La donna aveva esitato perché pensava che la Madre non avrebbe mai accettato di recarsi da qualcuno così critico verso la religione e Dio. Rimase dunque molto sorpresa quando la sua richiesta fu subito accolta. Amma non aveva mai provato avversione verso questo figlio. Si sentiva vicino a lui e provava solo amore e compassione nei suoi confronti. Anche quando la moglie si lamentava del marito, Amma non le aveva mai consigliato di ribellarsi e le diceva: 'Figlia, abbi pazienza, sii amorevole. Solo il tuo amore e la tua pazienza potranno trasformarlo'. Amma pensa che la moglie abbia compreso e seguito questo consiglio.

Amma era più che felice di andare a trovare questo figlio sofferente. Quando l'uomo la vide, il suo orgoglio lasciò posto all'umiltà e al rimorso. Tenendo la mano di Amma sul suo petto e a volte sul suo volto, pianse come un bambino e si scusò innumerevoli volte per i suoi errori. Dopo questa visita, il malato divenne molto calmo e rilassato e tenne sempre una foto di Amma sul petto. La moglie raccontò ad Amma che, dopo la sua visita, il marito non aveva più dolore, riusciva a dormire e a mangiare senza nessun problema e aveva trovato la pace. Ogni giorno applicava su tutto il corpo la cenere sacra che Amma gli aveva dato e, con gli occhi pieni di lacrime, implorava spesso il suo perdono. Prima d'incontrarla, aveva molta paura della morte, ma dopo averla vista si era calmato e rasserenato. La prospettiva di dover morire non lo spaventava più. Quest'uomo è ancora vivo, ma adesso è completamente cambiato ed è pieno di devozione".

Tutti rimasero seduti in silenzio dopo che Amma ebbe terminato la storia. Si sentivano fortunati di essere alla presenza compassionevole di un *Mahatma*. I *Mahatma* sono compassionevoli anche nei confronti di chi li contrasta o è maleducato con loro. La loro compassione va oltre ogni differenza. È questo il motivo per cui Krishna accordò la Liberazione persino al cacciatore che lo ferì mortalmente con la sua freccia. E, sempre per la stessa ragione, Rama poté rinunciare con un sorriso alla sovranità e ai piaceri della corte senza provare alcun odio o collera verso Kaikeyi, che gli aveva ordinato di andare a vivere nella foresta per quattordici anni. È per questo che Cristo poté pregare per coloro che lo crocifiggevano o che la Madre fece visita al professore che l'aveva ripetutamente insultata.

L'amore è la natura di Amma: non può fare altrimenti. Come l'egoismo è la nostra natura attuale, così l'altruismo è la natura di un *Mahatma*. L'ego di una persona non può influenzare un *Mahatma* poiché quest'ultimo non ha nessun attaccamento. L'assenza di ego è un vuoto riempito d'amore e di compassione. È un vuoto colmo della presenza del Divino. Ecco perché Amma non può ricambiare la nostra collera, il nostro odio o i nostri insulti. Lei può solo irradiare compassione e amore infiniti. La nostra collera, il nostro odio e i nostri insulti sfumano e scompaiono nell'oceano della sua compassione. Quando aggrediamo un *Mahatma* con le armi della collera e del rancore, lui contrattacca con le armi dell'amore e della compassione. Alla fine noi rimarremo disarmati e il *Mahatma* sarà vittorioso".

Amma continuò: "Quel professore credeva di stare per morire e aveva paura. Adesso aveva ben chiaro che il suo intelletto non gli era di nessun aiuto e, con questa presa di coscienza, nacque in lui una vera comprensione e un vero discernimento. In passato aveva ritenuto il suo intelletto come qualcosa d'invincibile e grandioso, ma di fronte alla morte questo intelletto invincibile si era rivelato completamente inutile. A questo punto, il professore sentì di essere stato battuto. Un perdente non ha alcuna pretesa, è alla mercé del vincitore, può solo arrendersi. Prima di ammalarsi, quell'uomo era pieno di sé, inebriato dal suo potere e dalla posizione sociale raggiunta. Molto probabilmente pensava di essere una persona importante: 'Perché mai dovrei inchinarmi di fronte a qualcuno? Come potrei io, un luminare della filosofia, accettare l'esistenza di Dio?' I pronomi 'io' e 'mio' erano i suoi più grandi amici. Ma l'avere compreso l'inevitabilità della morte lo mise a tappeto e lo rese umile. Giacendo nel letto, completamente sconfitto, il professore si trovò a dire: 'Tu, solo Tu, puoi salvarmi da questa mia condizione disperata'.

Una volta che vi accorgete di essere totalmente indifesi, desiderate con tutto voi stessi che qualcuno vi salvi. Il desiderio di sfuggire alla morte è estremamente potente. Questa è la crisi più grande nella vita di una persona. Non volere morire è più forte di ogni altro desiderio. In alcuni, l'intelletto lascia allora il posto all'intelligenza o al discernimento. Il professore realizzò la sua impotenza e si pentì profondamente per il suo comportamento. Desiderò sinceramente incontrare Amma ed è per questo che Amma dovette andare da lui.

Quando prendete coscienza di essere inermi, il vostro cuore si apre completamente ed è ricettivo. Provate una grande sete, una sete inestinguibile. Tutti i sensi, tutti i pori del corpo si aprono per ricevere l'amore e la pace. Potremmo paragonare tale esperienza all'essere intrappolati in una foresta in fiamme. Immaginate una situazione del genere, provate a pensare a come agireste. In quel momento, l'unica cosa che vi importa è sfuggire alle fiamme. Non avete molti altri pensieri, non vi soffermate ad evocare dolci ricordi, ad esempio il giorno in cui avete incontrato vostra moglie. In quell'istante fatale, anche il futuro scompare. Non vi fermate neppure a pensare ai preparativi per il matrimonio della figlia o al compleanno del figlio il mese successivo. Vivete solo nel presente perché la vostra vita è in gioco. Non vi è possibile pensare a qualcosa che non sia la vostra sicurezza. In questo momento, per la prima volta nella vostra vita, siete completamente svegli. Prima di allora stavate dormendo, persi nei ricordi o nelle promesse e nei sogni del futuro. Non eravate mai stati svegli di fronte al presente. Ma ora, di fronte a questa grande minaccia, almeno per un momento dovete destarvi, altrimenti morirete.

Quando due guerrieri combattono, entrambi sono completamente desti. Avendo affinato la loro sensibilità, sono consapevoli di ogni movimento dell'avversario. Tale consapevolezza è fulminea: basta un battito di ciglia del nemico e subito uno dei guerrieri balza in avanti con la spada sguainata. Entrambi sono completamente svegli e vigili. Nel momento del pericolo, dimenticano il passato e il futuro e vivono interamente nel presente. Quando ci troviamo di fronte a un grande pericolo, diventiamo come questi due guerrieri. Davanti alla morte, ci abbandoniamo al presente.

Figli, l'abbandono di sé avviene quando prendiamo coscienza della nostra impotenza, quando ci accorgiamo che tutto ciò che proclamiamo nostro - intelletto, bellezza, carisma, salute e ricchezza – non è nulla di fronte alla potente e imminente minaccia della morte. La morte vi strapperà via tutto. Diventarne consapevoli vi risveglia e vi rende vigili; vi rendete conto di stare rivendicando cose che non vi appartengono. Abbandonatevi dunque: godete pure dei piaceri della vita senza però dimenticare che tutto vi potrebbe essere tolto da un momento all'altro. Se vivete la vita con questa consapevolezza, sarete capaci di abbandonarvi.

C'era una volta un grande imperatore che partì alla conquista del mondo. Intraprese una guerra dopo l'altra e ammassò ricchezze saccheggiando i Paesi vinti e facendo poi pagare a queste popolazioni tasse molto alte. Era un imperatore potente, ma egoista e crudele. Avido di sempre nuove conquiste, era considerato l'uomo più ricco della Terra. Ma la morte colpisce anche i ricchi e i potenti. Mentre si trovava sul letto di morte, pensò: 'Per conquistare questo impero ho commesso tanti crimini con il solo scopo di ottenere potere e ricchezza. Ora la morte si sta avvicinando e devo abbandonare tutto. Io, il grande guerriero che ha conquistato il mondo, muoio e non posso portare nulla con me. Quando la morte mi chiamerà, dovrò lasciare ogni cosa: tutte le ricchezze, gli splendori della corte, la gloria del campo di battaglia. Dovrò andarmene solo, senza poter portare con me neppure una moneta'. Così chiamò i suoi cortigiani e servitori e disse loro: 'Quando preparerete il mio corpo per la sepoltura, accertatevi che le mie mani siano tese e che i palmi siano aperti e ben visibili. In tal modo i miei sudditi vedranno che l'imperatore più ricco e più potente della Terra è partito per il suo ultimo viaggio a mani vuote'. Questa è una grande verità! Chiunque voi siate, qualunque sia il vostro status, la morte toglierà improvvisamente tutto, perfino il vostro corpo. Abbandonatevi dunque".

Seguì uno straordinario silenzio che durò per diverso tempo. Poi, a poco a poco, l'atmosfera cambiò e fu pervasa dalle note di un canto toccante, guidato da *brahmachari* Srikumar. Il titolo del canto era *Kannadachalum*.

Kannadachalum

Aperti o chiusi, i miei occhi
vedono sempre mia Madre.
Ci stringe tutti nel Suo abbraccio materno,
riversando ad ogni sguardo la sua compassione.
Con il Suo amore torrenziale
ogni cuore si scioglie.

Mia Madre è un oceano di gioia.
Per la Madre, un ladro e un tiranno
sono entrambi i Suoi cari figli.
Che La si disprezzi o La si adori,
l'amore fluisce incessantemente dalla Madre.

La vita della Madre,
degna di chi discende dalla stirpe del saggio Vyasa,
dimostra che il Potere dell'universo
può manifestarsi
in una dimora semplice come una capanna.

*Anche se la lingua ama la dolcezza dello zucchero,
i sensi non sono perfetti.
L'amore per Dio è perfetta dolcezza
e la facoltà di gustarla si ottiene solo grazie alla Madre.*

Durante il canto, la Madre sedeva con gli occhi chiusi. Quando terminò, tutti rimasero in silenzio aspettando un suo segno che indicasse il da farsi. Amma aprì gli occhi e rivolse a tutti il suo incantevole sorriso. Il suo sorriso è così coinvolgente, così accogliente, che trasmette a ognuno dei presenti la sensazione che lei abbia scrutato nel profondo del suo cuore. Un bambino potrebbe credere che il sole splenda solo su di lui e che lo segua ovunque perché, ogni volta che alza gli occhi al cielo, il sole è lì. Il sorriso della Madre è come il sole che splende su tutti e, come un bambino, ognuno pensa che Amma sorrida solo a lui.

Il *brahmachari* che aveva posto la domanda sull'intelletto chiese: "Amma, qual è la conclusione? Una giusta comprensione intellettuale è utile oppure no?".

Amma rispose: "Una giusta comprensione ti aiuterà a capire che, se non rinunci all'intelletto, non otterrai mai la libertà eterna. Tale comprensione arriva unicamente quando senti quale fardello rappresenta il tuo ego, quanto è pesante il tuo intelletto. È quando ti senti schiacciare dal tuo ego che deponi il fardello. L'ego ti incoraggia a credere nella tua grandezza. Quando ti trovi in una situazione disperata, capisci di non essere nulla. La morte ti fa sprofondare nella situazione più disperata: in punto di morte, le persone più egocentriche e gli intellettuali più ostinati si rendono conto della propria impotenza. Solo un duro colpo all'ego o una seria minaccia ti permette di comprenderlo. Una volta che questa 'ossessione intellettuale' va in frantumi, non si è più prigionieri dell'intelletto o del suo raziocinio ed è a questo punto che si manifesta *viveka*, il discernimento. Grazie a *viveka*, vediamo le cose con maggiore chiarezza e capiamo la natura effimera e impermanente del mondo. Al momento, tutte le ricchezze e i beni che avete accumulato sono con voi, a vostra disposizione, ma in un attimo potrebbero diventare di qualcun altro. In futuro passeranno a un'altra persona, e poi di nuovo a un'altra e poi a un'altra ancora. Non lasciate quindi troppo spazio all'ego, non pensate che queste ricchezze vi appartengano. La vita è un mistero. Riuscirete a comprenderlo solo se vi abbandonate, perché l'intelletto è incapace di cogliere la sua natura vasta e infinita, il suo vero significato e la sua pienezza. Inchinatevi e siate umili e allora conoscerete qual è il senso della vita.

Quando avete compreso la natura effimera del mondo e l'impotenza dell'ego, nasce in voi la fede. Perché è sapendo di non essere niente e nessuno in questa vita che vi rendete conto di avere bisogno dell'aiuto di un Essere infinitamente potente. Così, iniziate ad invocarLo. Affidarvi al Potere Supremo vi porta ad avere fede e ad abbandonarvi. Il giusto discernimento, scaturito dalla giusta comprensione, vi aiuta a sviluppare la fede e l'amore. Attraverso la fede è possibile l'abbandono e, attraverso l'abbandono, si giunge inevitabilmente alla realizzazione del Sé.

Sono la conoscenza e la presa di coscienza della vostra ignoranza che favoriscono la vostra crescita interiore. Solo chi possiede questa conoscenza è davvero saggio. La vera grandezza risiede nell'umiltà e non nel proclamare la propria gloria.

L'oracolo di una città dichiarò un giorno che un certo *Mahatma* era il più saggio della città. Quando gli riportarono questa notizia, il *Mahatma* rise e disse: 'Dev'esserci un errore. Io non so nulla. In effetti, l'unica cosa che so è che non so nulla, che sono ignorante'. Perplesso, il messaggero ritornò dall'oracolo e riferì le parole del *Mahatma*. 'È per questo che è considerato l'uomo più saggio della città', spiegò l'oracolo, 'Coloro che dichiarano di essere saggi e sapienti sono degli sciocchi'".

In un lampo, l'umore di Amma cambiò inaspettatamente e divenne quello di una bambina innocente e giocosa. La Madre si alzò e prese un'arancia da un grande cesto di frutta che le era stato offerto da uno dei devoti. Mettendo l'arancia sulla testa e canticchiando una melodia, iniziò a danzare come una bambina piccola. Senza fermarsi, Amma se la mise poi sulla fronte. Presto il suo canticchiare prese la forma del canto *Chilanka Ketti*, a cui tutti si unirono.

Chilanka Ketti

O mio Adorato dagli occhi di loto,
allaccia le Tue cavigliere e affrettati a venire!
Vieni a danzare!
In cerca dei Tuoi morbidi piedi,
siamo venuti cantando il Tuo nome divino.

O figlio di Devaki, vita di Radha,
o Keshava, Hare, Madhava,
o uccisore di Putana,
o distruttore dei peccati,
giovane di Gokula, affrettati a venire!
O pastorello, vieni a danzare!

O uccisore di Kamsa,
che hai danzato sul serpente Kaliya,
o Keshava, Hare, Madhava,
che hai caro chi prende rifugio in Te,
Tu proteggi da tutti i pericoli.
O Incarnazione dell'Om, affrettati a venire!
O melodia divina, vieni a danzare!

Con grande diletto di tutti, l'incantevole danza di Amma andò avanti a lungo. Il suo sorriso innocente e i suoi occhi luccicanti la facevano sembrare una bimba divina, l'immagine della purezza. Guardandola, i presenti sentirono il forte desiderio di diventare anch'essi innocenti come bambini e di unirsi alla danza e al gioco. L'innocenza della Madre era così potente e incantevole che il cuore di ognuno traboccava d'amore.

Infine la Madre smise di danzare. Ancora nello stato d'animo (*bhava*, N.d.T.) di una bambina, prese della sabbia, ne fece una palla e poi iniziò a camminare tenendola in equilibrio sulla fronte. Teneva la testa leggermente piegata all'indietro, per non farla cadere. Questo gioco continuò per un po', finché la palla cadde. Come una piccola inerme, Amma esclamò: "Oh no, si è rotta!", e per un attimo il suo viso espresse la delusione.

La disavventura della palla di sabbia e il divertente sguardo infantile della Madre provocarono la leggera risata dei *brahmachari*. Vedendoli ridere, l'espressione sul viso di Amma cambiò. Ora pareva un pochino in collera. Ma anche la collera di un bambino ha una sua bellezza. In un lampo, Amma raccolse della sabbia da terra, la lanciò contro i *brahmachari*, e se ne andò.

Poiché sembra una comune ragazza del villaggio, inizialmente ci si potrebbe chiedere come Amma possa trasformarsi improvvisamente e diventare come una bambina. Ma se si guarda più attentamente, non è difficile intravedere la verità. Come possono questi ruoli e questi diversi stati d'animo non essere naturali per chi è tutt'uno con l'Infinito? Cambiare maschere è un gioco meraviglioso per un essere della grandezza di Amma. Ma si tratta di un gioco divino (*lila*, N.d.T.), che può essere svolto solo da chi è in grado di gettare o cambiare le maschere quando ha raggiunto lo scopo, senza attaccamento a nessuna maschera.

Amma dispone di un numero infinito di maschere. A volte indossa quella del Grande Maestro che rivela le profonde verità della vita, altre appare come la Madre dell'universo, che irradia amore e compassione, e altre ancora interpreta il ruolo di grande istruttrice o esperta amministratrice, attenta ai più piccoli dettagli che riguardano l'istituzione spirituale che dirige. Inoltre vi sono situazioni, come quella appena descritta, in cui la si vede assumere il *bhava* di un bambino innocente. Ad ogni modo, la verità è che Amma è ben oltre queste cose e che tutti questi stati d'animo e *lila* sono possibili solo perché lei è l'Oltre.

Capitolo 9

Uno stato trascendentale di coscienza

Domenica 30 giugno 1984

Si stavano svolgendo i preparativi per la celebrazione del trentaduesimo compleanno di Amma e l'ashram era in grande fermento. I devoti e i residenti lavoravano assieme alla pulizia dell'area, livellando con la sabbia le aree affossate, togliendo i materiali da costruzione inutilizzati e rinfrescando la vernice degli edifici e del tempio.

Per questa occasione, *brahmachari* Balu aveva voluto preparare una rappresentazione speciale: raccontare la vita di un *Mahatma* inserendo dei canti nella narrazione. Questo tipo di spettacolo è molto famoso nei templi del Kerala ed è noto come *Harikatha*, che significa "storia del Signore". Inizialmente Balu aveva pensato di raccontare la vita di Amma, ma lei si era opposta. "No, non finché Amma è viva", aveva detto, e così venne scelta la vita di un altro *Mahatma*. Prima di mandarla pubblicamente in scena, il giovane desiderava però l'approvazione e la benedizione di Amma.

L'occasione si presentò presto. Amma, Balu, Rao, Sri Kumar, Venu e Pai erano tutti assieme nella stanza di Amma, che si trovava un piano sopra la sala della meditazione. La Madre stava sul suo lettino e gli altri erano seduti per terra attorno a lei. Amma disse che voleva ascoltare la storia. Sri Kumar preparò subito l'armonium mentre Venu prendeva rapidamente i tabla. Balu iniziò. Amma ascoltava attentamente i canti e la narrazione. A volte suggeriva dei piccoli cambiamenti qua e là, altre chiedeva di modificare qualche parola per rendere più coinvolgente il dialogo. Capitava anche che proponesse a Balu di sostituire un canto con un altro e ogni tanto cantava addirittura con lui.

Ad un certo punto Balu descrisse l'ardente desiderio del *Mahatma* di realizzare Dio ed espresse il dolore straziante della separazione dalla forma amata del Divino nel canto *Kera Vrikshannale*.

Kera Vrikshannale

O alberi e piante rampicanti,
avete visto mia Madre?
O stelle splendenti,
dov'è andata mia Madre?

O uccelli della notte che cantate tra gli alberi,
mia Madre è forse passata di qui?
O Signora Notte,
dove posso trovare mia Madre?

Erro lungo tutte le rive
piangendo e cercando mia Madre.
O Madre mia adorata,
chiederò a ogni granello di sabbia
di dirmi dove sei.

Sentendo questi versi e la descrizione della bruciante aspirazione all'unione con il Signore, dell'atroce dolore della separazione da Lui, Amma entrò in un profondo stato di *samadhi*. Silenziose lacrime di beatitudine cominciarono a rigarle le guance e poi, a un tratto, scoppiò in una risata estatica che durò per qualche tempo. Inebriata, iniziò a rotolarsi a terra a grande velocità, come una trottola. Per un po' i *brahmachari* la guardarono con sorpresa e timore riverenziale ma quando, dopo alcuni minuti, Amma mostrò di non uscire dalla sua estasi, iniziarono a preoccuparsi. Non era la prima volta che la vedevano in questo stato, e in passato lei stessa aveva dato istruzioni di cantare dei *bhajan* per riportarla a un normale stato di coscienza se il suo *samadhi* fosse durato per più di qualche minuto. Raggruppandosi in un angolo della cameretta di Amma, i cinque *brahmachari* cominciarono a cantare sommessamente *Nirvanashatkam (Manobuddhya)*.

Nirvanashatkam (Manobuddhya)

*Non sono la mente né l'intelletto,
non sono l'ego né la memoria;
non sono il gusto né l'udito
né l'olfatto né la vista.
Non sono la terra né il fuoco
né l'acqua né l'aria né l'etere.
Sono la pura Coscienza-Beatitudine,
io sono Shiva! Io sono Shiva!*

*Non sono le azioni giuste né quelle ingiuste,
non sono il piacere né il dolore;
non sono il mantra né i luoghi sacri
né i Veda e neppure il sacrificio.
Non sono l'atto del mangiare né colui che mangia
né il cibo stesso.
Sono la pura Coscienza-Beatitudine,
io sono Shiva! Io sono Shiva!*

*Non ho una nascita,
non sono soggetto alla morte
e non ho alcuna paura.
Non faccio distinzione di casta,*

non ho padre né madre
né amici e neppure compagni.
Non ho nessun Guru
e nemmeno discepoli.
Sono la pura Coscienza-Beatitudine,
io sono Shiva! Io sono Shiva!

Non ho forma
e nessun moto agita la mia mente.
Sono Quello che tutto pervade;
esisto ovunque
eppure sono al di là dei sensi.
Non sono la salvezza
e neppure qualcosa che può essere conosciuto.
Sono la pura Coscienza-Beatitudine,
io sono Shiva! Io sono Shiva!

Immersa nell'ebbrezza divina, Amma continuò a rotolarsi e a ridere per dieci o quindici minuti ancora. Alla fine si alzò e iniziò a muoversi per la stanza come se fosse ubriaca. Ridendo di beatitudine, barcollava e incespicava. Teneva le dita delle mani nella posizione dei sacri *mudra* divini e il suo volto radioso brillava di una luce intensa. Parecchie volte rischiò di sbattere il capo o il corpo contro il muro o di cadere a terra, ma i *brahmachari* erano molto attenti ad evitare che si facesse male. Per un po' Amma rimase ferma in un punto, dondolandosi lievemente da una parte all'altra, dimorando estatica nel suo mondo a cui nessun altro aveva accesso. Alla fine si distese a terra, immobile. I *brahmachari* continuarono a cantare finché lei ritornò al suo normale stato di coscienza.

Satya e dharma, la verità e la giustizia

Quella sera Amma era seduta di fronte alla capanna di Nealu e stava parlando con alcuni devoti appena arrivati. Uno di loro chiese: "Amma, è possibile oggigiorno seguire l'esempio dei grandi devoti, dei grandi santi di cui ci parlano le antiche epopee? Le vicende che raccontano sono accadute migliaia di anni fa, quando tutti osservavano *satya* (verità), *dharma* (rettitudine) e avevano amore per Dio. Poiché ai nostri giorni la gente non dà più così tanta importanza alla verità e alla rettitudine, questi esempi sono tuttora pertinenti?".

Amma rispose: "Figlio, una mente dubbiosa è un grande ostacolo alla pratica delle verità spirituali. Non impariamo mai a credere, ma solo a dubitare. Questa è la più grande maledizione che oggigiorno pesa sull'umanità. È vero che molto tempo fa *satya* e *dharma* erano molto più diffuse e quindi l'atmosfera era più favorevole alla devozione e alle pratiche spirituali, ma i principi di *satya* e di *dharma* sono immortali e indistruttibili e perciò esistono ancora. La differenza è che nei tempi passati quasi tutti mettevano in pratica tali ideali, mentre oggi noi non lo facciamo. Ciò nonostante vi sono ancora alcune anime che osservano *satya* e *dharma*, aiutando il mondo ad andare avanti.

Figlio, stai chiedendo se questo modo di vivere sia possibile nella società moderna. Esistono ancora molte persone che vivono questi principi e, anche se sono una minoranza, non si può negare che ci siano.

Guarda questi figli che vivono nell'ashram: sono tutti molto giovani, hanno ricevuto un'eccellente educazione e la maggior parte di loro viene da famiglie abbienti. Hanno avuto il coraggio e la forza di rinunciare al loro vecchio stile di vita per abbracciarne uno completamente diverso. Conducevano una vita assolutamente normale, uguale a quella dei giovani della loro età ma, una volta compreso che la spiritualità è la verità suprema, hanno lasciato la loro casa senza timore. L'intenso amore che provano per Amma e il desiderio ardente di realizzare Dio gli hanno dato la forza di compiere questo passo. L'amore per il cammino spirituale ha infuso loro coraggio e li ha resi intrepidi. La famiglia, i vicini e gli amici, e a volte l'intero villaggio, li hanno criticati e anche insultati. Nel vedere il loro comportamento inusuale, la gente ha pensato che fossero pazzi e li ha trattati male e insultati pubblicamente, eppure questi ragazzi non sono rimasti turbati dalle offese e dagli oltraggi ricevuti e li hanno sopportati facilmente. Il loro amore e la loro devozione li hanno resi così impavidi che sono riusciti a parlare con calma con i propri genitori, spiegando loro che avrebbero intrapreso il cammino spirituale a qualsiasi costo.

I famigliari hanno cercato in vari modi di attirarli nuovamente nella vita del mondo, basata sui piaceri e sulla gratificazione dei sensi, tutte cose che la maggior parte della gente considera normali. Ma chi indulge nei piaceri sensoriali ha perso il proprio equilibrio mentale ed è quindi 'anormale', mentre chi segue il cammino spirituale è equilibrato e dunque è 'normale'. Pensando che i loro figli fossero stati ipnotizzati o stregati da questa donna folle di Vallickavu, alcune famiglie hanno svolto rituali per eliminare ciò che pensavano fosse un maleficio e chiesto ai figli di mangiare del cibo cui avevano aggiunto un antidoto contro il presunto influsso maligno. Senza timore i ragazzi hanno accettato ciò che gli veniva dato. Altre famiglie li hanno perfino fatti visitare da psichiatri, che avrebbero dovuto curare la malattia mentale di questi giovani. I ragazzi si sono sottoposti a tutte queste prove senza opporsi, animati dall'incrollabile fede che non gli sarebbe successo nulla di male e che Amma li avrebbe protetti da ogni pericolo. Questa fede li ha salvati. Intrepidi, questi figli non avevano paura neppure della morte. Folli d'amore per Amma e per Dio, intendevano condurre una vita consacrata alla spiritualità e ai suoi principi.

Una notte, un gruppo di giovani malintenzionati che vivevano nel villaggio, sbucarono dal nulla circondando improvvisamente Balu mentre usciva dall'ashram, al termine del *Krishna Bhava*. Questi attaccabrighe non amavano assolutamente Amma e tutti coloro che le erano devoti. Dissero a Balu che innanzitutto non doveva più cantare i *bhajan* nell'ashram e poi aggiunsero che doveva anche smettere di frequentarlo. Alcuni di loro volevano addirittura dargli una lezione e s'incoraggiavano l'un l'altro dicendo: 'Perché mai dovremmo perdere tempo parlando con questo buono a nulla? Credete che meriti un trattamento di favore? Diamogliele di santa ragione!'. Continuarono ad insultarlo con parole dure e volgari, ma il giovane rimase in silenzio, non provava paura. Avrebbe potuto fuggire e chiamare aiuto perché si trovava molto vicino all'ashram e i devoti sarebbero certamente venuti in suo aiuto, ma non si mosse, rimanendo calmo e silenzioso.

Tutti i tentativi per provocarlo e spaventarlo fallirono, e alla fine uno di questi delinquenti disse che l'avrebbero lasciato andare, ma che lo avrebbero ucciso e gettato il suo corpo nella laguna se lo avessero rivisto nel villaggio. Balu non si intimorì e rimase impassibile anche di fronte a una tale minaccia; con un sorriso rispose freddamente di non avere paura. 'Amma mi ha insegnato che l'*Atman* è indistruttibile', disse, 'e io ho fede in lei. Mi sono abbandonato al suo volere. Nessuno può impedirmi di andare all'ashram o di cantare per Amma. Se volete picchiarmi o uccidermi fatelo ora, non alzerò nemmeno un dito per difendermi'. Poi Balu chiuse gli occhi e incrociò le braccia. Si aspettava che gli saltassero addosso tutti assieme come un branco di cani randagi, ma non accade nulla. Dopo qualche istante aprì gli occhi per scoprire che se n'erano andati. Dove trovò il coraggio? Come riuscì a restare così calmo e senza paura? La sua devozione e il suo amore gli diedero la forza. Questo non equivale forse a seguire la via dei grandi devoti e santi del passato?

Anche Rao ha dovuto affrontare enormi difficoltà. I suoi famigliari erano estremamente contrari alla sua vocazione spirituale e gli crearono molti problemi. Lo fecero addirittura ricoverare in un ospedale psichiatrico, dove fu sottoposto per dieci giorni a un trattamento di elettroshock. Pensate al grande pericolo che corre una persona alla quale si infligge una tale terapia e che non è malata di mente! Il cervello avrebbe potuto rimanere gravemente danneggiato. Ma Rao non aveva timore e non si oppose perché confidava nella protezione di Amma e, in effetti, tutto si risolse senza alcun problema.

Ancora oggi accadono episodi del genere, ma tu ti chiedi ancora se nella nostra epoca sia fattibile vivere secondo i principi spirituali. Perché non dovrebbe esserlo? Smettila di dubitare, impara a credere, e vedrai che è possibile.

Figli, non si può praticare la spiritualità senza sapere che l'*Atman*, il Sé, non può venire danneggiato o ucciso. Solo la conoscenza del Sé ci porterà a uno stato di totale assenza di paura. Il corpo morirà necessariamente perché qualsiasi cosa che nasce deve morire, ma l'*Atman* non è mai nato. È sempre esistito, esiste e sempre esisterà. Non c'è nulla al di fuori dell'*Atman*, del Sé, e quindi è indistruttibile. Tale conoscenza è in grado di liberare una persona dalla morsa della morte e dal timore che la accompagna. Un *Mahatma* è la Coscienza che si è incarnata in un corpo. Avere fede in un *Mahatma* è avere fede nel potere infinito del Sé.

Questi ragazzi non erano anime realizzate, ma la loro fede e il loro amore li aveva resi intrepidi. Solo chi è impavido e confida completamente in Dio può rinunciare a tutto, e questo è ciò che hanno fatto questi giovani. Ogni nostro attaccamento nasce dalla paura. Quando cominciamo ad addentrarci e andare oltre l'apparenza, ci accorgiamo che gli esseri umani vivono costantemente nella paura. È la paura che li spinge a trovare appigli cui aggrapparsi. Il timore per la propria sicurezza è sempre con noi;

se non abbiamo soldi, siamo sopraffatti dalla paura; se nostra moglie ci lascia, abbiamo paura; se non otteniamo un impiego, la paura si insinua in noi. Qualunque perdita, che riguardi il denaro, la nostra casa o il nostro lavoro, ci suscita un senso di paura. Ci sentiamo al sicuro solo quando ci attacchiamo a un oggetto o se possediamo qualcosa. Gli attaccamenti ci fanno dimenticare solo momentaneamente la paura, che rimane annidata dentro di noi. Le persone e gli oggetti cui ci aggrappiamo ci lasceranno un giorno, non potranno stare con noi per sempre e a poco a poco svaniranno dalla nostra vita. Il coniuge, i figli, la casa e la macchina, tutto ciò a cui teniamo cambierà o scomparirà. E quando un oggetto o una persona uscirà dalla nostra vita verremo assaliti dall'angoscia e dalla paura finché non ci abbandoneremo a Dio e svilupperemo la fede nella natura eterna del nostro vero Sé.

Figli, anche al giorno d'oggi è possibile avere devozione per Dio e fede nell'*Atman*. I problemi e le calamità che affliggono il mondo sono causati dalla mancanza di fede e di devozione, dalla mancanza d'amore. Perdere la fede in Dio o nel Potere supremo che governa il mondo porta alla distruzione della pace e dell'armonia nella società. La gente vivrà e si comporterà come meglio preferisce e la morale e l'etica scompariranno dalla faccia della Terra. Le persone saranno tentate di vivere come animali. L'assenza di fede, d'amore, di pazienza e di perdono rendono la vita un inferno. 'Avere più comodità... ancora più comodità...' diventerà lo scopo dell'esistenza. L'egoismo e l'avidità predomineranno in molti, portando alla rovina l'umanità.

Figli, il mondo attuale ha quasi raggiunto questo livello. La necessità di osservare e praticare i principi spirituali è diventata urgente. Questo è il solo modo per salvare il mondo e il genere umano dallo sfacelo. Il dubbio distrugge tutte le nostre buone qualità. Mettete da parte ogni dubbio e chiedete aiuto al Signore. Pregate, meditate e svolgete le pratiche spirituali. Ogni persona ha la responsabilità di contribuire a salvare l'umanità e anche voi dovete fare la vostra parte. Compiendo il vostro dovere con sincerità e con amore aiuterete il vostro stesso Sé, salverete la vostra vita e sarete anche di aiuto all'intera società".

Tutti ascoltavano con estrema attenzione il toccante *satsang* di Amma, al termine del quale ognuno rimase assorto, in silenzio. Si aveva la sensazione che tutto nella Natura si fosse fermato. Il silenzio con cui Amma interrompe i suoi discorsi crea sempre un'atmosfera ispirante. A volte la Madre si raccoglie in se stessa, profondamente immersa nel suo Sé. Allora questi momenti di silenzio profondo diventano ancora più potenti, rafforzando la presenza del Divino che già impregna l'aria. Quasi a voler accentuare l'atmosfera meditativa, Amma chiese a un *brahmachari* di cantare *Kodanukodi*.

Kodanukodi

O Verità eterna,
l'umanità Ti cerca
da milioni di anni.

Rinunciando a tutto,
gli antichi saggi
intrapresero austerità per innumerevoli anni
al fine di poter unire con la meditazione
il loro Sé al Tuo flusso divino.

O Inaccessibile,
la Tua fiammella
dallo splendore pari a quello del sole
resta immobile e non vacilla neppure
nel vento furioso del ciclone.

Era dopo era,
fiori, piante rampicanti,
santuari e templi dai pilastri appena consacrati,
aspettano Te,
ma Tu rimani inaccessibile e remota.

La paura di Dio

Poco dopo il canto, un altro devoto chiese: "Amma, quando hai spiegato che la mancanza di paura è la caratteristica di un vero devoto, ti riferivi solo a chi dedica tutta la sua vita alla ricerca di Dio? E cosa succede ai devoti comuni? Credi che per alcuni di loro sia utile avere un po' di paura, di timore di Dio?".

"Figli", disse Amma, "la paura scompare completamente solo quando l'amore è presente nella sua pienezza. Questo tipo di amore è possibile solo in chi si è completamente abbandonato a Dio e vive nell'amore; un tale devoto è come un naufrago nell'oceano dell'amore. Consumato dall'Amore divino, la sua esistenza individuale si è dissolta perché si è fuso con l'Amore nella sua totalità ed è diventato amore, un'offerta al suo Signore. Come una goccia d'acqua che cade nel mare e si fonde in questa immensità, così il devoto si tuffa nell'oceano della beatitudine quando si offre all'esistenza. In quello stato, ogni paura, preoccupazione, attaccamento e sofferenza scompare.

A volte, la paura nasce dalla consapevolezza della natura onnipotente, onnipresente e onnisciente del Signore, l'Imperatore dell'universo, Colui che decide e accorda il frutto delle nostre azioni. Quando riflettiamo e crediamo che Lui sia tutto questo, proviamo naturalmente paura e un senso di timore riverenziale che ci aiutano a non commettere errori. Arjuna aveva sempre considerato il Signore Krishna come il suo migliore amico, il cognato e l'esperto consigliere, e perciò si rivolgeva a Lui chiamandolo famigliarmente con alcuni dei Suoi nomi quali *Madhava*,

Keshava e *Yadava*; ma quando gli apparve la forma cosmica del Signore (*Vishvarupa*) fu preso dallo spavento e dallo stupore. Nella *Vishvarupa*, Arjuna vide l'intero universo, la sua origine, il suo centro e la sua dissoluzione finale. In questa meravigliosa forma divina contemplò la moltitudine di dei e dee e anche le armate dei Pandava e dei Kaurava; vide i grandi guerrieri come Bhisma, Drona e Karna lottare contro la morte, intrappolati nelle possenti fauci del Signore. Solo allora Arjuna percepì Krishna come il Maestro e l'autorità suprema e così si rivolse a Lui chiamandolo *Vishveshvara*, il Signore dell'universo.

La maggior parte della gente desidera preservare i propri averi e beni. Crede in Dio, ma non vuole perdere quanto ha accumulato; ricerca gli onori, uno status elevato e il riconoscimento da parte della società. In altre parole, non vuole abbandonare l'ego. I devoti che si comportano in questo modo credono che Dio li possa aiutare ad acquisire la prosperità materiale e, una volta ottenuta, sono convinti che Lui veglierà sulla loro ricchezza. Credono che, se Dio si adira, può distruggere o prendersi ogni loro bene e avere. Pensano che, nell'ira, Lui potrebbe evocare le forze della natura, quali tempeste, alluvioni, siccità e terremoti, per distruggere tutto quello che hanno. Quindi adorano Dio per paura. Pensano che sia possibile pacificare il Signore con preghiere ed offerte e si astengono dal comportarsi in un modo che Lui non gradirebbe. Compiono così buone azioni e aiutano il prossimo in vari modi; potrebbero perfino far costruire una chiesa, un tempio o un orfanotrofio per compiacerLo e ottenere così un beneficio personale. Nonostante tutto, questo tipo di rispetto e di timore di Dio è positivo perché aiuta la gente a essere buona e giusta. Anche se tali persone non desiderano abbandonarsi pienamente a Dio e rinunciare all'ego e ai loro attaccamenti, sono certamente migliori di chi non compie nessuna pratica spirituale.

Un vero devoto si arrende totalmente al Divino e desidera solo che Lui distrugga il suo ego: la sua unica paura è non riuscire ad abbandonarsi completamente a Dio o che Lui non rimuova il suo ego. Guardate la forma feroce di Kali. Kali è la distruttrice dell'ego e, poiché un ricercatore sincero vuole liberarsi dall'ego, amerà questo aspetto della Madre Divina; offrirà con gioia la propria testa a Lei, a ciò che rappresenta, così che Kali possa aggiungere una nuova perla alla ghirlanda di teschi che indossa.

Per contro, l'aspirante spirituale ancora attaccato agli oggetti, alla ricchezza, all'onore e alla posizione, sarà terrorizzato da questo aspetto del Divino e non terrà mai una foto di Kali in casa o nella stanza delle *puja*, temendo che Lei gli porti via tutto quello che gli è più caro. Pensa che Kali ucciderà il suo ego e che lui non possa sopravvivere a questa perdita. Un comune devoto intende conservare l'ego, mentre il vero devoto vuole morire al suo ego per vivere nella Coscienza o nell'amore puro e innocente; smette quindi di alimentare l'ego e di ascoltare l'intelletto, dando retta solo al cuore. Morire all'ego è la vera morte, quella che vi rende davvero immortali. La morte dell'ego vi conduce all'immortalità. Quando l'ego muore, vivete eternamente nella beatitudine.

Amma ha sentito questa storia: un devoto stava per far visita al suo maestro spirituale. Prima di partire, pensò: 'Devo offrire qualcosa al mio Guru. Gli porterò dei fiori'. Ma proprio quando stava accingendosi ad uscire, pensò che i fiori non fossero sufficienti e quindi prese con sé anche alcuni diamanti dicendosi che, se necessario, avrebbe offerto anche quelli.

Raggiunto il luogo in cui il Maestro dava il darshan al pubblico, si presentò a lui con l'intenzione di offrire i fiori ai suoi piedi. Mentre stava per farlo, il Guru gli disse: 'Lascialo andare'. Così il devoto depose il suo dono. 'Deve volere i diamanti', pensò, e mentre li stava offrendo, il Maestro disse: 'Lascialo andare'. Confuso, il devoto si apprestò a inchinarsi al Guru prima di partire, ma proprio mentre stava per abbassare la testa, il Maestro ripeté: 'Lascialo andare'. Il devoto guardò perplesso il viso del Guru che, sorridendo, gli spiegò: 'Sì, se non lasci andare la testa, il tuo ego, non potrai mai realizzare il Sé'".

"È questo il significato del prostrarsi?", chiese un *brahmachari*.

"Sì", rispose Amma, "il prostrarsi simboleggia l'abbandono di sé. Prosternarsi fisicamente ha senso solo quando abbandonate l'ego ai piedi del Guru o di Dio, quando invitate il Guru o Dio a calpestare il vostro ego; tuttavia il Guru o Dio non lo farà se ha davanti un comune devoto, ma procederà inesorabile nel caso di un vero ricercatore spirituale. Se temete ancora per la vostra sicurezza e il vostro benessere, se cercate ancora gli onori, uno status elevato e una buona posizione, il Guru o Dio aspetterà. Arriverà il giorno in cui abbandonerete ogni timore per la vostra sicurezza materiale e vi volgerete completamente verso il *Satguru* o Dio. Finché non comprendete che siete inermi, che l'ego non può salvarvi e che tutto ciò che avete accumulato non ha valore, Dio o il Guru creerà costantemente le circostanze necessarie per farvi realizzare questa verità. Quando l'avrete realizzata, vi arrenderete. Allora lascerete andare ogni paura, permettendo a Dio o al Guru di danzare sul vostro ego mentre voi siete stesi a terra, ai Suoi piedi. È allora che diventate dei veri devoti. Ecco il vero significato del gesto di prostrarsi.

La prosternazione che compite ora con il corpo deve portarvi a questo stato interiore. Una volta raggiunto, tutta la vita diventa una prosternazione al vostro Guru o al Signore. Tutto il genere umano, tutti gli esseri viventi, l'intera creazione si sta muovendo in questa direzione. Poco importa se opponete resistenza o meno perché prima o poi succederà, in questa vita o nella prossima. Il vostro turno arriverà. Fino ad allora potete aspettare e vivere come preferite.

Anche se adesso non riuscite a vedere Dio, Lui è sempre presente e vi guida, vigila su di voi e tiene in mano le redini della vostra vita. Inizialmente terrà le redini allentate, così che non vi rendiate conto che in realtà è Lui che in effetti dirige ogni cosa. Ricordate però che tutto è nelle Sue mani. Anche se non ve ne accorgete, nel corso della vostra vita Dio accorcia lievemente le redini finché, un giorno, realizzerete di non potervi muovere nemmeno di un altro centimetro. A quel punto, quando capite di essere completamente impotenti, sentite Dio tirare le redini verso di Lui. Forse all'inizio vi dibatterete, ma ben presto scoprirete che la trazione proviene da un potere ultraterreno e che l'unica vostra scelta è arrendervi. È a questo punto che inizia il vostro viaggio di ritorno a Dio, alla Fonte della vostra esistenza. Questo viaggio deve avvenire, è inevitabile. Scoprirete di non poter fare altro che andare verso di Lui.

Se Dio vuole, può tirare le redini in qualsiasi momento. Dio pensa: 'Questo figlio non è ancora pronto. Lasciamolo giocare ancora un po'. Prima o poi si stancherà e prenderà la via del ritorno'. Siate dunque vigili perché siete sempre sotto i Suoi occhi. Non si può fuggire da Dio. Dovunque andiate, qualsiasi cosa facciate, Lui è sempre presente e veglia sui Suoi figli; qualsiasi vostra azione è compiuta con il Suo consenso, è Lui che vi permette di farla. Il Signore vi lascia giocare, ma la vostra area giochi è delimitata, non crediate di poter giocare dove volete.

A volte potreste oltrepassare i limiti, avventurandovi dove non dovreste. Potrebbe sembrare persino che Dio non se ne accorga, ma sta solo fingendo: Dio vede e sente tutto. Tra sé e sé, in quei momenti, Lui pensa: 'Questo mio figlio è proprio birichino', e vi permette di continuare a giocare. Vi ricorderà però che non si può giocare per sempre mettendovi di fronte a situazioni difficili, facendovi vivere esperienze dolorose. Dopo un'esperienza particolarmente amara, vi comporterete bene e per un po' sarete ubbidienti e calmi, ma solo per poco perché ben presto ricomincerete con le marachelle. A questo punto, Dio penserà: 'Ha bisogno di un'esperienza più dolorosa, di una lezione più forte'. Così, dopo avervi lasciato giocare per un po', vi presenta un'altra difficoltà.

La lezione che traete da quest'ultima esperienza influisce significativamente sul vostro livello di coscienza e vi trasforma profondamente. Ogni volta che vivrete un'esperienza amara, il suo effetto durerà un pochino più a lungo, anche se non smettete di tornare nell'area giochi proibita e di riprendere i vecchi comportamenti. Infine Dio si dirà: 'Questo è troppo, l'avevo già avvertito più volte. Ha proprio bisogno di uno scossone', e così scaglierà una saetta che metterà fine, una volta per tutte, al vostro gioco. Crollerete disarmati. Colpendo il vostro ego, la saetta lo ridurrà in mille pezzi.

Alcuni vivono questa esperienza come una rivelazione, altri reagiscono provando frustrazione e un senso di delusione tali da perdere la gioia di vivere. Per la grande sofferenza mentale e senza una persona saggia che li aiuti a vedere il messaggio divino nascosto dietro quell'atroce esperienza, alcuni potrebbero persino uccidersi. Senza un vero Maestro che li guidi, è molto probabile che essi vadano in mille pezzi. La benedizione di un *Satguru* può, però, far loro aprire gli occhi così da vedere con chiarezza quanto l'ego sia insignificante e quanto li abbia ingannati. È allora che avvertono la forza di attrazione di Dio, il Suo appello, e si svegliano. Per la prima volta scoprono di essere veramente vivi. La disintegrazione dell'ego può avvenire in qualsiasi momento, in questa vita o nelle prossime. Ad alcuni succede prima, mentre a chi è immaturo Dio concede di giocare ancora un po'. Dio osserva ciascuno di noi in ogni istante, non possiamo sfuggire alla Sua vista.

Un Maestro spirituale consegnò un giorno una gallina a ciascuno dei suoi due discepoli e disse: 'Portatela in un posto dove potrete ucciderla senza che nessuno vi veda'. Il primo discepolo si allontanò, si nascose dietro un cespuglio accertandosi che nessuno lo vedesse e poi uccise la gallina. Subito dopo la portò dal Maestro. Il secondo discepolo non tornò che al tramonto. Era stanco, sfinito, e teneva la gallina ancora viva sottobraccio. A capo chino la restituì al Maestro dicendo: 'Maestro, ho provato e riprovato, ma non sono riuscito a trovare un luogo dove nessuno mi vedesse. Ovunque andassi, la gallina mi guardava'.

Allo stesso modo, figli, ovunque andiate e qualunque cosa facciate, siete sotto lo sguardo attento del vostro Guru o di Dio".

Amma chiese a uno dei *brahmachari* di cantare *Ellam Ariyunna*, Colui che conosce ogni cosa.

Ellam Ariyunna

*Non occorre dire nulla
all'onnisciente Krishna.
Poiché cammina al nostro fianco,
vede tutto e comprende tutto.*

*L'Essere primordiale
vede ogni pensiero nel suo Sé più profondo.
Nessuno può compiere nulla
senza di Lui.*

*L'Essere primigenio dimora in ognuno di noi.
Dovremmo tutti adorare con gioia
quell'Incarnazione di Verità e Consapevolezza.*

Capitolo 10

Non paragonatevi agli altri

Martedì 1 ottobre 1984

Un devoto che era appena arrivato all'*ashram* iniziò a raccontare ai presenti come avesse ricevuto il *darshan* di Amma, che gli era apparsa nella forma di Krishna. Visibilmente emozionato, raccontò questa storia: "Una settimana fa stavo dormendo nella mia stanza quando a un tratto fui svegliato da una luce intensa e da una straordinaria fragranza che riempiva tutta la camera. Mi sedetti sul letto. Quella luce aveva lo splendore del sole e al tempo stesso la bellezza e la frescura della luce lunare. Immerso in quel fulgore, il corpo diventò talmente leggero che mi sembrò di perdere la consapevolezza corporea. Improvvisamente l'atmosfera cambiò e, come l'acqua che fuoriesce con forza da una diga, l'aria venne pervasa da una suprema pace e beatitudine così tangibili e penetranti che tutto il mio essere ne fu avvolto. L'istante successivo, la luce divina che permeava la stanza si concentrò in un punto. Mentre la osservavo, vidi emergere da quell'abbagliante splendore la leggiadra e incantevole forma del Signore Krishna".

Il devoto riusciva a controllare con difficoltà l'emozione. Le lacrime scendevano dai suoi occhi mentre esclamava: "Era il mio Signore! Ma al tempo stesso era anche la mia Amma. Il Suo volto era il volto di Amma. Era proprio come Amma durante il

Krishna Bhava: lo stesso sorriso, lo stesso sguardo, gli stessi occhi; tutto era uguale. Il Signore si avvicinò a me con una ciotola tra le mani. Krishna mi nutrì con del burro e del *panchamritam* e ne mise anche un po' nelle mie mani; mi donò una foglia di *tulasi* e poi mi guardò negli occhi e posò la Sua mano destra sul mio capo. Mentre contemplavo la Sua forma divina e il Suo sorriso incantevole, scomparve.

Quando mi svegliai il mattino successivo, mi accorsi di essere sdraiato sul pavimento. Mi trovavo in uno stato che definirei semicosciente. Ancora colmo di beatitudine, iniziai a piangere senza sosta, invocando il Signore ed Amma. Mi occorsero più di due ore prima di riuscire a ricompormi. Quando ritornai al normale stato di coscienza, cercai di ricordare cosa mi fosse successo. Non potevo credere di avere effettivamente ricevuto la visita del Signore! Per convincermi che era vero, annusai le mie mani: odoravano di burro e del dolce profumo del *panchamritam*. Quella fragranza meravigliosa rimase per tre giorni sulle mie mani, e anche quel sapore rimase nella mia bocca altrettanto a lungo. Con mia grande sorpresa, trovai anche la foglia di *tulasi* sul mio letto. Per una intera settimana fui immerso nella beatitudine, il cuore traboccante d'amore divino".

Versando di nuovo lacrime d'amore e di devozione, l'uomo andò a sedersi nella capanna del *darshan*. Amma arrivò verso le undici e non appena entrò nella capanna vide il devoto seduto in un angolo in profonda meditazione. Come per fargli capire che sapeva quello che era successo, esclamò: "Figlio mio!", e si diresse verso di lui posando la mano destra sul suo capo. Il devoto aprì gli occhi e vide Amma, in piedi davanti a lui, che lo fissava: una straordinaria luce rischiarava il viso della Madre. Con le mani unite, e con le lacrime che gli scorrevano lungo le guance, anche lui la guardava. Per qualche secondo nessuno parlò. Ma ben presto il silenzio fu rotto dal pianto del devoto, che cadde ai piedi di Amma. Dopo avergli espresso il suo amore con un abbraccio affettuoso, la Madre si diresse verso il suo posto e iniziò a dare il *darshan*.

La sera stessa Amma era seduta nel boschetto di palme da cocco e conversava con i residenti. Un padre di famiglia, un bravo *sadhak*, menzionò il devoto che aveva ricevuto il *darshan* di Krishna e della Madre, e disse ad Amma che si sentiva triste perché non aveva mai avuto questa visione.

Amma rispose: "Figlio, non paragonarti ad altri. Non è bene che un *sadhak* lo faccia. Un *sadhak* dovrebbe fare introspezione e prendere coscienza dei propri errori per poi correggerli. Hai già abbastanza problemi di cui preoccuparti e su cui devi lavorare. Non renderti infelice pensando: 'Non avrò mai una tale esperienza'. Cerca di essere contento per lui. Dovresti pensare che quell'uomo aveva bisogno di questa visione ed è per questo che la Madre e il Signore Krishna gli hanno fatto la grazia di apparirgli. Pensa che questa esperienza è frutto delle sue pratiche spirituali e della sua fede incrollabile. Non perderti d'animo e non pensare di essere meno fortunato di lui. Quello che gli accade è destinato solo a lui, e quello che accade nella tua vita è destinato solo a te e non ha nulla a che vedere con altre persone. Fare confronti rovina tutto. Tutti gli avvenimenti della tua vita sono il risultato dei tuoi *samskara*. Le tue esperienze appartengono solo a te e non possono ripetersi nella vita di qualcun altro poiché ognuno ha *samskara* diversi. Quello che tu percepisci è differente da ciò che lui percepisce e le esperienze che ne derivano saranno di conseguenza diverse. Non ha quindi senso fare confronti e preoccuparsi. Smorzerebbe solo il tuo entusiasmo.

Rattristarsi e considerarsi un peccatore o una persona indegna per non avere fatto una tale esperienza, non ti aiuterà a progredire ma ti indurrà a chiuderti, precludendoti ogni possibilità di avere la visione del Signore. Abbandona quindi quei pensieri che ti degradano e impegnati a fondo affinché ti sia concessa una tua visione del Signore. Se dimostrerai determinazione e amore, tutto ciò accadrà.

I paragoni uccidono ogni talento, rendendovi timidi e meno efficienti. Una persona timida avrà difficoltà ad esprimersi e perderà le sue doti creative. La mente di chi si paragona costantemente agli altri è piena di questi pensieri: 'Signore, perché non so cantare come lui? Come vorrei saper dipingere come lei! Anch'io dovrei fare *tapas* come fa lui!'. Colui che rimugina sulle qualità altrui, perde la capacità di esprimersi e i suoi talenti restano assopiti fino a morire. Che destino! Incapace di essere se stesso, non riuscirà a correggere i propri errori e difetti e pertanto non potrà migliorarsi; sarà sempre preoccupato e disgustato di sé e questo disgusto potrà portarlo a sviluppare disturbi mentali. Insoddisfatto e infelice, non proverà mai la vera gioia di vivere.

Amma ricorda un giovane che una volta venne qui. Era stato un ottimo cantante, dotato di una voce bella e potente, e aveva vinto il primo premio a un festival musicale universitario. Lo stesso giorno in cui ricevette il premio, uno dei suoi amici lo prese in giro dicendo che non importava quanto si esercitasse o quanti premi vincesse perché non sarebbe mai stato bravo quanto il celebre cantante Jesudas. Queste parole ferirono profondamente il giovane, al punto che da allora cessò completamente di cantare.

Ascoltando le parole dell'amico, il cantante aveva pensato: 'Quello che ha detto è vero. Non so cantare come Jesudas e, se non so cantare come lui, perché mai dovrei cantare? Meglio smettere'. Questo pensiero, questo paragone, lo colpì come un fulmine; in quell'istante perse la sua autostima e, come risultato, ogni interesse per il canto svanì improvvisamente. Aveva davvero talento e sarebbe potuto diventare uno dei migliori cantanti, ma un pensiero, un paragone fatale, distrusse ogni suo eventuale progresso.

Come vedi, fare confronti può essere molto distruttivo e impedire la tua crescita spirituale, mentale e intellettuale. Può addirittura essere la causa di una depressione o di una grave malattia mentale. Figli, i paragoni possono influenzare ogni aspetto della vita. Ricordatevi che non potrete essere nessun altro che voi stessi e che nessun altro potrà mai essere al vostro posto. Fare confronti distrugge la vostra personalità e vi fa apparire sciocchi di fronte agli altri. Una persona sul cammino spirituale non dovrebbe mai paragonarsi a un altro né confrontare le sue esperienze con quelle altrui. Questo è il motivo per cui un *sadhak* non dovrebbe mai rivelare le proprie esperienze. Prima di realizzare il Sé, le esperienze spirituali possono essere diverse. Potresti non ricevere mai una visione come quella descritta dal devoto e, quand'anche la ottenessi, sarebbe diversa. Taluni raggiungono la pace e la beatitudine interiori pur non avendo mai ammirato la forma di un dio o di una dea. Altri non vedono che una luce o un punto luminoso. Ciascuno di noi è diverso dall'altro, di conseguenza le nostre esperienze, non possono essere identiche. Esse avvengono secondo il cammino che si segue, gli sforzi che si compiono, i *samskara* che ogni persona ha ereditato dalle vite precedenti e la forma mentale propria di ciascuno. Le tue esperienze attuali non sono l'inizio, ma la continuazione del passato. Ricorda inoltre che il Guru ti dà solo ciò che ti è necessario e che è per il tuo bene. Il Guru non può essere di parte. Se ti senti triste perché credi che il Guru sia di parte e che dia di più agli altri, il problema è dentro di te. Siamo così occupati a giudicare che non riusciamo a realizzare questa verità, a vederla con occhi imparziali, capaci di discernere.

Figli, sono soprattutto l'innocenza e l'amore ad avere un ruolo primario nell'edificare la vostra vita spirituale. Essere ricettivi è d'importanza fondamentale nella vita spirituale. Un devoto o un discepolo dovrebbe mostrarsi sempre ricettivo".

Il bambino che è in noi

"Amma, cosa intendi dire? Come si può essere ricettivi?", chiese un devoto.

"Si è ricettivi quando c'è amore dentro di noi", rispose Amma, "L'amore vi aiuta ad essere aperti e innocenti proprio come lo è un bambino. Nessuno è più ricettivo di lui. La ricettività è la facoltà che vi dà la forza di credere e di avere fede e la capacità di accettare l'amore; è il potere che impedisce al dubbio di penetrare nella nostra mente. La ricettività è l'abilità di accogliere tutte le situazioni che la vita ci presenta senza reagire negativamente.

Le persone ricettive sono la semplicità stessa e possiedono l'innocenza di un bambino. Se volete essere più vicini a Dio, cercate di essere come un bimbo. Il mondo dell'infanzia è pieno di meraviglia, di immaginazione e di voglia di giocare. Crescendo, questo sguardo di meraviglia svanisce dai vostri occhi e non riuscite più a giocare e a credere. Come molti adulti, sapete solo dubitare.

Avete mai guardato i bambini giocare? Con la fantasia trasformano un mucchio di sabbia in un castello. Per un attimo la sabbia bianca è sale e il momento seguente è diventata zucchero. Una corda annodata alle due estremità diventa una macchina o un autobus. Una roccia può essere un trono e una foglia un grande ventaglio. A volte immaginano che una lunga fronda di palma da cocco sia un serpente. I bambini credono a tutto quello che gli si dice. Se dite loro che la pioggia è l'acqua che cade quando gli esseri celesti che vivono in cielo lavano i piatti, vi crederanno senza nutrire nessun dubbio. Questa apertura, questa capacità di credere, è la ricettività. Amma non vi chiede di credere in ogni cosa che dice la gente; vi sta semplicemente invitando ad avere fede nelle parole di un *Satguru* e in quelle dei grandi santi e saggi che hanno realizzato e sperimentato lo scopo ultimo della vita.

Andando avanti con gli anni, perdiamo l'entusiasmo e la gioia, ci inaridiamo e ci sentiamo infelici. Perché? Perché la nostra fede e innocenza sono scomparse. È bene trascorrere del tempo con i bambini perché vi insegneranno a credere, ad amare e a giocare. Vi aiuteranno a sorridere con il cuore e ad avere quello sguardo di meraviglia negli occhi.

Dentro ciascuno di noi c'è un bambino. L'innocenza e il lato giocoso tipico dell'infanzia sono presenti in tutti gli esseri umani. Qualunque sia la loro età, le persone amano le storie per bambini; ascoltarle o leggerle risveglia il loro bambino interiore. A chi non piace giocare ogni tanto con i bambini? Novantenni, politici, alti funzionari, uomini di affari o scienziati, quando sono in compagnia dei bambini divengono giocosi e liberi. A contatto con i nipotini o con il figlio più piccolo, anche un anziano torna bambino: camminando a carponi, finge di essere un elefante oppure costruisce un castello con le carte da gioco o una casetta con foglie e bastoncini per il piccolo. Facendolo saltare sulle ginocchia, gli dice di essere un cavallo.

Perché si comporta così? Solo per far piacere al bambino, per renderlo felice? No, non solo. Il fatto è che in ognuno di noi si cela un bambino interiore. Dentro di noi c'è una parte bambina in cui giacciono assopite l'innocenza, la gioia e la fede tipiche dell'infanzia. Riscoprendo questo nostro lato interiore ci sentiamo felici. Quando eravamo piccoli non avevamo nessun problema; vivevamo spensierati. Quando ricordiamo con tenerezza quei giorni, vorremmo riviverli. Tutte le creature hanno questo desiderio.

Figli, lo stupore e l'amore tipici dell'infanzia non torneranno a meno che non sappiate di nuovo giocare come un bambino. L'innocenza è dentro di voi, profondamente nascosta, e dovete riscoprirla. Per riuscirci, bisogna approfondire le proprie pratiche spirituali. Immergendovi sempre più nella vostra coscienza, un giorno troverete questa innocenza e sarà allora che riscoprirete il vostro bambino interiore. L'innocenza, la gioia e la meraviglia che sono sempre state nascoste in voi affioreranno e vi accorgerete che erano sempre con voi. Avevate dimenticato temporaneamente questa innocenza, come un antico ricordo sepolto che improvvisamente affiora. Questa innocenza propria dei bambini, che dimora nel profondo di voi stessi, è Dio.

Figli, conoscete questa storia? Dio decise di creare il mondo per avere una dimora in cui vivere. Dopo aver creato questa Terra stupenda piena di alberi, piante, animali, uccelli, montagne e vallate, andò ad abitarci. Tutto era perfetto e Dio viveva felice e beato. Trascorsero diversi anni e arrivò il giorno in cui Dio fece un errore: creò gli esseri umani. Da quel momento in poi ci furono sempre dei guai. Giorno e notte, gli esseri umani andavano da Lui a lagnarsi, bussavano alla Sua porta in ogni momento, anche quando mangiava o dormiva.

Queste continue lamentele fecero perdere la pace al Signore. Non appena un problema veniva risolto, ne compariva subito un altro. Ciò che andava bene per una persona, diventava un problema per un'altra. Alcuni volevano la pioggia e, quando Dio la mandava, qualcun altro diceva: 'Signore, come hai potuto farmi questo? La mia casa è allagata e i miei raccolti sono stati distrutti'. Tutto diventava un problema: qualsiasi cosa Dio facesse, la gente si lamentava.

Infine il Signore si rivolse ai Suoi consiglieri affinché lo aiutassero a trovare una soluzione. Qualcuno Gli suggerì di recarsi sull'Himalaya, ma Lui rispose: 'No, no. Presto la gente arriverà anche lì'. 'Cosa ne pensa allora della luna?' domandò un altro. 'Tra poco l'uomo troverà il modo di arrivarci", rispose Dio, "Miei cari amici, voi non potete vedere il futuro, ma io sì. Ovunque vada, l'uomo finirà per saperlo, mi seguirà e sarò di nuovo nei guai'.

Questa affermazione fu seguita da un silenzio. Dopo un po' un consigliere anziano si fece avanti e Gli sussurrò qualcosa all'orecchio. Il volto di Dio si illuminò: 'Grandioso!', esclamò. L'anziano aveva suggerito il nascondiglio perfetto: 'Si nasconda nel cuore dell'essere umano. L'uomo non penserà mai di cercarLa dentro di sé e quindi non La troverà mai'".

"Figli", continuò Amma, "Dio risiede nel profondo di noi stessi sotto forma di innocenza e di puro e candido amore. Sfortunatamente questa innocenza è velata dalla mente e dai sentimenti egoistici. Essa esiste, ma è stata dimenticata. Dovete immergervi nel profondo di voi stessi, riscoprirla e ricordarla".

"Amma, come affiorerà il ricordo?", chiese un devoto.

"A volte, quando cercate di rammentare qualcosa, come un nome o una parola, avete la sensazione di averlo sulla punta della lingua. Sapete che è lì, ma non vi viene in mente e continuate a pensarci. Seduti in salotto, frugate nella vostra memoria e continuate a pensare alla parola mancante anche quando vi alzate per andare da un'altra parte. Ciò nonostante non vi viene proprio in mente e cominciate ad agitarvi. Vi grattate la testa, vi tirate i capelli sforzandovi di ricordare, senza nessun risultato. Dopo avere tentato a lungo, esausti, decidete di lasciare perdere e finite per scordare completamente la parola che cercavate così tanto. Più tardi, quando siete usciti per rilassarvi e stare un po' di tempo da soli, il ricordo affiora e a un tratto la parola vi viene in mente. Solo quando avete abbandonato i vostri sforzi, riuscite a ricordare. Quando lavorate sodo durante il giorno, riposate bene la notte. Allo stesso modo, smettendo di cercare, la mente diventa calma e tranquilla. In questo stato di rilassamento e di quiete, il ricordo affiora spontaneamente alla memoria.

Così, dopo aver svolto la *sadhana*, dovete aspettare che ogni cosa vada al suo posto e si radichi profondamente in voi. Dovete giungere a uno stato di completa dimenticanza. Quando siete sdraiati a letto, non fate nessuno sforzo cosciente per addormentarvi, aspettate semplicemente che il sonno arrivi. Non pensate al passato o al futuro, ma vi gettate tra le braccia del Sonno. Lasciando andare ogni tipo di controllo, scivolate dolcemente nel sonno. Allo stesso modo, dovete scordare la meta e gli sforzi compiuti per raggiungerla, dimenticare la realizzazione del Sé e le pratiche spirituali svolte. Non pensate: 'Ahimè! Dopo tutta questa *sadhana*, non ho fatto nessun progresso!'. Un tale pensiero può impedirvi di raggiungere lo scopo finale. Non dovreste né lamentarvi né pensare. Pensare vi mette i bastoni tra le ruote. Restate dunque tranquilli e rilassatevi, interiormente ed esteriormente. Non potete prevedere quando la Grazia arriverà: potete solo aspettare. Potrebbe giungere in ogni momento, in ogni luogo, dipende dal Guru o da Dio. È il *Satguru* che decide quando far scendere la Grazia su un discepolo. A tempo debito questo accadrà e voi diverrete bambini innocenti e pienamente coscienti".

Il bambino innocente e pienamente cosciente

La nipote di Sri Kumar, una bambina di sette anni, arrivò con i suoi nonni a far visita ad Amma. Sebbene il suo nome fosse Shija, Amma la chiamava "Takkali", che significa pomodoro, e tutti cominciarono a chiamarla così. Quando la vide, Amma esclamò: "Come sei diventata grande, sei una ragazza oramai! Vieni qui, siediti al mio fianco!". La bambina andò dalla Madre e si sedette accanto a lei. Amma le prese affettuosamente la mano e poi la baciò sulla fronte. Voltandosi verso Balu, Amma gli chiese se la conoscesse. "Certo che la conosco, Amma" rispose lui. Tenendo stretta Takkali e indicando Balu, la Madre le chiese: "Lo conosci?". "Sì, quello è Baluannan (il fratello maggiore, Balu)".

Amma chiese alla bambina di cantare. Takkali chiuse gli occhi e cantò *Orunalil Nyan En*.

Orunalil Nyan En

Un giorno vedrò Krishna;
sentirò il Suo canto melodioso.
Il mio adorato Krishna apparirà dinanzi a me
tenendo il Suo flauto dolcemente premuto
contro le Sue belle labbra.

Quel giorno, si realizzerà
lo scopo della mia vita
e sarò sommerso dalla beatitudine.
Ebbro di gioia, sull'alta vetta della devozione estatica
danzerò immerso nella beatitudine divina.

Sostenitore dell'universo,
non sei forse Tu il Signore,
l'origine di tutti gli esseri?
O Dio, non farmi aspettare oltre,
lascia che io Ti veda!

Quando Takkali finì di cantare, Amma la baciò e l'abbracciò ripetutamente con affetto. Visibilmente deliziata, la Madre sorrise amorevolmente a tutti i presenti, lodando la bambina per il suo canto e la sua dolce innocenza. Guardando la Madre giocare con la piccola Takkali, un *brahmachari* si sentì spinto a fare una domanda: "Amma, prima hai detto che un giorno tutti diventeremo bambini coscienti e innocenti. Com'è possibile? Cosa intendevi dire?".

"Figli", disse la Madre, "un bambino piccolo non è cosciente della propria innocenza, è del tutto inconsapevole del candore della sua natura. Un bambino è perfettamente puro. Prima che le impurità si manifestino, egli dimora in uno stato senza macchia, ma ben presto la sua purezza e innocenza sfumeranno per fare posto all'impurità e all'ignoranza. La gioia, la capacità di meravigliarsi, l'immaginazione e la fede del bambino hanno una breve durata. Fino a quando è piccolo resta innocente, ma crescendo cambia. Perfino la mente di un bimbo è legata al tempo e allo spazio, quindi il tempo influenza anche la mente infantile. Così il bambino innocente scivola gradualmente nella morsa dell'ego. L'ego ancora non manifesto e le tendenze latenti accumulate nelle vite passate affiorano a poco a poco, e quell'innocenza ritorna lentamente a uno stato silente.

In un adulto, l'innocenza è assopita come lo è il bocciolo di un fiore, mentre l'ego è pienamente fiorito. Man mano che il ciclo karmico segue il suo percorso, arriva il tempo in cui l'anima individuale (*jiva*, N. d. T.) deve reincarnarsi. Quando il *jiva* esce dal ventre materno sotto forma di un bambino, l'innocenza dapprima dormiente o non manifesta riaffiora. Man mano che l'ego diventa preminente, essa passa di nuovo in secondo piano. Questo ciclo che vede l'alternanza dell'ego e dell'innocenza continua fino a quando ci rivolgiamo a Dio e l'ego è distrutto alla radice. Estirpandolo, diventiamo degli esseri innocenti e coscienti, eternamente innocenti. Finché non avremo sradicato l'ego, dovremo continuare a vivere come dei bambini non consapevoli della loro innocenza.

Mentre l'innocenza del bambino è di breve durata, quella di un *Mahatma* è eterna. Il bambino non è consapevole di essere innocente, mentre il *Mahatma* è pienamente cosciente della Sua natura pura e innocente. È possibile intravedere un barlume di Dio in un bimbo, sebbene un bimbo non sia Dio. Un *Mahatma* è Dio. Un *Mahatma* vive nella Coscienza suprema e ha trasceso il ciclo di nascita e morte. Questa realizzazione gli dà forza e sostegno. Un *Mahatma* è completamente risvegliato, pienamente cosciente e consapevole del suo stato di essere realizzato. Un bimbo non si è risvegliato a questa Coscienza e non ha realizzato la purezza della sua natura: è ancora profondamente addormentato. Questo fa una grande differenza, non è vero? Lo stato di realizzazione del Sé di un *Mahatma* è ciò che Amma intende quando parla di 'innocenza consapevole'".

Le parole della Madre erano penetrate profondamente nei cuori e nelle menti di tutti. Al termine delle sue risposte, tutti rimasero per un po' in silenzio. Amma guardò brevemente ognuno dei presenti e poi il suo sguardo si posò su *brahmachari* Pai, a cui chiese di cantare *Kattutta Sokamam*.

Kattutta Sokamam

Non lasciare che io cada
in questo pozzo nero di dolore.
O Madre! Non sono uno studioso
né sono nato sotto una buona stella.
Pur sapendo tutto questo, o Madre,
quando i miei pensieri sono fissi su di Te,
non lanciarmi un semplice sguardo
mentre Ti allontani.

O Incarnazione della compassione,
rimuovi la mia ignoranza
e concedimi un intelletto puro.
Sebbene sia immerso nei piaceri del mondo,
non sono felice
e il mio sguardo è sempre rivolto a Te.
O Regina di tutti i mondi
che accordi la vera grandezza,
accendi la lampada dell'equanimità
nel mio Sé più profondo.

O Madre,
il colibrì della mia mente
è venuto a posarsi sui Tuoi Piedi di loto.

*Ti prego, avvolgilo tra i Tuoi petali
per non farlo volare via.
O Madre d'ineguagliabile grandezza,
lascia che m'immerga nel profondo del mio essere
e possa gustare il nettare della Tua beatitudine.
O quintessenza dei quattro Veda,
mi prostro a Te.*

*Il flusso del Tuo amore
scorre verso di me sotto forma d'ira
e il Tuo riso terrificante
è per me un sorriso soave.
Avendo compreso la natura irreale
di questo mondo di sogno,
ne ho preso commiato.
Non mi separerò mai da Te,
che hai riversato su di me
il nettare della Tua grazia.*

Perdonare e dimenticare

Mercoledì 2 ottobre 1984

Durante il *darshan* del mattino, una devota cominciò a lamentarsi del marito con la Madre. Raccontò a lungo quanto lui non cooperasse e fosse senza amore nei suoi confronti e disse che la situazione era diventata così insopportabile da farle desiderare di lasciarlo.

Mentre asciugava le lacrime della donna, Amma rispose: "Figlia, non è facile evitare le situazioni difficili. Non sei l'unica ad avere problemi del genere e in tutto il mondo ci sono persone che stanno soffrendo come te. Se cercherai di scappare da questa situazione, ce ne sarà un'altra ad attenderti. Indipendentemente da dove andrai o cosa deciderai di fare della tua vita, ti dovrai confrontare con dei problemi; sai, potresti scoprire che sono persino peggiori di quelli che hai adesso. A meno che non coltivi la pazienza e l'umiltà, non sarai mai in pace o contenta. Finché i componenti di una famiglia non praticano queste virtù, non è possibile vivere felicemente in famiglia. Oggigiorno è difficile trovare una famiglia in cui entrambi i coniugi siano pazienti. Occorre quindi che almeno uno dei due, il marito o la moglie, lo sia. Nella maggior parte dei casi, però, si tratta di 'pazienti sprovvisti di pazienza'. Una vita famigliare armoniosa è impossibile se non c'è equilibrio da ambo i lati, se entrambi gli sposi non esercitano reciprocamente un certo grado di pazienza.

Gli esseri umani hanno la tendenza a fuggire dalle difficoltà poiché pensano che scappare li aiuterà a mettersi in salvo o a non soffrire più. Sperando di poter avere una vita più facile, potresti decidere di cambiare situazione. Nel nuovo contesto potresti inizialmente sentirti bene e in pace, ignara che in realtà stai solo andando incontro ad altri problemi. Se vai a vivere con i genitori, con dei parenti o degli amici, forse sarai accolta calorosamente quando arrivi. Tutti ti dimostreranno amore e solidarietà con tutto quello che dici e fai, ti abbracceranno, vi farete promesse reciproche e piangerete l'uno sulla spalla dell'altro.

Ma dopo qualche giorno o un paio di settimane le cose cambiano. Il fatto è che, quando sei fuggita dalla situazione precedente, hai portato con te l'ego e, con esso, l'impazienza e la mancanza di umiltà. Ecco che dopo un po' di tempo le emozioni negative si manifestano anche nel nuovo ambiente e cominci a trovare sgradevole un familiare o a sentirti a disagio. Mostrandoti impaziente verso tua madre o tuo padre, tuo fratello o tua sorella o la tua amica, essi reagiranno perché hanno anche loro le *vasana* e non tollereranno la tua impazienza o il tuo carattere ribelle. Quindi ti renderai conto ben presto di essere finita in una nuova impasse, forse addirittura peggiore di quella precedente. Quando eri con tuo marito, almeno non sei mai stata cacciata di casa. Dopo una discussione, lui si pentiva e vi riconciliavate, ma adesso gli amici o i parenti potrebbero chiederti di andartene. Così alla fine avrai solo ottenuto altro risentimento, ancora più frustrazione e sentimenti negativi.

Figlia, sia che tu viva sola o con la famiglia, la tua vita non sarà felice e soddisfacente a meno che non sviluppi la capacità mentale di adattarti ad ogni tipo di situazione. Questo è uno dei principi basilari della vita. Potresti pensare che l'unica soluzione sia vivere da soli, ma anche in questo caso ti troveresti di fronte a dei problemi. Finché sarai condizionata da pregiudizi e preconcetti, non potrai sfuggire alle difficoltà della vita.

Liberarsi dall'ego non è una cosa facile. Figlia, tu pensi che tuo marito non ti sostenga e non ti ami, ma ci devono essere stati momenti in cui era premuroso e ti mostrava amore. Amma non può credere che sia così cattivo come dici, altrimenti sarebbe un mostro".

La Madre smise di parlare e guardò il viso della donna. Lei rispose: "No, certo che no. A volte è molto dolce e affettuoso".

Sorridendo, Amma fece un'altra domanda: "Come ti sentivi quando si mostrava affettuoso e dolce?". La donna arrossì e disse: "Mi sentivo bene e felice. Anch'io ero affettuosa con lui". "E quando era insensibile e difficile?", chiese Amma. "Mi arrabbiavo tantissimo e mi chiudevo", rispose la donna.

Con un sorriso birichino, Amma continuò: "Figlia, questi sentimenti e reazioni sono comuni e del tutto naturali nelle relazioni umane. Ciò nonostante dovresti cercare di rispettare e apprezzare le buone qualità di tuo marito. Quando lui non ti dimostra alcun amore e non ti aiuta, tu reagisci, non è vero? E non ti è mai capitato di essere tu a scatenare la lite?".

La donna abbassò la testa. Non aveva nulla da dire.

Amma proseguì: "Come vedi, anche tu hai delle reazioni nei suoi confronti, ma non preoccuparti, non fa nulla. Quando ti trovi in quella situazione, sforzati di ascoltarlo pazientemente e di mantenere la calma invece di reagire. Più tardi, quando tuo marito sarà di umore migliore o quando si presenterà l'occasione giusta, potrai parlargli con amore. A quel punto lui sarà in grado di ascoltarti e di capire, perché la sua mente si è acquietata. Non esporre le tue idee quando è in collera: non ti ascolterà. Impara a rimanere in silenzio in quei frangenti, non dare retta al tuo ego.

Quando tuo marito è uscito di casa, vai a sederti nella stanza della *puja* o in un luogo appartato in cui poter pensare e meditare.

Mentre sei lì, riporta alla mente quello che è accaduto e come tutto è iniziato. Se stavi insistendo per volere fare qualcosa e lui non era d'accordo, sforzati di ricordare un momento in cui lui ti ha portato un regalo o ha fatto ciò che gli avevi chiesto. Rammenta quanto fosse gentile. Pensa a un'altra circostanza in cui si è mostrato paziente e ti ha perdonato anche se tu eri nervosa e scortese. Ricorda le notti insonni che ha trascorso accanto a te quando eri ricoverata in ospedale. Cerca di provare gratitudine per le sue premure affettuose e parole confortanti che ti hanno aiutato tanto. Sebbene lavorasse tutto il giorno, ti dedicava molto tempo cercando di rallegrarti, di farti stare meglio. Pensa alle volte in cui ha fatto il primo passo per riappacificarsi con te dopo che avevate discusso per una stupidaggine. Sforzati anche di ricordare la tua collera e impazienza e il tuo modo sgarbato di parlargli.

Meditare su quanto accaduto ti aiuterà sicuramente ad accettare di più la situazione in cui ti trovi e i momenti passati in solitudine ti permetteranno di avere una visione più chiara delle cose e una comprensione migliore di quello che è successo. Potresti perfino pentirti del tuo comportamento duro e intransigente. Quando tuo marito tornerà a casa la sera, sarai pronta ad affrontarlo e ad accoglierlo con un grande sorriso. Offrigli una buona tazza di caffè e mentre la sorseggia comincia con lo scusarti per come ti sei comportata il mattino, e poi chiedigli se il mal di testa che aveva è passato. Supponi che ti dica di no. Prendi allora un po' di balsamo e applicalo sulla sua fronte. Chiedigli affettuosamente com'è andata la sua giornata e, se il suo superiore è stato scortese con lui, cerca di confortarlo.

Tuo marito ti guarderà con meraviglia: 'È questa la moglie con la quale ho litigato questa mattina?', penserà. Anche se inizialmente provava ancora della collera o del risentimento, a questo punto queste emozioni saranno scomparse e il suo atteggiamento sarà diverso. Pieno di rimorso, si scuserà con te per la sua villania. Adesso hai l'occasione per spiegargli ciò che desideri. Apri il tuo cuore mentre lui ti ascolta con interesse. Poi sarà lui a parlarti di ciò che intendeva dire e tu lo ascolterai con attenzione. Così, quello che era iniziato come un litigio termina come un grande evento: diventa un'opportunità per riconciliarvi e per condividere, e voi vi sentirete pieni di amore, felici e rilassati.

La vita coniugale non è uno scherzo e dovrebbe essere presa seriamente. Le relazioni, se vissute con il giusto atteggiamento, possono essere un mezzo per giungere a Dio, un cammino che porta alla libertà e alla pace eterna. Non prendere in considerazione l'eventualità di separarti ogni volta che sei scontenta. Sforzati invece di essere conciliante e cerca di portare pazienza, non una o due volte, ma tantissime volte.

L'essere umano è estremamente impaziente, ma Dio mostra un'immensa pazienza e premura verso la Sua creazione. L'impazienza distrugge. Pensa ai cartelli sulla strada con la scritta: 'La velocità uccide'. La velocità è sinonimo di impazienza. Gli esseri umani sono impazienti e hanno sempre premura. Sebbene in alcuni casi sia necessario agire rapidamente, il più delle volte la fretta risulta dannosa. Se devi dare una medicina a un malato grave, non agire di fretta. Pur trattandosi di un'emergenza e nonostante occorra intervenire con tempestività, non essere frettolosa.

Nell'agitazione le tue mani potrebbero tremare nel momento in cui lo aiuti a bere l'acqua per inghiottire le compresse. L'acqua potrebbe andargli di traverso causando delle complicazioni. Nella fretta c'è il rischio di somministrare un farmaco al posto di un altro o dare al malato una dose eccessiva che gli potrebbe risultare fatale. Pazienta. La vita, quella vera, è amore. Quando si ama, non si ha fretta. Devi essere paziente.

Osserva la cura e la pazienza di Dio verso la Sua creazione. Anche se un fiore vive solo un giorno, con un'attenzione e una pazienza immense, il Signore gli fornisce l'acqua e il sole affinché possa sbocciare. Sono necessarie molte cure e tanta pazienza per far schiudere un uovo o dare alla luce un bambino. Prima di nascere, il bambino è nutrito per nove lunghi mesi. Dio non ha assolutamente fretta.

Pensa alla sofferenza di tua madre durante i nove lunghi mesi in cui eri nel suo grembo. Ti ha portato dentro di sé senza lamentarsi e ha sopportato volentieri dolore e disagi. È riuscita a fare tutto questo perché sapeva che, quando ti avrebbe visto, quando avrebbe guardato il volto della sua bambina, tutto il dolore sarebbe scomparso. Figlia, anche tu quindi dovresti cercare di sopportare la difficile situazione familiare pensando alla vita serena e armoniosa che potresti avere se riuscissi a resistere. Non ha importanza di chi sia la colpa; a volte sarà di tuo marito, a volte tua. Chiunque sia il responsabile, sforzati di mettere in pratica ciò che ti ha detto Amma e vedi come va.

Perdona. Se il rapporto restasse problematico nonostante tutti i tuoi sforzi, potresti pensare che la causa sia dovuta al tuo *karma*, al tuo destino. A quel punto potrai decidere di accettarlo come tuo *prarabdha* o, se ritieni che la situazione sia diventata insostenibile, prendere in considerazione un'eventuale separazione o divorzio. Ma prima di giungere a questa decisione devi provarci seriamente, compiere dei tentativi per vedere se il rapporto può ancora funzionare. Lasciare semplicemente che si sfasci sarebbe un errore imperdonabile, commetteresti un peccato di cui dovrai pagare le conseguenze".

Con enorme compassione, Amma guardò il volto della donna che aveva ricominciato a piangere, ma questa volta le sue erano lacrime di pentimento. Aveva capito il suo errore e mentre piangeva chiese ad Amma di perdonarla. La sua voce era piena di rimorso mentre diceva: "Ora capisco che anch'io sono da biasimare, non solo per come mi sono comportata oggi, ma anche in tutti questi anni. Ho la mia parte di responsabilità nei nostri conflitti. Ero io a scatenarli. Se fossi rimasta calma e avessi agito come mi hai consigliato, la situazione sarebbe diversa. Amma, ad ogni modo mi hai aperto gli occhi e d'ora in poi cercherò di controllarmi e di rimanere calma in queste circostanze. Mi sforzerò di comportarmi come mi hai consigliato".

"Figlia", disse Amma, "se in situazioni del genere riesci a fare una pausa e ad essere paziente, i tuoi problemi si risolveranno facilmente. Ma noi abbiamo l'abitudine di reagire. Quando monta la collera, non siamo capaci di fermarci un attimo a guardare lucidamente le cose. Non riusciamo ad aspettare. Quando ti trovi in una situazione molto sgradevole, riesci a osservare quello che succede? Puoi smettere di pensare che qualcuno ti stia insultando e maltrattando? Puoi dimenticare che ti stanno trattando ingiustamente e abbandonare il desiderio di reagire? Non lanciare insulti, non reagire, e cerca di capire che il vero problema non è ciò che sta succedendo, ma come tu reagisci alle cose che ti accadono. Quando vedi che stai per reagire negativamente, fermati, smetti di parlare e dì alla tua mente: 'No, non dire nulla adesso. Più tardi si presenterà un'occasione migliore di presentare il tuo punto di vista, ma ora stai in silenzio'.

Durante la pausa che ti sei data, prova a pensare a qualcosa di positivo, ispirante, dolce, qualcosa che non scorderai mai. Cerca di farti venire in mente un evento o un ricordo piacevole e concentra tutte le tue energie e tutti i tuoi pensieri su quello. Se ci riuscirai, le parole assurde e il viso insopportabile dell'altra persona non ti provocheranno più né fastidio né collera.

Cerca di allungare progressivamente questa pausa. Ogni volta che ti senti anche solo lievemente in collera o irritata, prova a fare questo esperimento. Per iniziare, scegli una questione di poca importanza a cui di solito reagisci. Ad esempio, supponiamo che tuo marito abbia l'abitudine di tamburellare con le dita sul tavolo quando pensa e che questo gesto ti innervosisca. Invece di parlare, immagina che questo suono sia prodotto dalle gocce di pioggia che cadono sul tetto. A questo punto potresti rammentare un episodio in cui tu e lui siete stati sorpresi dalla pioggia e, ridendo, siete corsi a rifugiarvi sotto una tettoia di latta. Invece di arrabbiarti o di provare fastidio, lascia che l'immaginazione e le associazioni di idee ti mettano di buonumore e suscitino in te affetto.

Con il tempo, quando avrai imparato a superare queste piccole provocazioni, potrai applicare questo metodo a situazioni più difficili e più serie. A mano a mano che segui questa pratica, ti accorgerai di stare cambiando e alla fine non ti sarà più possibile reagire: potrai solo rispondere. Ci sarà molta più pace e gioia nel tuo matrimonio e in generale nella tua famiglia. L'atteggiamento diverso e la pazienza che avrai mostrato favoriranno anche un cambiamento positivo negli altri.

Quando tuo marito vedrà che non reagisci più, quando capirà che non accetti più la sua collera e i suoi insulti, che ora non hanno più nessuna influenza su di te, si sentirà imbarazzato. Cosa succede quando un guerriero scopre che le sue armi non funzionano più? Le getta via. Allo stesso modo, quando tuo marito scoprirà che le sue armi, le parole che usava contro di te, non ti feriscono più, le abbandonerà e starà zitto. Per di più, ora lo tratterai con maggiore amore e attenzione. Questo è un dono prezioso. Il tuo viso sorridente e le tue domande premurose, la tua sollecitudine e le tue parole rincuoranti saranno per lui un balsamo e gli daranno molto sollievo e conforto. Scorderà la collera, gli insuccessi e il rancore che aveva tenuto dentro di sé. Se riuscirete a far questo dono prezioso a vostro marito (o a vostra moglie, non importa se è il marito o la moglie ad avere questo atteggiamento) quando torna a casa con la testa piena di pensieri, dopo una lunga e difficile giornata al lavoro, il vostro coniuge diverrà il vostro migliore amico e sostenitore. Allora tra voi inizieranno a svilupparsi un amore e un'attenzione autentici. Quindi, figlia, prima di agitarti, fermati, aspetta, e sii paziente.

Amma ti racconterà una storia. Un professore era stato invitato a tenere una conferenza. Non si era preparato bene e di conseguenza il discorso non fu molto buono. Dopo qualche giorno ricevette questa lettera da una persona del pubblico. 'Egregio signore, se non conosceva l'argomento da trattare, sarebbe stato più saggio non parlare invece di trasmettere idee errate e dare un'impressione sbagliata agli spettatori'. La firma in fondo alla pagina era quella di una donna.

Lo scritto fece andare su tutte le furie il professore, che si sedette immediatamente davanti alla macchina da scrivere e rispose con una lettera dai toni molto accesi e infuocati, scegliendo le parole più dure. Terminata, si precipitò a imbucarla, ma si accorse che avevano già ritirato la posta. Tornato a casa, mise da parte la lettera. Il mattino dopo, quando vide la busta sulla scrivania, pensò: 'Forse non sono stato abbastanza gentile con questa persona. Credo sia meglio rileggere la lettera prima di spedirla'. Aprì la busta e rimase sciocccato dalla volgarità della sua reazione e si disse: 'Questa lettera non è assolutamente cortese. Non posso assolutamente spedirla così'. Quindi si sedette e ne scrisse un'altra, usando espressioni e immagini più moderate anche se rimaneva offensiva. Mentre stava per andare a imbucarla, si disse: 'Aspetta un attimo, leggiamola ancora una volta. Forse il tono che ho usato non è ancora quello corretto. Se in poche ore ho cambiato radicalmente il mio atteggiamento, è possibile che possa cambiare ancora'. Così la rilesse. Era sempre troppo dura. La riscrisse diverse volte, aggiungendo ogni volta qualche parola più garbata e delicata fino a quando diventò una lettera d'amore. Nell'ultimo scritto, il professore ammetteva di avere sbagliato e dichiarava di essere accordo con le critiche ricevute. Ringraziava anche la donna per essere stata così gentile da indicargli i suoi errori. 'Persone come lei sono veramente preziose. La ringrazio profondamente. Se non è già sposata, vorrei chiederle di diventare mia moglie. Attendo con impazienza una sua risposta positiva. Sinceramente suo…'

Il veleno sputato inizialmente dal professore si era trasformato in nettare. A volte capita di prendere decisioni sbagliate o di formulare giudizi errati su qualcuno o di agire senza discernimento. Ma se riesci a fermarti, a pazientare e a riflettere sulla questione, non finirai nei pasticci. Questo è il dono che dà l'essere pazienti e il riflettere correttamente. Figlia, sii dunque paziente e rifletti bene prima di agire. Amma è con te, non ti preoccupare".

A questo punto la donna si abbandonò piangendo sul grembo di Amma. "Amma, perdonami per i miei errori!", disse tra le lacrime, "Perdonami! Cercherò di non ripeterli mai più. Perdonami". Esprimendole amore e compassione, Amma la consolò e poi l'aiutò a rilassarsi. Più tardi, prima di uscire dall'ashram, la donna sembrava molto serena e aveva un grande sorriso sul volto, che indicava chiaramente come fosse riuscita a deporre il suo fardello di dolori.

Nel *Lalita Sahasranama*, la Devi è adorata come *Tapatrayagni-samtapta-samah-ladana-chandrika*, ovvero 'la luce della luna che rallegra i cuori di coloro che bruciano nel fuoco della sofferenza'. Questa sofferenza è causata dagli organi di senso, sia interni che esterni, dal mondo oggettivo a cui fanno da tramite e dai poteri sovrannaturali che non appartengono al mondo visibile. Questo mantra si addice perfettamente a una Grande Anima come Amma, che è la *Devi*, l'incarnazione della Madre Divina. Con i suoi sguardi misericordiosi e rassicuranti, le sue parole profonde e il suo tocco divino, o semplicemente attraverso la sua presenza, la Madre accorda la benedizione e risana i cuori. Solo un Maestro Realizzato che ha raggiunto lo stato di perfezione può salvare gli esseri umani dalla triplice sofferenza. Solo un tale essere può offrire pace e conforto alle persone afflitte dalle sofferenze derivanti dalla nascita, dalla vecchiaia e dalla morte.

Glossario

Adharma: ingiustizia, peccato, l'antitesi dell'armonia divina.

Agama: uno dei testi sacri dell'induismo.

Ammachi: Madre. Il suffisso *chi* indica rispetto.

Anuraniyan Mahatomahiyan: descrizione in sanscrito di *Brahman*, la Realtà Suprema. Il significato letterale della frase è: "Più sottile del più sottile, più grande del più grande".

Arati: rito in cui viene fatta ondeggiare davanti a una forma del Divino una fiamma di canfora ardente al suono di una campanella, a simboleggiare l'offerta completa dell'ego a Dio.

Archana: una forma di culto che consiste nel recitare i nomi del Divino cento, trecento o mille volte.

Arjuna: valente arciere. Il terzo dei cinque fratelli Pandava.

Ashram: eremo o dimora di un saggio.

Atma(n): il Sé.

Atma bodha: la conoscenza del Sé o consapevolezza del Sé.

Avadhut(a): anima realizzata che ha trasceso ogni convenzione sociale.

Bhagavad Gita: testo che contiene gli insegnamenti impartiti dal Signore Krishna ad Arjuna poco prima della guerra del Mahabharata. L'opera è una guida pratica per l'uomo comune affinché possa praticare questi insegnamenti nella vita di ogni giorno. La *Bhagavad Gita* è considerata l'essenza della saggezza vedica. *Bhagavad* significa "del Signore" e *Gita* "canto" e, in particolare, consiglio.

Bhagavata(m): opera che tratta le incarnazioni del Signore Vishnu, in particolare del Signore Krishna e delle Sue birichinate infantili, e afferma la supremazia della devozione.

Bhagavati: la dea che possiede sei qualità: prosperità, valore, benevolenza, coraggio, conoscenza, distacco e sovranità su ogni cosa.

Bhajan: canto devozionale.
Bhakti: devozione.
Bhava: umore, stato d'animo.
Bhava Darshan: darshan in cui la Madre riceve i devoti incarnando lo stato divino della Madre dell'universo.
Bhoga: provare piacere o diletto.
Brahman: l'Assoluto, il Tutto.
Brahmachari: lo studente che pratica il controllo dei sensi e segue una disciplina spirituale sotto la guida di un Guru.
Brahmacharya: controllo dei sensi; castità.
Dakshina: onorario in denaro o altro offerto con devozione.
Darshan: essere alla presenza di una divinità o di un santo.
Deva: semidio; essere celeste.
Devi: la Signora dell'universo, la Dea.
Devi Bhava: stato divino in cui dimora la Dea; stato in cui viene espressa l'unità o l'identità con la Dea.
Devi Mahatmyam: antico testo che canta le lodi della Madre Divina.
Dharma: rettitudine, ciò che è in accordo con l'armonia divina.
Dhritharashtra: re cieco, padre dei Kaurava.
Duryodhana: il figlio maggiore di Dhritharasthra, il perfido personaggio della guerra del Mahabharata.
Gita: canto (vedi *Bhagavad Gita*).
Gopa: pastorelli; compagni di Sri Krishna.
Gopi: pastorelle note per la loro devozione suprema a Krishna.
Guru: maestro spirituale; guida.
Guru Paduka stotram: inno in cinque versi in cui si lodano i sandali del Guru.
Jagat: il mondo sempre mutevole.
Japa: recitazione ripetuta di una formula mistica (*mantra*).
Jñana: saggezza spirituale o divina.
Kamsa: lo zio malvagio ucciso da Krishna.

Kanji: minestra di riso.
Kanna: uno dei nomi di Krishna.
Karma: azione.
Kaurava: i cento figli di Dhritarashtra nemici dei Pandava, contro i quali combatterono la guerra del Mahabharata.
Kindi: oggetto in ottone dal collo allungato, usato nei rituali per contenere acqua.
Kirtan: inno.
Krishna: incarnazione principale del Signore Vishnu.
Lakshmana: fratello del Signore Rama.
Lakshmi: sposa del Signore Vishnu; dea della prosperità.
Lakshya Bodha: vivere in costante consapevolezza, impegnandosi con rigore a raggiungere la meta.
Lalita Sahasranama: i mille nomi della Madre dell'universo nella forma di *Lalitambika*.
Lila: gioco divino.
Mahabharata(m): grandiosa epopea scritta da Vyasa.
Mahatma: Grande Anima.
Mantra: formula sacra. Se recitata ripetutamente, può risvegliare la propria energia spirituale e portare i risultati desiderati.
Maya: illusione.
Mol: figlia, in malayalam. *Mole* è la forma vocativa.
Mon: figlio in malayalam. *Mone* è la forma vocativa.
Mudra: gesto sacro della mano che possiede un significato mistico.
Mukta: colui che ha raggiunto la Liberazione (dal *samsara*, N.d.T.)
Mukti: Liberazione.
Namah Shivaya: il mantra di cinque sillabe (*panchakshara mantra*) che significa "Saluto Colui che è di buon auspicio (Shiva)".
Om: sillaba mistica che rappresenta la Realtà suprema.
Pada puja: abluzione rituale dei piedi di una forma del Divino o di un santo come espressione di amore e di rispetto.

Pandava: i cinque figli del re Pandu, gli eroi dell'epopea *Mahabharata*.

Prarabdha: responsabilità o fardelli; il frutto delle azioni passate che si manifesta nella vita presente.

Prasad: offerta consacrata distribuita al termine della *puja*.

Prema: amore profondo.

Puja: rituale di culto.

Rama: eroe dell'epopea *Ramayana*. Rama è un'incarnazione del Signore Vishnu e impersona l'ideale della giustizia.

Ravana: il perfido demone del *Ramayana*.

Rishi: grande saggio o veggente.

Sad-asad-rupa dharini: un nome della Madre Divina: Colei che è sia l'Essere che il Non Essere.

Sadhak: aspirante spirituale impegnato a raggiungere la meta praticando discipline spirituali (*sadhana*).

Sadhana: pratiche spirituali.

Sahasranama: inno in cui si ripetono i mille nomi di Dio.

Samadhi: stato di assorbimento nel Sé.

Samsara: il mondo della pluralità; il ciclo di nascite e morti.

Samskara: tendenze mentali accumulate nel corso di vite passate.

Sankalpa: risoluzione creativa e completa che si manifesta come pensiero, sentimento o azione. Il *sankalpa* di una persona comune non porta necessariamente il risultato sperato, mentre quello di un saggio produce inevitabilmente il frutto desiderato.

Sannyasi(n): monaco o asceta che ha bruciato tutti i legami mondani.

Satguru: Maestro spirituale realizzato.

Satsang: essere in compagnia di saggi o persone virtuose; discorso spirituale tenuto da un saggio o da uno studioso.

Shakti: l'aspetto dinamico di *Brahman* che simboleggia il principio femminile, la Madre Divina.

Shiva: l'aspetto statico di *Brahman* che simboleggia il principio maschile.
Sishya: discepolo.
Sita: sposa di Rama.
Sloka: verso sanscrito.
Sraddha: fede. Amma impiega questo termine dando particolare importanza a compiere ogni cosa con vigilanza e cura amorevole.
Sri Rama: Vedi *Rama*. *Sree*, o *Sri*, è un prefisso che indica rispetto.
Srimad Bhagavatam: vedi *Bhagavatam*. *Srimad* significa "propizio".
Sutra: aforisma.
Tabla: tipo di tamburo indiano.
Tampura: strumento a corde da cui si ottiene un suono simile a un ronzio; lo "sruti" che fa da sottofondo alla musica indiana.
Tapas: letteralmente "calore". Austerità, pratiche ascetiche compiute nel cammino spirituale.
Tapasvi: colui che si dedica a svolgere pratiche ascetiche.
Tapovan: eremo; luogo favorevole alla pratica della meditazione e delle austerità.
Tattva: principio.
Tulasi: pianta che appartiene alla famiglia del basilico; basilico sacro venerato come una forma della Madre Divina.
Upanishad: la sezione conclusiva dei *Veda* che espone la filosofia del non dualismo.
Vasana: tendenza latente.
Veda: letteralmente "conoscenza". I *Veda* sono le Scritture più autorevoli dell'induismo.
Veda Vyasa: vedi *Vyasa*.
Vedanta(m): la filosofia della non dualità in cui si dichiara che la Verità ultima è "l'Uno senza un secondo"; questa filosofia è ampiamente trattata nelle *Upanishad*.

Vedantin: seguace della filosofia vedantica.

Dharma vedico: norme sul vivere in maniera retta contenute nei *Veda*.

Vidyavidya svarupini: uno dei nomi della Madre Divina, Colei la cui natura è Conoscenza e al tempo stesso il suo contrario: l'ignoranza.

Vishnu: il Signore che pervade ogni cosa. Colui che sostiene ogni cosa.

Vishwarupa: la forma cosmica di Dio.

Vishweshwara: Signore dell'universo.

Viveka: discernimento.

Vyasa: saggio che divise i *Veda* in quattro sezioni, scrisse i 18 *Purana*, il *Mahabharata* e il *Bhagavatam*. Poiché aveva diviso i *Veda* in quattro parti, è anche chiamato *Veda Vyasa*.